경기백성실록

일하고 생산하고 노래하다

경기그레이트북스 ⑰

www.ggcf.kr

경기백성실록

일하고 생산하고 노래하다

경기문화재단

이 책은 경기문화재단이

경기도의 고유성과 역사성을 밝히기 위한 목적으로 발간하였습니다.

경기학연구센터가 기획하였고 관련전문가가 집필하였습니다.

그들이 사는 법 – 조선시대 경기 백성의 일과 희로애락

많은 이들이 조선 사회를 두고 인의예지의 덕목과 효제충신의 도리를 중시하고 인정仁政과 덕치를 표방한 예禮와 도道의 나라였다고 일컫습니다. 그 덕목과 도리는 오늘날에도 힘써 함양해야 할 가치의 하나로 종종 거론되곤 합니다.

그런데 조선 사회는 특정 계층이 지배층이 되어 특권과 위세를 누리고 계층 간 귀천貴賤의 구별과 상하上下의 위계가 엄연한 신분제 사회이기도 했습니다. 신분에 따라 한 아이가 걸어갈 수 있는 미래의 길이 대체로 한정됐으며 개인의 사회적 지위와 정치적 권세까지 이 신분에 영향을 받았죠. 크게 보면, 국가기구를 운영하고 사회질서를 통제하는 통치계층과 의식주 일상생활과 사회 존속을 위해 물질을 만들어내는 생산계층으로 나뉘어 있었습니다.

흔히 양반이라 일컫는 조선 사회의 통치계층은 지배에 대한 순응과 복종을 요구하며 생산계층의 일탈과 저항 행위를 처벌했습니다. 민본과 왕도의 정치이념, 인仁과 예의 유교가치를 내세우며 동의에 의한 통치를 행하고 지배의 정당성을 확보하기도 했습니다. 신분제 질서와 사회체제를 유지하기 위해 때로는 이들 생산계층과 타협하고 결속을 도모하기도 했죠.

상민常民과 천민이라 칭하는 생산계층 백성은 대부분 통치계층에 순종하고 지배질서에 순응하는 삶을 살았습니다. 이들 백성 중에는 억압과 가난을 운명으로 받아들이고 체념의 하루하루를 보낸 자들도 있었으며, 충 · 효 · 정貞 등 통치계층의 윤리 덕목을 내면화하고 실천해 지배질서 영속화에 알게 모르게 일조한 이들도 나타났습니다.

> 경기도 파주에 사는 백성 양근금梁斤金이 경신년(1680) 봄에 곡식 100되를 빌렸다. 근래 들어 관아의 독촉을 받았는데 가난해 갚을 길이 없자 결국 스스로 목매어 죽었다.
>
> - 『숙종실록』 15권, 숙종 10년(1684) 6월 15일

> 자근금者斤金은 경기도 김포에 거주하는 계집종으로 이제 나이 16살이다. 그 아버지가 고창 병鼓脹病에 걸려 죽게 되자, 손가락을 잘라 태워서 재를 만든 다음 술에 타서 드리니 한참 후에 병이 나았다. 그 효심을 기려 요역을 면제했다.
>
> - 『명종실록』 30권, 명종 19년(1564) 윤2월 2일

권세에 굴종하고 맹목적 충성을 바치는 백성도 있었습니다. 통치계층을 선망해 앞뒤 가리지 않고 신분 상승을 꾀하거나 양반의 위세와 관료의 뒷배에 기대어 이익을 취하는 부류도 없지 않았습니다. 그런데, 그 한편으로 반항하고 대항하는 백성 또한 존재했습니다. 소수이긴 하지만 신분제 사회질서의 억압과 지배체제의 폭압에 맞서 자신의 목소리를 내는 백성이었죠.

> 의금부에서 임금에게 아뢰었다. "경기도 광주의 사내종인 장수長守 등 6인이 이양의 아우 이중생과 아들 이승륜을 광주 외곽에서 붙잡아 본부(의금부)에 고했습니다. 청컨대 나라를 어지럽게 한 신하의 집안 재산과 면포 50필로 그 공로를 치하하소서."
>
> - 『단종실록』 10권, 단종 2년(1454) 2월 3일

사헌부와 사간원에서 임금에게 아뢰었다. "대례大禮가 끝나지 않아 소여小轝가 아직 대궐 뜰에 머물러 있고 조정의 모든 벼슬아치가 엄숙하게 몸을 숙이고 예를 차리고 있을 때 경기도 장단에 사는 한 평민이 군복을 입고 군병으로 위장해 상上(임금)이 계신 지척까지 잠입했습니다. 그리고는 징을 울리고 한동안 자신의 사연을 하소연해 상의 마음을 놀라게 했습니다."

― 『명종실록』 26권, 명종 15년(1560) 5월 2일

이처럼 조선의 백성들은 지배층의 통치 행위에 대해 순응과 체념, 굴종과 영합, 반항과 저항이라는 큰 틀 내에서 다양한 반응을 보이며 생활을 꾸리고 삶을 영위했습니다. 경기 백성 또한 이 틀과 양상을 벗어나진 않았다고 봅니다. 그러면서도 왕도王都를 지키는 최후의 보루, 비교적 부담이 많은 진상과 요역, 전국 물자유통의 통로이자 거점 등 수도 서울을 둘러싼 경기지역만의 특성이 작용해 경기 백성의 일과 일상이 다른 지역 백성의 그것과 일정한 차이를 보이는 것 또한 사실입니다.

이 책은 지배층의 통치 행위에 반응하고 지배전략에 대응하며 나름의 세상살이를 펼친 경기 백성들의 고되면서도 질긴 생生의 사연과 이야기를 담았습니다. 500년 조선이라는 한 시대에 경기라는 특정 지역에 살며 생산하고 노래하고 때로는 고통받던 농부와 목자牧子, 어부, 수공업 장인, 상인, 노비, 광대 등의 일과 삶에 대한 보고서이기도 합니다.

전해오는 역사기록 대부분이 지배층의 손에서 나왔고, 그 내용 또한 대개 자신들의 입장을 대변하는 것이어서 일반 백성의 실제 목소리와 의지를 파악하기가 쉽지는 않습니다. 그나마 발견되는 백성의 언행은 대체로 정치 행위의 대상자나 교화의 수혜자로 등장하는 피치자의 그것이어서 과연 이것이 지배층의 견해를 통해 걸러진 것인지 아니면 이들 백성의 속내인지 알아채기 힘들 때도 있습니다. 그런데도 이들의 언행을 찾아내고 거기 담긴 의미와 지향점을 풀이해 한

권의 책으로 묶으려는 건 생산계층이자 피치자인 백성의 일과 사연이 더해질 때 한 시대 한 사회의 진면목이 제대로 드러날 수 있다고 믿기 때문입니다.

그렇다고 이 책에 담은 경기 백성의 언행과 사연이 경기 백성의 일과 삶에 대한 모든 것이라는 주장을 펼치는 건 아닙니다. 한 사회를 유지하기 위해 필요한 물질을 생산하고 문화토대를 일구는 인력이자, 통치 행위의 안팎에서 억압과 수탈을 받아야 했던 피치자의 처지에 중점을 두었으니, 이 책은 조선 사회의 어둡고 그늘진 면에 초점을 맞춘 셈입니다. 밝고 빛 바른 조선 사회에 대해서는 이미 명민한 연구자들의 허다한 조명이 있었으니, 이 책은 지나간 한 시대가 담고 있을 양지와 음지를 모두 껴안기 위한 일종의 선행 작업에 해당한다고 볼 수 있습니다.

정치에서 사회, 산업, 문화에 이르는 다방면의 조선사 연구 자료가 축적돼 있어 이 책의 집필이 가능했다는 점도 밝혀두려 합니다. 이 책에서 인용해 전개하거나 풀이한 핵심 개념과 정보에 대해서는 가능하면 참고문헌과 주석에 그 출처를 기재해 놓았습니다. 이 자리를 빌려 관련 연구자들에게 깊은 감사를 드립니다. 그런데도 군이 욕심을 내자면, 부족한 이 책이 조선시대 백성의 일과 삶을 오롯이 드러내는 데 도움이 될 수 있는 하나의 등불이 되기를 바랍니다.

2019년 11월

조윤민

| 차 례 |

1장

농토의 주인은
누구인가?
농부

병조판서 강희맹,
관직에서 물러나 경기도 금양에서 농사를 짓다

온 힘을 다해 농업을 일으켜라

농업 국가 조선의 농부
– 조세 부담자이자 국가인력의 원천

수도를 보위하는 근본이 되는 곳
– 경기지역과 경기 농민의 처지

병조판서 강희맹,
관직에서 물러나 경기도 금양에서 농사를 짓다

　　1475년 봄, 병조판서에서 물러난 강희맹(1424~1483)은 경기도 금양에 있는 농장 들판(지금의 서울시 금천구 시흥동 일대)을 둘러보며 벼농사 채비에 여념이 없었다.[1] 노비를 부리고 때로는 일꾼을 들여 들일을 한다 해도, 이번 퇴거를 기회로 농사일정은 물론 논갈이와 파종, 김매기 등 농사일 전반을 직접 체험하기로 작정을 한 터였다. 농서農書를 읽어 농사법에 문외한이 아니고 관직에 있으면서도 간간이 금양을 오가며 농장일을 살핀 터라 농사일이 낯설지는 않았다. 그런데도 농부 차림으로 들일에 나서기는 아직은 어색한 초보 농사꾼이라 마을 농부들의 조언을 귀담아들어야 할 처지였다.

　　다방면의 농사법에 익숙한 농부에게 들으니, "농지가 다습하고 기름지면 일찍 파종하는 것이 좋고, 농지가 축축한 기운이 없어 보송보송하면 늦게 파종하는 것이 좋다" 하였다. 흙이 습하고 기름지면 지력地力이 왕성해 생물이 조기에 생장하고, 흙이 건조하고 보송보송하면 지력 발현이 완만하고 느려 생물이 더디 자란다. 토질의 습함과 건조함, 파종 시기, 작물의 성장 상태와 그 완급을 잘 살피지 않으면 농지와 품종의 조화가 이뤄지지 않아 작물이 제대로 여물지 않는다. 흙이 기름진데 늦게 파종하면 작물 생육이 지력에 미치지 못하고, 흙이 건조한데 일찍 파종하면 지력이 작물 품성과 생육에 미치지 못하니 충분한 결실을 볼 수 없다. 이는 필연적인 이치다.[2]

— 강희맹, 「종곡의 5種穀宜五」『금양잡록衿陽雜錄』

성종 5년인 1474년에 관직을 떠난 강희맹은 1476년 경연청의 정2품 벼슬인 지경연사知經筵事로 조정에 다시 들어가기 전까지 경기도 금양에 거주하며 직접 농장을 경영하며 농사를 지었다. 약 2년 동안의 이 시기는 관직에서 물러난 은거의 시기이기도 했지만 금양을 중심으로 한 경기지역의 농사법을 몸소 경험하며 농서를 준비하는 때이기도 했다. 이 시기 강희맹의 농사 경험과 농부들과의 대화를 통해 얻은 농사법에 대한 기록은 뒷날『금양잡록』으로 편찬돼 빛을 본다.

경기도 농촌의 실정과 농사 체험에 바탕을 둔『금양잡록』은 우선 당시 재배하던 벼와 콩, 팥, 녹두 등 11개 작물에 걸친 80품종의 곡류 특징과 그 농사법을 설명한다. 논갈이 횟수와 깊이 정도, 파종량의 다소와 파종 시기를 알려주는데 이를 토질과 관련지어 분석한다. 파종한 논의 물 관리법과 김매기 방식도 전한다. 농작물의 성장에 영향을 미치는 뭇 바람의 성격과 특징을 언급하고 산지와 분지, 강과 해양 등 지세와 바람과의 관계를 논하는 기상 이론까지 기술돼 있다. 김매기와 밭일 등 고된 노동에서 농주를 마시고 점심을 먹는 한때의 배부름까지, 농사의 힘듦과 보람을 드러낸 노동요까지 담아냈다.

호미질할 땐 술잔도 챙기게나. 술 마시는 건 호미질 때문이라네.
한 해의 배부름이 김매기에 달렸으니 어찌 호미질 게을리하랴.

— 강희맹, 「농구農謳 - 제서提鋤」『금양잡록衿陽雜錄』

광주리엔 보리밥 수북하고 국은 숟갈에 미끄러져 내리네.

어른 젊은이 사방에 둘러앉아 맛있다고 떠들며 먹고 있네.

달게 먹고 속 든든하니 배 두드리고 흡족해하네.

-강희맹, 「농구農謳 - 구복抅腹」『금양잡록衿陽雜錄』

　　강희맹은 구전돼오는 농사법을 체험해 지역 농법에 대한 확신을 다지고 식견을 넓혔으며, 거기에 기존 농서의 농사기술과 정보를 더해 경기도 지역 농사법의 표준화를 시도하고자 했던 것으로 여겨진다. 지역 풍토에 적합한 농사기술을 전해 곡물 생산량을 높이고, 관료와 양반 지주에게는 농업진흥을 위한 실질적인 농사법과 농사 정보를 제공하고자 했던 것으로 파악된다.

　　강희맹은 세종 29년인 1447년에 문과에 장원급제한 뒤 종부시주부宗簿寺主簿로 관계에 발을 내디딘 이래 예조정랑과 이조참의를 거쳐 육조의 장관직인 병조판서에 오른 전형적인 중앙 고위관료였다. 관직 생활 중에도 농업에 지대한 관심을 가지고 중국 농서를 연구하고 조선 풍토에 적합한 농사법을 정리하는 데 힘을 쏟았다.『금양잡록』외에도 벼와 채소류 재배법에 목화와 약초 등 특용작물 기르는 농법까지 담은『사시찬요초四時纂要抄』를 펴냈다. 강희맹이 농업과 농사에 남다른 관심을 가지게 된 데에는 가풍의 영향이 컸다. 증조부가 중국의 농서를 새로 간행했으며, 형이자 고위관료를 지낸 강희안은 꽃과 나무 등 원예 재배법을 정리한『양화소록養花小錄』을 지었다.

온 힘을 다해 농업을 일으켜라

강희맹 집안의 농서 저술은 조정에서 추진하는 농서 편찬을 통한 농업진흥정책 흐름과도 관련이 깊었다. 조선 초기부터 조정에서는 중국의 농법을 정리해 수용하고 지역 풍토에 맞는 관찬 농서를 편찬하고 보급했다. 태종 15년(1415)에 원나라 농서인 『농상집요農桑輯要』를 발췌해 번안한 『농서집요農書輯要』, 세종 11년(1429)에 삼남 지방의 농부에게서 곡물 농사법을 채록해 편찬한 『농사직설農事直說』이 그 대표적인 농서다. 이후에도 곡물 농사에서 양잠과 목축에 이르기까지 농서 간행이 국가 편찬정책의 주요 사업이 된다.

> 이날에 신숙주 · 최항 · 강희맹 · 양성지 · 구종직 · 임원준 · 성임 · 서거정 · 이파 · 이예 · 김석제 · 정침 등에게 명하여 각기 낭청 1인을 거느리고 여러 분야의 지식과 정보를 가리고 모아 도서를 편찬하도록 했다. 역易 · 천문 · 지리 · 의醫 · 복서卜筮 · 시문詩文 · 서법書法 · 율려律呂 · 농사 · 양잠 · 축목畜牧 · 역어譯語 · 산법算法 등이 그것이다.[3]
>
> ─ 『세조실록』 40권, 세조 12년(1466) 10월 2일

나라에서 펴낸 농서는 수령과 지방 관리에게 보급해 권농정책의 지침서로 삼게 했다. 이처럼 조정에서는 지역별로 전해오는 농법을 정리하고 여기에 새

로운 농업기술을 더해 전국 각지에 보급함으로써 농업진흥을 도모했으며, 이 시기의 농서 편찬은 이후 농업생산력 증대를 위한 토대가 됐다.

농서 편찬 풍조는 양반층의 문집 간행에도 영향을 미쳤다. 한 예로 『촬요 신서撮要新書』를 들 수 있는데, 관혼상제를 비롯한 가정생활 지침서 격인 이 책 에도 농사법 조항이 따로 마련돼 있다. 넓게 보면, 강희맹의 『금양잡록』과 『사 시찬요초』도 이런 국가적 농서 편찬 분위기에서 간행되고 보급될 수 있었다. 조 정과 지방 관아의 관료에서 양반층과 학자에 이르기까지 영향력을 가진 조선 의 전 계층이 농업 번창에 힘을 쏟고 있었다 해도 과언이 아니다.

조선시대 농업진흥은 국가 최대의 정책과제였다. 지방을 다스리는 수령 이 지켜야 할 7가지 의무규정 중에서 농사와 양잠의 번성에 힘써야 한다는 "농 상성農桑盛"을 첫 번째 조항에 둠으로써 농업진흥을 수령이 백성을 다스리는 데 지켜야 할 기본 과업이자 치적을 평가하는 기준으로 삼았다. 거기다, 농경을 권 장하고 수리와 관개 업무를 맡은 권농관을 따로 두어 농업 진작에 힘을 쏟았다. 관찰사가 권농관의 근무 성적을 점검해 포상과 징계를 내렸으며, 군현 단위 수 령의 하부 행정체계로서 각 면面에 권농관을 두기도 했다. 수리시설을 확충해 벼농사를 용이하게 하고 수확량 증대를 꾀했으며, 개간을 장려하고 지원해 토 지를 늘려나갔다. 종자 보급에도 힘을 다했다.

> 호조에서 임금에게 의견을 올렸다. "동서 적전東西耤田에서 경작한 거서秬黍 (검은 기장과 메진 기장) 17석 3두에서 올해 쓸 종자 각기 1석을 제외한 나머지 는 정3품 이상의 관원에게 나눠주도록 하소서. 아울러 경기 · 충청 · 경상 · 전 라 · 황해 지역의 각 고을에 나누어 보내어 경작하게 하도록 하소서."
> ─『세종실록』 27권, 세종 7년(1425) 2월 29일

적전은 국왕이 농경의 시범을 보이기 위해 농사를 짓던 논밭으로 서울과 경기도 개성 두 곳에 마련돼 있었다. 적전에서 왕은 친히 쟁기를 잡고 논밭을 갈아 보임으로써 농사의 중함을 백성에게 알리는 친경親耕 의식을 가졌다. 왕은 궁중의식 음악을 맡은 악대의 반주에 따라 소가 끄는 쟁기를 다섯 번 미는 오추지례五推之禮를 거행했으며, 종친과 재상은 일곱 번 미는 칠추지례를, 판서와 대사헌 등 고위관료는 아홉 번 미는 구추지례를 행했다고 한다. 이는 농경 작업을 위한 다분히 의례적인 행사였으며, 실제로는 소재지 부근에 거주하는 농민이 동원돼 농사를 지었다. 이 적전에서는 주로 벼와 기장, 피稷, 조 등을 수확해 국가 제례에 사용했으며, 때로는 수확물을 전국 고을에 하사해 농민들의 농사용 종자로 삼게 했다.

종자 선택은 한 해의 농사 풍흉을 결정짓는 첫 고비여서 조정에서는 농사철이 다가오면 풍토에 맞는 종자 보급에 힘을 기울였다. 특히, 농사가 잘된 곳의 곡물을 농사 수확이 낮은 지역에 보내어 나누도록 하는 종자 보급사업은 일종의 구휼제도의 하나로 실시됐다.

좌의정 이원과 참찬 허조 등이 임금에게 의견을 올렸다. "『농상집요』의 곡식 종자 수장법에 '묵은 대소大小 두 가지 보리를 사용할 수 있다'는 말이 있습니다. 늙은 농부가 이르기를 '일찍이 3년 묵은 보리를 심었는데 결실이 새 보리 종자와 다름이 없다' 하였습니다. 그런데 백성들은 반드시 그러한 줄은 모를 것입니다. 올해엔 두 가지 보리 종자가 모자라니 각지의 수령에게 명령을 내려 묵은 보리가 있으면 모두 내어주어 심도록 하소서. 더욱이 강원도와 경기도, 황해도에는 두 가지 보리가 잘 되지 못했고 저장한 보리도 적으니 심히 염려됩니다. 그러니 충청도와 전라도, 경상도의 보리 종자를 이 지역으로 옮

겨 나누어 주도록 하소서. 이는 '하내河內 지역에 흉년이 들면 그곳 백성은 하
동河東으로 옮기고, 곡식은 하내로 옮긴다'고 한 『맹자』에 나오는 구휼 고사와
그 의미가 통하는 조치일 것입니다."

- 『세종실록』 17권, 세종 4년(1422) 8월 22일

조선 사회는 흉년을 당한 농민과 빈민을 위해 다양한 구휼제도를 시행했
다. 곡물을 대여하고 조세를 감면했으며, 진휼소를 설치해 굶주린 백성과 유민
에게 곡식이나 음식을 나누어주었다. 이러한 구휼제도는 농민의 최저생계를 뒷
받침해 생존을 보장하고 농사일을 가능하도록 하는데 궁극적인 초점이 맞춰져
있었다. 구휼제도는 민생정책이자 효율적이고 생산적인 영농을 보장하려는 농
업정책의 성격을 가지기도 했다.

농업국가 조선의 농부
– 조세 부담자이자 국가인력의 원천

　　조선은 시기에 따라 조금씩 차이가 있지만 농업 인구가 80~90퍼센트에 이르는 농업경제에 근간을 둔 사회였다. 농사를 직접 짓는 농민은 신분상으로 보면 양인良人과 노비였다. 조선 전기 양인과 천민으로 나뉘는 양천제 신분제 아래에서는 양인 농민이 전체 농민의 약 70퍼센트를 차지했다고 한다. 조선 후기에 반상제가 확립돼 양반·중인·상민·천민으로 계층적 신분제가 성립됐을 때는 평민에 해당하는 상민과, 천민에 속하는 노비가 농민층의 주류를 이루었다. 수공업이나 다른 직종에 종사하는 일부 양인도 영농을 병행했다는 사실을 고려하면 조선시대에는 대부분의 백성이 농사를 지었다고 볼 수 있다.[4]

　　조선 사회에서 농민은 먹고 입고 잠자는 인간 생존에 필요한 생산물과 재화를 만들어내는 주축이었다. 지배층은 농부가 땀으로 일궈낸 생산물을 수취해 사회 유지에 필요한 재정을 꾸렸으며, 이들을 군역에 동원하고 건축과 도로 조성, 물품 제조 등의 각종 공역公役에 사역함으로써 국가정책을 추진했다. 생산물 수취는 조세제도로 가능했고, 인력 동원은 노동력 징발로 이뤄졌다. 이 대부분이 농민이 영농을 지속할 때 가능하다는 점에서 농사짓기는 나라를 유지하기 위한 물질적 토대가 된다.

이처럼 사회 유지를 위한 물질적 기초를 거의 농업생산력에 의존했기에 농민의 생존이 보장되지 않으면 질서 있고 체계 잡힌 국가 운영이 가능하지 않았다. 심하면 나라 존립과 사회 유지 자체가 불가능할 수도 있었다. 농민이 백성 구성원의 대부분을 이루는 농업사회에서 농민의 생존은 국가의 존립이 달린 문제였다. 농부와 농업에 왕조의 명맥이 달려있다고 해도 과언이 아닌 것이다.

그래서 위정자들은 국가안보와 산업진흥 등 주요 정책을 입안하고 추진할 때 농민의 생계와 노동력 재생산을 위한 방책을 고려하지 않을 수 없었다. 조세를 거두고 노동력 징발을 계속할 수 있는 원천을 고갈시키지 않아야 했다. 이런 측면에서 보면 권농과 영농의 보장으로 대표되는 농업진흥 제도와 민생정책은 궁극적으로는 농민을 위해서라기보다 왕조 자체의 명맥을 유지하기 위한 통치 전략의 하나라 볼 수 있다. 이는 비단 조선 지배층만의 통치술은 아니었으니, 여타의 농업기반 국가는 정도의 차이는 있을지라도 모두 이러한 성격의 통치를 펼쳤다.

농경 권장은 제도뿐 아니라 의식意識 측면에서도 이뤄졌다. 양반관료와 유학자들은 대체로 노동을 천하게 여겼지만 농자천하지대본農者天下之大本이라 해 농경 노동만은 치켜세웠다. 농사짓는 일이 소중하고 농업이 다른 어떤 산업보다 우선한다는 인식을 널리 퍼뜨려 농부들이 농사일에 매진하도록 사회 분위기를 조성했다. 농부의 관심이 상업이나 수공업 분야로 향하는 걸 막아 농부의 손발을 토지에 매어두고, 결과적으로 규모를 갖춘 농업인구를 지속해서 확보하려는 속내였다. 이처럼 조선시대 농업진흥은 제도와 산업, 이념 등 국가의 주요 정책 전 분야에 걸쳐 우선시되는 시책이었다.

강희맹 또한 『금양잡록』에서 농사법 외에도 농업의 역할과 중요성을 일깨

우는 농업관을 피력한다. 사농공상土農工商 중 농사가 가장 힘든 직업이지만 옛 군자君子들이 농사에 종사하면서도 부끄러이 여기지 않은 것은 사회 유지의 근본이 농업에 있기 때문이라 한다. 중국 전국시대의 유학자인 순자荀子의 말을 인용해 관료 계층의 농업에 대한 관심을 촉구하기도 했다.

> 순자가 말했다. 농부가 홍수나 가뭄을 가리지 않고 농사일을 하는 것이나 선비가 자기 직분을 다하고 보수를 바라는 건 모두 먹고살기 위함이다. 농사일을 버리면 먹고살기 어려우며, 사람이 먹지 못하면 사유四維(나라를 다스리고 유지하는데 필요한 4가지 수칙인 예禮·의義·염廉·치恥)가 있다 한들 시행되지 않을 것이니 농사야말로 보배로운 것이다.
>
> — 강희맹, 「농가 1農家一」 『금양잡록衿陽雜錄』

양반관료 중심의 신분제와 사회제도, 정치체제가 농부의 노동과 생산물에 기반을 두고 있다는 거부할 수 없는 현실은 흔히 "백성이 나라의 근본"이라는 민본사상民本思想으로 드러났다.[5] 유교 경전인 『서경書經』에서 유래한 이 민유방본民惟邦本은 조선의 시작에서 멸망까지 끊임없이 되풀이된 통치이념 중 하나였다.

> 홍문관 부제학 이언적, 직제학 이준경, 응교 유진동, 부응교 송세형, 교리 권철과 이황, 부교리 김반천, 부수찬 이홍남, 박사博士 박공량, 저작著作 민기, 정자正字 홍담이 상소했다. "『서경』에 이르기를 '백성은 나라의 근본이니, 근본이 튼튼해야 나라가 평안하다'고 했습니다. 경서 주해서에 이르기를 '백성은 나라에 의지하고 나라는 백성에게 의지하니, 백성을 아끼지 않고서 그 나라를 보전할 수 있는 자는 없다' 했습니다."
>
> — 『중종실록』 95권, 중종 36년(1541) 4월 2일

위정자와 선비에게 민유방본은 금과 옥 같은 법률, 곧 소중히 여기고 지켜야 할 규칙이나 교훈인 금과옥조金科玉條였으며, 모두가 공공연하게 외치는 정치의 지침이기도 했다. 그러면 이들에게 나라의 근본인 백성은 무엇이었을까? 나라의 근본이 구체적으로 무얼 지시하고 뜻할까?

민유방본의 뜻을 유학 경전에 비추어 풀어보면, 먼저 국가를 구성하는 근본 요소로서의 백성을 들 수 있다. 맹자는 국가를 가능하게 하는 요소로 토지와 백성, 정사政事를 들고, 백성과 군주, 국가 가운데 백성을 가장 귀한 존재로 보았다. 백성 없이는 국가 자체가 성립할 수 없으며, 백성 없는 군주란 있을 수 없기 때문이다.

백성은 정치 행위의 대상으로 존재하기도 한다. 하늘이 백성을 낳고 왕에게 통치를 대행하도록 했다는 주장에서 이러한 시각을 엿볼 수 있다. 인仁과 덕德의 정치나 왕도정치의 개념에 담긴 백성은 교화하고 이끌어주고 위해주어야 하는 정치적 대상으로 나타난다.

민유방본을 정치적 주체라는 시각에서 풀기도 한다. 조선에서 양반을 제외한 일반 백성은 권력과 통치를 행사하는 정치의 실질적인 주체는 아니었다. 그렇지만 좀 더 유연하게 해석해, 권력과 통치에 영향을 미치는 존재로서의 주체를 고려해 볼 수는 있을 것이다. "백성이 하고자 하는 바는 하늘이 반드시 따른다"는 『서경』의 구절과 "민심이 천심"이라는 말을 이 같은 맥락에서 해석할 수 있다. 이를 따르면, 결국 위정자는 백성의 의사를 실행하는 대리자이니 이런 측면에서 보면 백성이 일종의 정치적 주체로 받아들여지게 된다.

이처럼 세 가지 측면에서 풀이되는 민유방본을 정책 실행 면에서 보면 '국가 구성요소인 백성'은 나라를 유지하기 위한 생산물 획득과 노동을 맡을 인력 확보를 의미한다. '정치 행위의 대상인 백성'이라는 측면에서 파악한다면 위정자는 민생정치와 위민정책을 실시하게 된다. '정치적 주체라는 관점에서 살핀 백성'으로 인식한다면 민의를 존중하고 민심을 따르는 정치를 하게 된다.

그러면 위정자와 유학자들이 실제로 행한 민유방본은 어떠했을까? 민생정치와 위민정치를 제대로 실행했다고 자신 있게 말할 수 있을까? 물론 농민의 생계를 보장하려는 여러 민생정책을 펼친 것은 사실이다. 토목과 건축 공사는 농번기를 피하기도 했으며, 흉년이나 재해가 발생하면 요역을 줄이거나 아예 없앨 때도 있었다. 굶주린 백성에게 구휼미를 지급하고, 때로는 흉년에 대비해 구황작물을 마련하기도 했다.

> 경기관찰사 최명길이 경기도 고양 등 8개 고을의 굶주린 백성들을 진휼청으로 이송할 것을 청하니, 임금이 이를 따랐다.
>
> — 『인조실록』 20권, 인조 7년(1629) 1월 4일

> 경기관찰사가 임금에게 아뢰었다. "한창 바쁜 농사철인 5, 6월이 가물어서 내년에 닥칠 흉년에 대비해야 할 것입니다. 각 포구에 있는 선박을 정비하게 하여 오는 7월 보름 뒤에 황해도에 가서 황각黃角을 채취해 좌우 수영水營에 각각 300석씩 각 포구에 200석씩 보관했다가 내년 봄에 굶주린 백성을 구제하도록 하소서"
>
> — 『세종실록』 36권, 세종 9년(1427) 6월 26일

때론 토목공사를 일으켜 농민이 주축인 부역자에게 양식을 지급하는 구호정책을 펼쳤다. 빈곤하거나 연령대가 높은 가호家戶를 대상으로 요역을 감면하는 복호제도復戶制度 또한 실시했다. 일부 백성은 군역을 직접 맡지 않고 현역병

의 군사 활동에 필요한 비용을 부담하게 한 보법保法도 생계보장정책의 성격을 지녔다. 흉년이나 춘궁기에 곡식을 대여하고 추수기에 이를 환수하던 환곡은 그 시작은 굶주리거나 질병에 걸린 자를 도와주려는 진휼제도였다.

하지만 이런 제도와 정책이 제대로 실시된 적은 드물었다. 제도는 얼마 지나지 않아 본래의 취지가 탈색됐고, 정책은 결국 지배층에 유리하게 변질됐다. 행정은 관리의 협잡과 강압으로 부정부패와 비리의 온상이 됐다. 예를 들면, 복호제의 경우 권세가가 제도를 악용해 감면 대상자가 확대되면서 결국 일반 가호의 요역 부담이 가중되는 결과를 가져왔다.[6] 환곡이 이자 확보를 통해 국가 재정을 마련하는 조세로 그 성격이 변하고, 관리의 극심한 수탈로 인해 착취제도로 변질된 사실은 잘 알려져 있다.

민심을 중히 여기고 이를 따른 제도와 정책 또한 제때 제대로 실행했다고 떳떳하게 말할 수 있는가? 한 예로 신문고 제도의 실상을 들여다보자. 백성의 억울한 사정을 해결할 목적으로 설치했다는 신문고는 종묘사직의 안위와 가족 관계 사안, 양인과 천민의 분간 등 그 적용 범위가 협소했고 일반 평민이 처한 문제와도 다소 거리가 있었다. 오히려, 사노비를 천민으로 인정해달라는 사안이 많아 양반층이 노비의 신분 상승을 막는 수단으로 이용되기도 했다. 절차와 규정이 까다로운 것도 문제였다. 해당 관서나 관찰사를 거쳐 사헌부에 호소한 뒤, 그래도 해결되지 않을 때 신문고를 이용할 수 있었다. 신문고가 창덕궁이나 경희궁 등에 설치돼 있어 주로 서울에 거주하는 관리나 양반이 이용할 수 있었다는 점도 한계였다.

북이 대궐 안에 있어서 출입 제한이 지극히 엄했다. 따라서 서울에 거주하는 벼슬아치 집의 사람만이 임시로 관복을 입고 들어가서 치게 된다. 먼 지방의 천한 백성이야 그 북을 한 번 만져볼 길도 없는데, 하물며 감히 북을 치는 일이 어찌 용이한 일이겠는가?

- 정약용, 『경세유표』

신문고 제도가 제한적이나마 백성의 의사를 수렴하는 역할을 했지만, 오히려 소수 지배층의 이익을 도모하는 데 더 많이 활용됐음을 부인하기 어렵다.

억울한 사정을 국왕에게 직접 호소하는 상언上言과, 임금이 행차할 때 징을 울리고 사연을 호소하는 격쟁은 일반 백성의 의사가 그나마 효과적으로 전달된 창구였다. 하지만 격쟁과 상언은 영조(재위 1724~1776)와 정조正祖(재위 1776~1800) 재위기의 특정 시기에 활성화됐다는 한계를 벗어나기 힘들다. 더구나 19세기엔 상언과 격쟁을 널리 허용하기보다 어떻게 적절히 제어할 것인지하는 통제방안 마련에 더 비중을 둔다.[7] 무엇보다 상언과 격쟁은 국왕이 개인의 억울함을 들어주고 이를 일부 해결해주는 수준에 그쳤다는 한계를 갖는다. 제도 신설과 정책 수립이 뒷받침돼 갈등 요인을 사전에 차단하거나 문제를 근본적으로 해결하는 수준으로는 나아가지 못했다. 백성의 불만과 저항을 체제 내로 흡수한다는 측면에서 보면 이를 민심을 존중하고 따르는 제도만으론 보기 어려울 수 있으며, 지배층에게 더 많은 이득을 가져다주는 기존의 사회제도를 존속시킨 요인으로 작용했다고 볼 수도 있다.

조선의 위정자들이 민생을 살피고 민심을 고려하는 정책을 실시하지 않은 것은 아니다. 어느 정도 성과를 거두었음도 부인하기 어렵다. 같은 시대의 다른 나라에 비해서도 결코 뒤지지 않는 측면이 있음도 인정해야 한다. 그렇더라도 민유방본이나 인정仁政, 덕치의 이념을 앞세워 조선 지배층이 행한 통치의 본질과 근본 성격까지 민생을 우선한 정치나 민의존중의 정치로 치장하는 것은 경계해야 한다. 오히려 일반 백성의 입장에서 보면 억압과 통제, 가혹한 수취로 백성의 뜻을 거스른 '반민심反民心 정치'가 더 횡행하지는 않았는지 되돌아볼 필요가 있다. 민심이 천심이라 외치고, 민유방본을 끊임없이 내세웠던 그 이면에는 백성을 지배질서에 결박시키고 더 큰 일탈과 저항을 막으려는 숨은 의도가 있었던 것은 아닌지 반문해 볼 일이다.

조선의 위정자와 유학자들은 민유방본을 조정에서든 서재에서든 쉼 없이 읊조리면서도 한편으론 농민을 위시한 백성을 중히 여기고 두려워해야 한다고 했다.

> 좌의정 조현명이 왕세자에게 아뢰었다. "임금에게 백성이 있는 것은 산에 흙이 있는 것과 같습니다. 흙이 쌓여 산이 되는데 그 밑을 파면 산이 저절로 무너지고, 백성이 모여 나라가 되는데 그 백성을 학대하면 나라는 곧 망하고 맙니다. 그러니 사랑할 자가 어찌 백성이 아니며, 두려워할 자 역시 어찌 백성이 아닐 수 있겠습니까?"
>
> – 『영조실록』 69권, 영조 25년(1749) 4월 5일

이들에게는 민생의 대상이나 민심의 당사자로서의 백성에 대한 두려움보다 나라를 구성하고 사회를 유지하는 근본 요소로서의 백성에 대한 두려움이 더 컸을 것이다. 흙이 흘러내리면 산이 없어지듯이 백성이 흩어지면 나라가 없어지니, 백성에 대한 두려움은 재정을 꾸려갈 조세를 거두고 지배기구를 유지할 노동력의 원천을 잃을 수도 있다는 걱정과 불안이기도 했다. 그것은 나라의 존립이 걸린 중대 사안이었으며, 자신들의 신분 우위와 사회특권의 지속 여부

가 걸린 문제였다.

　이들에게 공맹孔孟의 서책 속이 아닌 현실의 농민은 이끌고 교화해야 할 민생의 대상이나 민심의 당사자이기 이전에 무엇보다 조세와 노동력을 부담하는 나라의 구성원이었다. 농부가 생계를 걱정하며 세금으로 낸 곡물과, 배고픔과 추위를 견디며 부역에서 흘린 땀은 왕궁을 보전할 성城이 되었고 고관대작의 집이 되었다. 화려한 비단옷이 되었고 넘치는 밥상이 되었다. 권위를 빛내주고 특권을 정당화할 의례 행사를 치장했으며, 예의염치禮義廉恥를 내세우고 챙길 수 있는 밑바탕이 되었다. 이들의 호화생활과 양반 중심의 지배질서를 유지해준 초석과 기둥은 농민의 땀이 일구어낸 생산물과 노동력이 있어 가능했다.

수도를 보위하는 근본이 되는 곳
- 경기지역과 경기 농민의 처지

경기지역은 고려가 창건된 918년 이듬해에 도읍을 송악(지금의 개성)으로 옮기면서 한반도 역사의 중심 무대로 떠올랐다.[8] 1018년엔 수도 개경(개성)과 그 인근 지역을 묶어 공식적으로 "경기"라 칭했으며, 고려 후기엔 경기좌우도가 성립되면서 행정체제로서의 경기제京畿制가 중앙에서 분리돼 지방제도로 정착한다. 1392년에 조선이 개국한 뒤 서울이 도읍지로 정해지면서 경기도 권역의 개편이 이뤄지고, 1413년(태종 13)엔 서울에서의 거리를 참작해 지금과 거의 유사한 경기도 지역을 확정한다. 이듬해에 관제를 개편하면서 경기를 좌우도로 나누지 않고 합해서 경기라 칭하고, 전국 8도 체제 아래 국왕과 조정이 있는 수도 주위를 담당하는 도로 편제됐다.

고려 건국 이후 조선에 이르기까지 경기지역은 수도를 둘러싼 지리적 위치로 인해 정치와 문화, 군사와 산업, 토지와 조세제도 등 다방면에 걸쳐 여타 지역과는 다른 특성을 보여왔다. 왕실과 도읍을 보위하는 울타리 격이자 도읍지에 물자와 인력을 손쉽게 공급할 수 있다는 점에서 국왕과 중앙관료의 특별한 관심을 받으며 정책과 통치 측면에서도 중요시한 지역이었다. "왕의 교화가 먼저 미쳐야 할 곳王化所先", "경기는 사방의 근본京畿四方之本"이란 수식을 받으며 우선해서 민생을 위한 정책과 제도가 시행되기도 했다.

> 문하부門下府 낭사郎舍가 상소를 올렸다. "경기는 왕화王化가 먼저 미치는 곳이오니, 마땅히 위로하고 구휼해 민생을 편안히 해야 할 것입니다."
>
> －『태종실록』 1권, 태종 1년(1401) 1월 14일

> 임금이 명령을 내렸다. "경기는 사방의 근본으로서 왕화가 앞서야 할 곳이니 관찰사의 품계가 낮아서도 안 되고 또한 혼자 일을 맡기도 어렵다. 그러니 직위가 높은 재상을 가려 별도로 칭호를 붙여 관찰사를 겸임하도록 하라."
>
> －『연산군일기』 63권, 연산 12년(1506) 8월 9일

하지만 이런 특별한 대우는 결국은 위정자와 관료층 자신들의 이익과 평안을 위한 조치였다. 임금이 어진 행실로 감화하고 민생을 돌본다는 "왕화"의 이면에는 지배질서 유지를 위한 인력이자 물품 생산자인 경기 백성이 무탈하게 존속해야 한다는 지배계층의 이해타산이 작용하고 있었다. 직위가 높은 실력자를 경기도 관찰사로 삼게 한 궁극적인 목적도 이와 크게 다르지 않았을 것이다.

경기지역은 오히려 다른 도에 비해 조세 부담의 강도가 높고 노동력 징발이 잦았다. 중앙 정부와 가까워 지방 향리나 토호의 폐단은 비교적 적었다고 하지만 특산물을 바치는 공물과 진상품이 많았으며 무상으로 공역公役에 노동을 제공하는 요역과 군역 부담도 상당한 고통이었다.

> 문하부 낭사가 상소를 올렸다. "순군巡軍 소속인 나장螺匠과 도부외都府外에 속한 사졸士卒이 거의 1500명이나 됩니다. 그런데 이 모두 경기지역 백성으로 충당하니 수령들이 역부를 징집해 노역을 시킬 수 없어 남은 백성이 노고를

견디지 못하는 지경입니다."

- 『태종실록』 1권, 태종 1년(1401) 1월 14일

1년 동안 져야 할 요역 일수를 6일 이내로 제한한다는 규정을 두었지만, 수도에 접한 경기도는 예외이기 일쑤였고 국가 공역이 있을 때면 손쉽게 경기도민을 징발했다. 게다가 국왕 행차와 고위관료의 출입이 잦고, 왕실의 능묘와 권세 가문의 분묘가 경기지역에 조성돼 있어 경기도민은 이를 위해서도 수시로 요역에 동원되고 공물과 진상을 올려야 했다.

> 병조판서 조말생 등 아홉 신하가 임금에게 의견을 올렸다. "경기도 백성이 맡은 요역의 번거로움에 대해 모두 알지는 못하오나 지금까지 들은 바를 말씀드리자면 이렇습니다. 선공감에는 궁궐이나 관청을 수리하는 데 쓰이는 재목과 물품을 바쳐야 하고, 사복시에는 어용마御用馬를 납부해야 합니다. 예빈시禮賓寺와 전구서典廐署에는 양과 돼지에게 먹일 생곡초生穀草와 땔나무 장작을 바쳐야 합니다. 해마다 얼음 수장고를 수리하고 목장도 보수해야 합니다. 이 모두 다른 도의 백성은 하지 않는 바인데, 경기 백성만이 하게 되니 생업에 힘쓸 날이 모자랍니다. 대신大臣이 돌아가면 농번기일지라도 장례를 치르고 묘소를 마련하는데 호미 들고 일하는 백성을 동원합니다. 생계가 힘들고 생업을 잃게 되는 까닭이 여기 있습니다."
>
> - 『세종실록』 28권, 세종 7년(1425) 6월 23일

사신 행차도 경기 백성의 요역과 공물 부담을 가중했다. 경기지역은 사신이 드나드는 길목이라 사신을 맞아들이고 접대하는데 필요한 공사에 인력으로 차출되고 갖가지 진기한 물품을 바쳐야 했다.

봉상윤奉常尹 정여鄭旅가 임금에게 의견을 올렸다. "경기도 벽제역碧蹄驛에서 서쪽에 있는 각 역에는 창고가 부족하고 집기가 부족합니다. 그래서 중국 사신이 내왕할 때마다 각 역에서 경기 고을에 배정해 물품을 충당하게 하고 접대에 필요한 일을 맡기니, 농사철에도 음식 담을 그릇과 잔치에 필요한 방석·요·돗자리 등을 등에 지거나 말에 신고 줄을 지어 역으로 향합니다."

— 『세종실록』 28권, 세종 7년(1425) 6월 23일

군주의 덕행德行이 어느 곳보다 우선해 밝게 비친다는 왕화의 땅 경기에는 한편으론 가중한 조세와 국역 부담으로 그 어는 곳보다 수탈과 억압이라는 그늘이 가득했다. 경기 백성들의 그 가련한 음지의 하루하루는 결국은 군주의 권위와 왕실의 존엄, 고위관료의 예의염치를 빛내기 위한 땀과 눈물이 되었다.

수확물을 거둬가는 현실의 위세는 따로 있었지만 농부들은 들일을 천직 삼아 거친 산야를 개간해 농토를 만들고 가꾸었다. 그들은 착오와 실패를 통해 경험을 축적하며 풍토에 적합한 농법을 몸으로 익힌 참일꾼이었다. 수로를 내어 가뭄으로 갈라진 논에 물을 끌어왔고 한여름 뙤약볕을 등지고 잡초를 뽑아내 밤낮으로 벼를 길렀다. 땀 흘려 일하고 농작물을 생산하는 그들이 이 땅 전답田畓의 실제 경작자이자 진정한 주인이었다.

2장

가진 자의 농토,
신음하는 경기 농민
농부

고위관료의 경기지역 농장 운영과 농부들

과전법 체제와 경기 농민의 고통

권세가와 하급관료의 조세 횡포

토지 양극화와 경기 농민의 빈곤

고위관료의 경기지역 농장 운영과 농부들

강희맹은 경기도 금양 외에도 안산과 고양, 경상도 함양에 상당한 규모의 토지를 보유하고 있었다.[1] 그 대부분이 세거하던 선대로부터 상속받은 전답이거나 국왕으로부터 하사받은 사패전賜牌田이었다. 금양 농장은 본래 강희맹의 아내 가문인 순흥 안씨 집안에서 개국공신 책봉에 대한 포상으로 하사받은 토지인데, 이를 아내가 증여받으면서 강희맹 집안으로 넘어오게 됐다. 당시 실정으로 보면 대규모 농장은 아니었지만, 산림이 부속돼 있어 땔감 채취와 목재 마련은 물론 양잠에 필요한 뽕나무 산지로도 유용한 농장이었다.

> 밭은 100무畝를 넘지 않았고 땅은 기름지지는 않아 농사를 지어도 곡식이 많이 나지는 않았다. 다만 전부터 내려오는 농장으로 소나무와 개오동나무, 뽕나무, 가래나무 등을 함부로 베지 못하도록 관리했다.
>
> – 강희맹, 「금양별업衿陽別業」 『금양잡록衿陽雜錄』

이 시기 농장은 대개 산림천택山林川澤이 딸린 형태가 많았는데, 산림 지역과 연못 등을 합치면 강희맹의 금양 농장 전체 규모는 밭의 두세 배는 되었을 것이다. 안산과 함양에 있는 농장은 금양 농장보다 규모가 컸을 것으로 본다. 강희맹은 서울에 본가를 두고 있었지만 관직에서 물러난 시기에는 주로 금양과 안산을 오가며 농장을 관리하고 집안을 이끌었다.

　　15세기 고위관료층은 대체로 농장을 소유한 지주이기도 했다. 경기지역을 비롯한 전국에 대규모 농장을 두고 위세를 떨치는 양반 가문도 적지 않았다. 태종 시기에 사헌부의 장관인 대사헌과 한성부의 수장인 판한성부사(뒷날의 한성부윤)를 지낸 안원(1346~1411)은 경기도 파주 지역에만도 10리에 걸친 대농장을 마련하고 권세를 누렸다.

> 안팎으로 차지한 논밭이 무려 수만 경頃에 이르고 거주하는 노비 가구만도 100여 호에 달했다. 고목 1000여 그루가 10리에 그늘을 이루고 거위와 황새가 그 사이에서 울고 떠들었다. 안원은 매를 팔 위에 올려놓고서 누런 개를 데리고 매일 자신의 논밭을 왕래하며 이를 낙으로 삼았다고 한다. 지금도 땅을 나누어 차지하고 사는 사람이 100여 명이나 되는데 모두 그 자손이다.
>
> ─ 성현, 『용재총화慵齋叢話』

　　안원 가문의 파주 농장은 농경과 생활에 필요한 산림천택은 물론 사냥을 할 수 있는 산과 숲까지 딸린 거대 농장이었다. 성현이 『용재총화』를 지은 시기를 1499년에서 1504년으로 잡으니, 안원 가문의 자손들은 16세기 들어서도 토지를 기반으로 삼아 안락한 삶을 누리고 향촌 사회에 영향력을 행사했던 것이다.

　　토지 증식과 관리는 조선 양반과 관료층의 가장 큰 관심사 중 하나였다. 선비는 재물에 초연하다는 이미지가 강하게 형성돼 있지만 실제로 조선의 지배층 대부분은 재산관리에 자신의 지위와 권력을 한껏 이용해 안정된 생활기반을 마련했다. 조선 사회의 물질적 생산 대부분이 농업에 기반을 두고 있었기에 당시 토지는 가장 중요한 생산수단이자 지배층의 존립을 가능하게 하는 경제적 토대였다. 토지 규모가 그대로 한 집안의 부의 수준을 나타냈으며, 그런 토지에 기대어 양반은 지배층으로서의 권위와 신분 지위를 제대로 행사할 수 있었다. 토지에 가문의 보존과 번성이 달려있었다 해도 과언이 아니다.

안원 가문의 파주 농장에 100여 채의 노비 집이 있었던 것으로 보아, 땅을 갈아 직접 농사를 지은 이들은 대부분 이들 노비였던 것으로 보인다. 양반관료 계층의 노비를 통한 농업 경영은 이 시기의 일반적인 현상이었다. 강희맹 또한, 금양 농장과 같이 자신이 직접 관리하고 때로는 경작에 나서기도 했지만 그 외의 토지는 현지 관리인을 두고 주로 노비를 부려 농사를 지었다.[2] 과노課奴라 지칭하는 농경노비가 농사일을 분담해 맡은 것으로 파악된다.

> 과노가 땅을 파고 좋은 채소 씨앗을 뿌리니 한 해의 부엌 반찬이 풍족하겠구나.
> - 강희맹, 「촌거우금 삼수村居偶吟三首」『사숙제집私淑齋集』

노비 외에 일손이 모자랄 땐 농사일을 하는 농부를 고용하기도 했을 것이다. 강희맹은 당시의 고용 농사꾼 처지를 이렇게 전한다.

> 비용을 많이 들여서 사람을 고용해 농사를 짓는 이는 고용된 사람에게 밥을 먹일 수 있는 그릇 다섯 개를 갖추어야 한다. 그렇지 않으면 일꾼이 병을 핑계로 일을 제대로 하지 않으려 한다. 그 다섯 개의 그릇이란 밥 세 그릇, 국 한 그릇, 나물 한 그릇인바 각 일꾼에게 다섯 그릇씩 주면 잠깐 사이에 욕심껏 다 먹어버린다. 먼저 먹은 사람은 미처 먹지 못한 사람보다 더 먹으려 하니 가장 욕심껏 먹은 사람은 모름지기 다섯 그릇으로도 부족하다. 그 모양새가 먹다 남은 빈 그릇이나 썩은 생선에 달려드는 가을 파리와 같다.
> - 강희맹, 「농담 2農談二」『금양잡록衿陽雜錄』

강희맹이 경험한 고용 일꾼은 천민 신분은 아니었던 것으로 보인다. 일정한 노동조건을 요구하는 것으로 미루어 생계가 힘든 양인 농민으로 추측된다. 이러한 고용 일꾼과 노비를 부리는 외에 마을 농부에게 전답을 빌려주어 농사짓게 하고 그 생산량을 나누는 병작제並作制도 일부 행해졌을 것으로 추정하는데, 전하는 사료로는 확증되지 않는다.

과전법 체제와 경기 농민의 고통

　　조선시대 양반층의 농업 경영은 크게 두 가지 방식으로 이뤄졌다. 15세기와 16세기에는 강희맹 집안과 같이 토지 주인이 노비를 부려 농사를 짓는 농장형 지주제가 주류를 이루었고, 다른 한 방식인 병작제는 15세기에 성립돼 17세기 이후 지주제의 주된 형태로 자리 잡았다. 16세기 후반에 이미 전체 지주가 보유한 토지 가운데 약 70퍼센트가 병작제에 의해 운영됐다는 연구도 있어 병작제 성행 시기를 좀 더 이르게 추정하기도 한다. 이러한 양반층의 병작제와 농장형 지주제 외에 직계가족에 의한 소규모 영농체인 자작농이 있었지만 농민층 전체에서 차지하는 비율은 비교적 낮았다. 조선 후기 들어 농사를 직접 경영하는 양반이 줄어들고 집약적인 벼농사 기술이 확립되면서 농업의 경영 단위도 변화했다. 병작제 방식이든 자작농이든 직계가족에 의한 소규모 영농체가 경영의 단위로 자리를 잡아갔다.

　　경기지역 농민도 대체로 이러한 세 유형의 영농체에 속해 농사를 지었지만, 조선 전기에는 과전科田이라는 경기지역 특유의 토지제도가 운영돼 조세 수취에서 다른 지역과 일정한 차별 양상을 보인다.

　　고려 말 권문세족이 농장을 과도하게 확대하고 불법으로 조세 면제의 특권을 누리면서 토지 소유의 양극화가 극에 달하고 농민은 도탄에 빠졌다. 권문세족은 농장에 얽매인 농민의 노동력 착취를 위해 이들의 군역과 요역까지 불법으로 면제시켰다. 이런 실정 아래 국가재정이 바닥나 군량은 물론 관료의 녹봉마저 제대로 지급하지 못하는 지경에 처하자 조준을 위시한 조선 개국세력은 건국 1년 전인 1391년에 토지제도 개혁을 단행했다. 우선 권문세족의 불법적인 농장을 혁파하고 탈세 토지를 없앴다. 정당한 토지소유관계 아래 조성해 운영하는 농장과 개인이 소유해 농사를 짓는 소규모 경작지는 그대로 보전되었다.[3] 이러한 조치와 함께 조세를 거둘 수 있는 권리인 수조권收租權이 국고國庫와 왕실, 공공기관에 귀속되는 토지인 공전公田을 확대하고, 수조권을 개인에게 부여한 사전私田은 일정한 제한을 가해 재정 확충을 꾀했다. 이 시기 사전으로는 중앙에 거주하는 현직 관료와 퇴직자에게 나누어준 과전, 공신에게 내린 공신전, 지방 관원에게 준 외관직전外官職田, 향리에게 부여한 외역전, 지방의 한량관에게 준 군전軍田 등이 있었다.

이 중에서 과전과 공신전은 수도 서울을 둘러싼 경기지역 농토를 대상으로 분급한다는 원칙을 두었다. 이러한 규정은 수도에서 먼 지방의 토지를 나눠주면 그것을 빌미 삼아 권세가들이 자의적으로 사전을 확대할 수 있다는 우려 때문이었다. 고려시대에는 공권력의 감시가 소홀한 외방外方에도 사전을 설치했는데, 말기 들어서는 불법적인 사전이 전국적으로 많이 늘어나 토지제도의 문란을 야기했다. 중앙관료와 공신에게 수조권 관리를 편리하게 해준다는 특혜 조치도 경기지역의 토지를 분급한 한 요인이었다. 실제로 이 시기의 과전은 신분제 특권에 기반을 둔 토지지배 형태의 하나라 볼 수 있다. 중앙의 관료들은 관직 복무에 따른 녹봉을 따로 받았지만, 관료로서의 사회적 신분을 유지해야 한다는 구실 아래 별도의 토지 수조권을 부여받아 경기 농민에 대한 지배력을 강화하고 사회적 영향력을 확대할 수 있었다.

수조권 부여는 전주田主(관료와 공신)에게 농민에 대한 일종의 사적 지배권을 용인한 셈이어서 경기 백성의 예속화와 수탈은 예정된 수순이었다. 더구나 전주들은 막강한 영향력을 가진 중앙의 관인 계층이 아닌가. 이 시기 토지제도 개혁안은 농민에게는 실제로 농사를 지을 수 있는 경작권을 인정하고 토지를 함부로 빼앗을 수 없게 함으로써 농민의 토지 지배권을 일정하게 보장했다. 또한 조세액을 수조권자가 임의로 정하지 못하게 했다. 하지만 현실은 반드시 그렇게 흘러가지 않았다. 수확량의 10분의 1을 조세로 거두도록 했지만 전주가 이를 남용해 과다하게 수취하는 일이 잦았다. 전주 측에서 매년 토지를 답사해 작황 상태를 정하는 답험손실법踏驗損實法이 적용돼 조세 부과 과정에서 세액이 부풀려지기 마련이었다. 게다가 규정에 어긋난 부대물까지 과도하게 요구하기까지 했다.

> 과전의 수조법收租法을 의논하였다. 이백지가 임금에게 아뢰었다. "전주가 답험하면 조세를 가중하게 거둡니다. 그럴 뿐만 아니라 천薦(쑥)과 탄炭(숯), 신薪(장작), 초草(짚이나 풀)와 같은 부대 산물까지 불법으로 거두니, 요구하는 바가 한둘이 아닙니다."
>
> - 『태종실록』 30권, 태종 15년(1415) 8월 10일

중앙관료의 갖가지 수탈로 농민의 원성이 하늘에 사무치고 결국은 혹독한 가뭄이 초래됐다는 유언비어가 나돌 정도였다고 한다. 이러한 전주의 폐해를 막기 위해 세종 시기 들어서는 답험손실권을 중앙에서 파견하는 임시 관원인 경차관에게 맡기도록 조치한다.

임금이 일렀다. "공전과 사전의 수확 실태에 대한 현지 검사를 모두 경차관에게 맡기고, 경차관을 보낼 때 거듭 타일러 실상에 맞게 검사하도록 한다면 어찌 사전에서만 허위와 꼼꼼하지 못한 결과가 나올 수 있겠는가. 지역마다 위임관이 많지 않은데도 제대로 답험을 하지 못하는 자가 나오는 실정인데, 과전을 받은 관료가 작황 검토를 위해 현지에 보내는 하수인이 민폐를 끼치지 않는다고 누가 보증할 수 있겠는가. 만세를 두고 변치 않는 법을 만들려고 한다면 경차관을 보내 현지에서 검사하게 하는 방안보다 더 좋은 대책은 없을 것이다."

-『세종실록』 5권, 세종 1년(1419) 9월 19일

하지만 과전의 폐해는 여기서 그치지 않았다. 과전을 몰래 점거해 수조권을 행사한다든지, 세습을 금했지만 수신전守信田과 휼양전恤養田 명목을 붙여 과전을 사실상 자손 대대로 물려주는 폐단이 계속됐다. 수신전은 관리가 죽으면 그 수조지를 아내에게 물려주도록 한 과전이며, 휼양전은 관리 부부가 모두 죽고 어린 자식만 남으면 그 자식이 이어받도록 한 과전이었다.

호조에서 임금에게 아뢰었다. "과전을 받은 관리가 아내 없이 죽은 자, 수신전을 받은 뒤에 타인에게 간 자, 처부모가 대신 받은 뒤에 아내를 버린 자의 토지 등에 대해서는 족친이 관아에 고해 수조권을 넘겨야 합니다. 이를 숨기거나 고하지 않은 자는 형벌을 내린다는 법이 있는데, 무식한 자들이 혐의를 두려워하거나 수조권을 계속 가지려고 기도해 관아에 고하지 않습니다."

-『세조실록』 37권, 세조 11년(1465) 12월 16일

게다가 관료 계층이 늘어나고, 세습 가능한 공신전과 임금이 총애하는 측근에게 내리는 별사전別賜田까지 확대되면서 경기지역 과전은 포화 상태에 이른다. 결국 과전법은 세조 12년인 1466년 들어 현직 관리에게만 수조권을 부여하는 직전제職田制로 바뀐다. 그런데 이번엔 과도한 조세 징수와 부대물 요구가 한층 더 심해졌다. 퇴임하면 과전 혜택도 끝나고, 거기에 현직에서 언제 밀려날지 모른다는 불안감까지 겹치면서 재임 기간 중의 수탈 행위가 더 심해졌던 것이다.

> 호조에서 임금에게 아뢰었다. "무릇 직전職田과 공신전, 별사전에서 조세를 높고 무겁게 책정해 받아내고 아울러 잡물까지 거두는 자가 있습니다. 사헌부에 고하게 하고 실상을 조사해 죄를 과하도록 하소서."
> ─『예종실록』3권, 예종 1년(1469) 2월 13일

> 공조판서 양성지가 임금에게 글을 올렸다. "직전에서 짚과 풀을 납부하는 법과 관행을 혁파해야 합니다. (…) 이미 관아에 납부했는데도 직전을 받은 자에게 또 바치니 이는 볏짚 1속束에 쌀 1두斗(10되)를 징수하는 것과 같으니 볏짚에 대한 조세액이 원래의 조세액과 같은 셈입니다. 이를 어찌 경기도 백성이 감당할 수 있겠습니까? 이 법을 혁파하지 않는다면 수년이 가지 않아 경기 주민이 소유해 경작하는 토지 중 다수가 버려져 거친 논밭이 되고 유망하는 자가 많아질 것입니다."
> ─『예종실록』6권, 예종 1년(1469) 6월 29일

몇몇 신하의 시정 요구에도 폐단은 쉬 그치지 않았다. 그러자 성종 시기인 1470년대 들어서는 나라에서 직접 토지세를 받아낸 뒤에 관료에게 해당액을 지급하는 관수관급제를 실시하기에 이른다. 이후에도 직전세 명목으로 존속한

과전법 체제는 16세기 중반 명종 대에 빈번한 흉년과 변방 소요에 따른 국가재정 부족을 이유로 결국 폐지된다.

권세가와 하급관료의 조세 횡포

　　몇 번의 변화를 거친 과전법 체제가 소멸했다고 해서 경기 백성의 고통이 끝나는 건 아니었다. 경기지역은 수도를 에워싼 지역이라 사족 관료층의 거주지가 많았으며 이들의 경제 기반인 농장 또한 비교적 넓게 조성돼 있었다. 과전법 체제 정립과 함께 권력결탁형의 불법적 농장은 혁파되었지만 정당한 토지 소유 관계에 기초한 농장은 그대로 보존됐는데, 문제는 권세를 휘두르는 위치에 있는 농장 주인들이 조세 부담을 사실상 회피하는 경우가 잦았다는 사실이다.[4] 특히 고위관료층의 농장이 다수 분포한 경기지역은 그 폐단이 심했다. 군현 단위로 책정된 조세 총액 가운데 고관들이 담당해야 할 몫이 힘없는 농민에게 고스란히 전가되기 마련이었다.

　　사헌부의 대사헌인 이서장을 비롯한 관원들이 상소했다. "경기는 국가의 근본의 되는 곳이라 구휼하는 방책이 다른 도道와 다른데 요역의 괴로움은 도리어 심하고, 또한 재상들의 농장이 많습니다. 재상은 논밭과 가옥, 재산을 가진 양민을 점거해 반당伴倘(하인)으로 삼고, 반당이 된 자는 재상의 위세에 기대어 군현의 수령을 능멸하고 약자를 침탈합니다. 그런데도 수령은 용렬하고 겁이 많아 권세가를 호랑이보다 더 두려워하니, 부세를 부과함에 공평하지 못해 권세가는 모두 면제되고 호소할 데 없는 자들만이 조세를 납부합니다. 이런 실정에서 경기 백성으로서 능히 농사지어 곡식을 먹을 수 있는 자는 모두 권세가의 노비이거나 반당이요, 그 나머지는 땔나무를 팔고 채소로 죽을 해 먹음으로써 생계를 이어가는 자들입니다."

- 『성종실록』 44권, 성종 5년(1474) 윤6월 21일

전세田稅 수취 과정에서도 경기 농민은 다른 지역 백성보다 가혹한 횡포와 수탈을 겪어야 했다. 다른 도는 통상 조운차사원漕運差使員, 분재차사원分載差使員, 감납차사원監納差使員 등 특별 임무를 맡은 관료를 임명해 세곡 징수를 감독하게 하고 서울로 운송하도록 했다. 그런데 경기지역 세곡 수취에는 차사원을 파견하지 않은 채 서울의 세곡 창고에 납부하도록 해, 전세 징수와 출납을 맡은 감고監考와 색리色吏 등 아전의 횡포가 심할 수밖에 없는 실정이었다.[5]

호조에서 임금에게 아뢰었다. "경기 각 고을의 세곡인 쌀과 콩을 수납할 때에 감고와 색리가 제각기 사삿집에 기숙하며, 삼가三價라고 칭탁하고 쌀과 콩을 지나치게 많이 거둡니다. (…) 감고와 색리는 폐지하고 차사원을 임명해 수납하는 각사에 나아가 감시하게 하고, 납입하는 자가 직접 세곡 분량을 셈하도록 해 창고에 넣게 하소서."

- 『세종실록』 56권, 세종 14년(1432) 6월 5일

감고와 색리는 민가에 기숙하며 갖가지 핑계로 바쳐야 할 조세를 부풀렸다. 세곡을 임시 보관 창고인 강창江倉에 넣는 품삯, 서울의 세곡 창고인 경창京倉에 납부하는 품삯, 창고를 관리하는 아전에게 줄 수수료 등 소위 "삼가三價"라

는 명목으로 곡물을 수탈해 빼돌렸다. 되질을 높게 하고 무게를 속여 규정량 이상을 징수했다. 이처럼 전세 납입 과정에서 일어나는 폐단이 계속돼 민심이 소요하자 조정에서는 사헌부 규찰과 호조의 감시를 강화하는 조처를 했지만 경기 백성이 당하는 고통이 얼마나 줄어들었는지는 의문이다.

토지 양극화와 경기 농민의 빈곤

　　과전법 체제가 소멸해 신분 특권에 따른 토지지배 형태가 와해하면서 양반관료층은 이제 소유권에 토대를 둔 농토 확대 방안을 적극적으로 모색한다. 강희맹이 경기도 금양에서 농장을 직접 운영하던 15세기 후반에 이미 이러한 농장이 크게 확대되고 있었다.

　　이 시기엔 토지 매매제도와 소유권 규정이 이전 시대와 달리 토지 사유화에 유리하게 전개되고 있었다. 고려시대의 토지 소유 관계는 기본적으로 "모든 토지는 국왕의 소유"라는 왕토사상에 입각해 있었다.[6] 백성은 왕으로부터 토지를 빌려 농사짓는 경작자였으며, 농장도 국가가 분급한 조세 징수권인 수조권에 기초해 성립했다. 특별한 사유가 있을 때만 민간의 토지 매매를 허가했을 뿐 매매금지가 일반적이었다. 국가에 의해 토지 매매가 공인된 것은 조선시대 세종 때인 15세기 전반이었다. 이 시기엔 군인이 이사할 때 토지를 함부로 매매할 수 없게 하거나 매매에 국가의 공적 인증제도를 두는 등의 규제를 했는데, 16세기엔 이마저도 흐지부지되고 자유로운 매매가 이뤄진다. 이에 따라 늦어도 조선 후기에 접어들 즈음에는 토지에 대한 사실상의 배타적 소유권이 확립됐다.

　　농지 소유권 관행과 법 또한 토지 소유주에게 유리한 방향으로 전개됐다. 논밭이 묵어 거칠어진 진황陳荒 토지에 대한 소유권 변화가 그 한 예다. 과전법 체제에서는 농지를 과다하게 점거해 진황시키면 그 농지의 소유권을 전답이 없거나 논밭을 적게 가진 농민에게 넘겨주어 경작하게 하는 시책을 추진했다.[7] 이는 농지를 점거하려는 권세가의 횡포를 줄여 소농민을 보호하고 한편으론 진황을 막아 농업생산의 증대를 꾀하려는 권농정책의 하나로 시행됐다. 그런데 15세기 중반에는 어떤 진황 농지일지라도 그 소유권은 지주가 항구적으로 보유할 수 있도록 규정이 변하면서 소유권을 영구히 확보하려는 지주와 관료층의 이해관계가 관철된다. 16세기를 전후한 시기에 토지지배의 관행이 소유권 중심으로 흐르면서 토지 사유화 추세가 점차 강해지고 있었던 것이다.

이런 여건 아래, 양반관료층은 여러 방식으로 토지를 늘려나갔다. 매입·강매·강점·탈취·개간 등으로 토지 사유화에 박차를 가하며 농민에 대한 지배력과 향촌 사회에 대한 영향력을 높여나갔다. 정당하고 합법적인 토지 증식도 있었지만 신분 우위와 특권에 기대어 토지를 늘려나갈 수 있었다는 사실을 무시하긴 어렵다.

15~17세기 사이에 전국의 경지 면적이 많이 늘어났는데, 여기에는 양반 가문이 행한 개간이 한몫했다.[8] 특히 16세기에는 대부분의 양반 가문이 개간에 뛰어들어 이 시기를 '개발의 시대'라 부르기도 한다. 산간 평지 지역 외에도 해안 지역에서 간척에 의한 농지 개발이 이뤄지기도 했는데, 이 과정에서 양반 지주들은 관의 노동력과 재원을 동원했다. 지방관을 움직여 군인을 개간 인력으로 이용하고 물자를 지원받아 대규모 개간사업을 일으킬 수 있었다. 이 시기의 개간사업은 일종의 양반 특권이었던 셈이다.

합법적인 외양을 갖지만, 강제나 탈취에 준하는 방식으로 토지를 취득하기도 했다. 부유한 양반층은 고리대를 이용해 헐값에 토지를 매입했다.

어전회의에서 사간司諫 이이만이 임금에게 아뢰었다. "토호들이 평민에게 끼치는 폐해는 이루 말할 수 없습니다. 이들 부유한 자는 대부분 돈과 곡식을 가난한 이들에게 빌려주고 토지문서를 전당잡는 이자놀이를 합니다. 그러다 이자가 날로 불어나 갚을 수 없게 되면 그 전당잡은 토지를 매매한 토지로 만들어 논밭을 빼앗아버립니다."

- 『숙종실록』 47권, 숙종 35년(1709) 7월 5일

18세기 중반 이후엔 채무를 진 농민이나 가난한 농부의 토지를 매입하는 방식이 재산 증식의 일반적인 현상으로 자리 잡는다. 한편, 이 시기엔 양반층뿐 아니라 부유한 상인이나 농민이 매매를 통해 토지를 소유하는 경우도 늘어났다. 상민과 천민 가운데 부를 축적한 이들이 신분 상승을 꾀하고, 일부는 재산을 내세워 사회적 영향력을 높이려 했다. 이런 가운데 관직을 갖지 못하거나 토지를 유지하지 못해 잔반殘班으로 내려앉는 양반 집안이 증가하면서 신분질서의 기반이 약해지고 양반의 권위 자체가 크게 흔들렸다. 18세기 말엔 경기도 가평에 사는 한 상민이 재력을 믿고 양반 집안에 혼인을 청하자 이를 분하게 여긴 규수가 곡기를 끊고 죽은 일까지 벌어진다.[9]

형조에서 임금에게 아뢰었다. "가평에 사는 사내종인 엇복이 이렇게 사정을 하소연했습니다. '저의 상전은 진무공신振武功臣인 충성군忠城君 지계최의 8대손입니다. 비록 시골에 내려와 타향살이하지만 이전의 지체와 공훈이 있어 고식적이나마 양반의 이름을 보존하고 있습니다. 그런데 천만뜻밖에도 상놈 김가인백이 스스로 세력과 부富를 믿고 자기 아들의 사주단자를 가지고 와서 거리낌 없이 저의 상전 댁 규수에게 혼인을 청했습니다. 즉시 관아에 고하자, 관아에서도 김가인백 부자父子가 무엄한 죄를 저질렀다며 매를 쳤습니다. 규

수는 김가인백의 흉악하고 도리에 어긋난 말을 듣고서 5일 동안 곡기를 끊었는데, 결국은 초상이 났습니다.'"

— 『일성록』 정조 19년(1795) 윤2월 19일

이와 반대로, 재력을 가진 상민 집안과 혼인을 맺으려는 양반도 생겨났다. 1802년 무렵, 양반 신분의 노총각 박동이는 부유한 상민 집안의 딸과 결혼하기 위해 몰래 정을 통했다고 거짓말을 퍼뜨렸다.[10] 느닷없이 문란한 여자가 된 그 집안의 낭자는 이미 다른 남자와 혼인날까지 잡아놓은 상태였는데, 결국 순결을 증명하기 위해 약을 먹고 자살을 하게 된다. 양반의 정절 윤리가 일부 상민층에까지 확산한 것이다.

하지만 다수의 상민층 농부는 가난에서 벗어나지 못하고 양반의 위세 아래 생계를 유지해나가야 하는 처지였다. 토지 사유화가 확장되면서 사적 토지 소유에 의한 지주제가 점차 우위를 점하고 전답을 빌려 농사짓는 병작농이 증가하는 추세였다. 농민은 여전히 땀 흘려 농사를 지었지만 정작 토지 지배권과 소유권에선 점점 멀어지고 있었다.

농민 대부분은 손에 쥘 수 있는 생산물이 늘 부족해 가계를 제대로 꾸려가기 힘들었다. "한 해 내내 뼈가 휘도록 농사지어도 소금값이 남지 않는다"는 말이 돌 정도로 병작 빈농의 살림살이 형편은 무척 어려웠다. 토지세인 전세와 다음 해 파종할 종자는 지주가 부담하는 게 원칙이지만 이마저 떠안아야 하는 농가가 많았다. 병작지 부족을 악용해 지주가 수확량의 절반이 넘는 곡물을 가져가기도 했다. 여기에 운반비와 보충미 같은 부가세가 추가되고, 특산물로 바치는 공납세인 대동세까지 내야 했다. 춘궁기에 관청에서 빌린 환곡까지 갚아야 하는 처지이고 보면 농부가 집에 들일 수 있는 곡물은 많이 잡아도 전체 수확량의 25퍼센트가 되기 어려웠다.

　나라에서 정한 조세 규정조차 제대로 지켜지지 않아 농민의 생활을 더욱 곤궁하게 만들었다. 지방관과 향리가 협잡으로 조세액을 부풀렸으며, 세금을 낼 필요가 없는 황폐한 농지에 세금을 부과했다. 재해를 입어도 곡식이 여문 것처럼 산정해 세금 등급을 높였다. 관리 개인이 쓴 공금을 보충하기 위해 규정 이상의 세금을 거두었다. 물품이나 금전을 상납하는 정채情債까지 떠안으면 부담은 감당하기 힘들 정도로 늘어났다.

　약간의 전답을 가진 양인 자작농의 형편도 크게 낫지는 않아 언제든 하층 빈농으로 떨어질 수 있다는 불안을 안고 있었다. 흉년을 피해갈 수 없었고, 관리의 가렴주구에 거의 무방비로 노출돼 있었다. 실제로 부담해야 하는 조세는 과중했으며, 급할 땐 헐값으로 곡식을 내다 팔아야 했다. 이도 모자라면 논밭을 저당 잡히고 이자가 높은 고리대를 써야 했는데, 이를 갚지 못해 논밭을 잃는 농가가 늘어났다. 양인 자작농마저 하층 빈농으로 전락하니, 지주에겐 토지가 더욱 집중되고 남의 토지를 빌려 농사를 지어야 하는 빈농은 늘어날 수밖에 없는 사회구조였다. 고위관료의 대규모 토지가 많았던 경기지역 또한 토지 소유의 양극화가 극심했다.

　　부수찬副修撰 이석하가 상소했다. "지금 재상 중에는 논밭을 널리 차지하지 않은 자가 없습니다. 이들이 가진 경기도 여주와 양주의 기름진 땅과 충청도 연해의 큰 제방은 여러 고을을 포함해 한번 바라봄에 끝이 없습니다. 그런데도 곡식이 1000석에 차지 않으면 스스로를 가난하다고 합니다만, 실상 주민들은 1년에 한 전장田莊에서 나오는 곡식을 환곡으로 주어 그 이자만으로도 토지를 쉽게 살 수 있다고 말합니다. 이러니 백성들이 어찌 빈곤하지 않으며 나라의 살림이 어찌 힘들지 않겠습니까."

- 『정조실록』 40권, 정조 18년(1794) 7월 24일

게다가 경기지역은 다른 지역보다 노동력 징발이 빈번하고 공물과 진상품이 많아 농민의 부담을 가중했다. 경기지역 농민은 더욱 빈궁할 수밖에 없는 처지로 내몰렸으며, 농민층 분화 현상 또한 다른 도보다 한결 심각하게 진행됐다. 부자는 더 부유해지고 가난한 자는 더 빈곤에 시달리는, 이른바 부익부빈익빈 실상이었다. 1794년 겨울에 경기도 적성현(지금의 파주시 적성면 일대)을 찾았던 실학자 정약용은 그곳 농부의 비참한 생활을 이렇게 전한다.

> 시냇가 허물어진 집은 사기그릇 엎어놓은 듯
> 북풍에 이엉 날아가 서까래만 앙상하네
> 묵은 재에 눈 덮여 아궁이는 싸늘한데
> 체 구멍처럼 뚫린 벽에 별빛 비쳐드네
> 집안 살림살이 너무 빈약하여
> 다 내어 팔아도 칠팔 푼도 되지 않겠네
> (…)
> 아침 점심 두 끼 굶고 밤에 돌아와 불 지피고
> 여름에는 갖옷 하나 겨울에는 베옷 입네
> 들냉이 싹은 묻혔으니 땅이 녹길 기다려야 하고
> 이웃집 술 익어야만 지게미나 얻어먹지
> 지난봄 빌려다 먹은 쌀이 닷 말이니
> 그 일로 올해는 참으로 살길 막막하네
> (…)

- 정약용, 「첨정簽丁」 『목민심서』

농민층의 처지가 악화하면서 남의 집 농사일을 해주고 대가를 받아 생계

를 잇는 고용노동자 격인 농부가 늘어났다. 이 일마저 찾기 힘든 농민들은 목숨을 연명하기 위해 집을 버리고 유망의 길로 들어섰다. 18세기 이후 늘어나는 유민은 전국적 현상이었는데, 경기지역도 예외가 아니었다. 경기도에 거주했던 한 평범한 백성의 삶의 유전을 통해 농민 몰락의 실상을 살펴보자.

순조 12년⁽¹⁸¹²⁾ 초봄, 서울에서 한 협잡꾼의 사형이 세간의 화제가 되었다. 목을 베어 머리를 장대에 매달아 전시하는 효수형을 당한 천오장千五壯이라는 인물이 그 주인공이었다.[11] 천오장은 본래 경기도 고양에 거주하는 가난한 백성이었는데, 농사마저 직접 짓기 어려울 정도로 가세가 기울자 품팔이로 겨우 먹고사는 처지가 된다. 그러다 생계 때문에 도둑질까지 하게 되고 고향에서 쫓겨나는 신세에 처한다. 떠돌이 생활로 삶을 이어가는 유민으로 전락한 것이다. 천오장은 때로는 구걸하고 때로는 남의 물건에도 손을 대었다. 그러던 중에 이름을 바꾸고 왕족의 아들이라 칭하면서 시골 백성을 속이고 협박해 물품까지 갈취하는 흉포한 범죄자가 된다. 결국 효수형으로 생을 마감한 천오장의 삶은 가난으로 농토에서 밀려나 고용노동자로 떠돌다 범죄자에 이르는 당시 유민의 한 유형을 그대로 보여준다.

산골을 찾아 화전을 일구어 생계를 유지하는 백성도 있었다. 18세기 말에 경기도 포천 지역에서 현령을 지낸 실학자 박제가는 당시 화전민으로 전락한 농민의 극심한 가난과 그 원인을 이렇게 보았다.

늘 보니, 산골 백성은 화전을 일구려고 나무를 찍어내고 불을 지르느라 열 손가락이 모두 뭉툭하게 못이 박혀 있었습니다. 옷은 10년 묵은 해진 솜옷에 불과했고, 집은 허리를 구부려야 들어갈 수 있는 움막인데 연기에 그을었고 벽은 흙을 제대로 바르지 않았습니다. 먹는 것이라곤 깨진 주발에 담긴 밥과 간도 하지 않은 나물이 전부였습니다. 그 까닭을 물으니, 무쇠솥과 놋수저는 이 정里正에게 높은 이자로 빌린 쌀을 갚지 못해 빼앗겼다고 합니다. 남의 종이 아니면 군포軍布 대신 돈 두어 냥을 납부해야 한다고도 했는데, 국가의 경비가 여기서 나오는 것입니다.

– 박제가, 「응지진북학의소應旨進北學議疏」『북학의』

빈곤은 농부의 불성실이나 흉년 때문만은 아니었다. 시작부터 토지를 가질 수 없었거나 강압과 수탈로 경작할 땅을 잃었다는 사실이 가난을 불러온 주된 요인이었다. 가난은 생계를 유지할 수 있는 토지라는 자원의 불평등한 배분에 기인한 사회현상이자 사회문제였다. 더구나 이들 농부에게는 불평등한 배분 문제를 근본적으로 뜯어고칠 정치적 힘이나 사회적 영향력이 없었기 때문에 가난은 대물림될 수밖에 없는 실정이었다. 빈곤은 무엇보다 사회제도와 정치권력의 문제였다.

3장

경기지역 농사법을
개발하고 습득하라

농부

사족士族 강희맹,
경기도 농부가 전하는 농사기술을 습득하다

조선 전기 경기지역의 농사법

경기 농부들, 각 지역에 적합한 농사법을 채택하다

사족士族 강희맹,
경기도 농부가 전하는 농사기술을 습득하다

　　성종 6년인 1475년 초봄, 경기도 금양 들판에도 겨울의 끝자락을 밀어내는 제법 따뜻한 기운이 서리고, 들 이곳저곳으로 감도는 훈훈한 흙내가 농부들의 이른 발길을 재촉하고 있었다. 아침 일찍 전답을 둘러본 강희맹은 벼 파종 시기를 헤아렸다.[1] 다른 양반 사족보다는 나름 농사법을 안다고 자처했지만 직접 들에 나서자 한 해 농사의 시작인 파종 시기 정하는 일부터 만만치 않았다. 마을 농부들의 조언과 권고도 조금씩 달라 어려움을 더했다. 강희맹은 집에서 가까운 메마른 논에는 2월 보름 전에 흙이 풀리면 물을 가두어 논갈이하고, 이후 때를 보아 볍씨를 뿌리고자 했는데 마을의 젊은 농부가 파종이 너무 이르면 벼의 싹이 제대로 자라지 않는다며 심려心慮 어린 낯빛을 보였다. 그런데 나이 지긋한 한 농부는 무릇 논을 갈고 씨를 뿌리는 데 있어 그 시기가 이르다고 해서 반드시 벼농사에 해가 되지 않는다며 조금 다른 조언을 했다.

　　농사는 무엇보다 씨앗을 뿌릴 전답의 토질이 그 곡물에 적합하냐에 달려 있습니다. 파종 시기가 이르냐 늦느냐에 따라서도 수확량에 차이가 납니다. 판서(강희맹) 댁의 논은 얼음이 녹고 흙이 풀리는 기운이 돌면 마른 씨앗을 뿌리고 물을 넣어두는 게 좋습니다. 물은 반 자 정도로 채우는 게 적절하죠. 이른 봄엔 추위가 잦은데, 물이 그 정도로 깊으면 얼거나 서리가 내려도 종자를 상하지 않게 합니다. 씨앗이 마르면 흙 속에 오래 있게 돼 발아가 더디고, 그러면 봄의 냉기를 면할 수 있답니다.

- 강희맹, 「농담 2農談二」 『금양잡록衿陽雜錄』

이 시기 금양을 비롯한 경기도 지역에는 못자리에서 볏모를 키워 다른 논에 옮겨 심는 이앙법이 아니라 논에 볍씨를 직접 뿌려 키우는 직파법이 행해지고 있었다. 조선 전기에 이앙법은 수리시설이 비교적 발달한 경상도와 강원도 일부 지역에서 실시되고 있었는데, 모를 낼 시기에 가뭄이 들면 농사를 망치게 될 수 있어 원칙적으로 금지하고 있었다.

직파법에는 논에 물을 가두고 써레질을 해 논을 고른 뒤에 싹을 틔운 볍씨를 뿌리고 물을 대는 수경직파법水耕直播法과 물이 없는 건답을 갈아 흙을 고르고 볍씨를 뿌려 볏모가 자라기 전까지 물을 넣지 않는 건경직파법乾耕直播法이 있었다. 이 건경직파법은 논에 물을 대기가 힘든 일부 지역에서 채택했으며, 봄 가뭄이 들어 수경을 하기 힘들 때도 이 방식으로 벼농사를 지었다. 15세기에는 주로 수경직파법으로 파종을 하고 볏모를 길렀으며, 나이든 농부가 강희맹에게 권한 방식도 이 수경직파의 일환으로 여겨진다.

한편, 나이든 농부가 말한 파종법을 일반적인 수경직파법이 아닌 지역 특성이 부가된 독특한 농법으로 보기도 한다.[2] 15세기의 농법을 정리한『농사직설農事直設』에는 수경직파 농법을 소개하면서 파종하기 전에 씨앗을 물에 담가 싹을 틔우는 방법을 이렇게 설명한다.

파종에 앞서 볍씨를 물에 담가 사흘이 지난 뒤 건져내어 짚으로 엮은 섬에 담아 온화한 곳에 둔다. 자주 열어 뜨지 않도록 하고 싹이 두 푼쯤 나오면 논에 고루 뿌린 다음 번지나 고무래를 이용해 흙으로 씨를 덮는다. 싹이 나올 동안 물을 대며 새를 쫓는다.

- 정초鄭招·변효문, 「벼 재배種稻」 『농사직설農事直設』

여기서, 나이든 농부가 말하는 "마른 씨앗乾種"을 『농사직설』에서 설명하는 볍씨 싹 틔우는 방식과 다르게 처리한 씨앗으로 보아 이를 금양 지역 특유의 농법으로 본 것이다. 이와 달리 일반적인 수경직파의 일환으로 보는 주장은 이 "마른 씨앗乾種"을 『농사직설』에서 설명하는 볍씨와 동일한 방식으로 처리한 씨앗이라고 본다.[3] 『농사직설』에서 "볍씨를 물에 담가 사흘이 지난 뒤 건져내어 짚으로 엮은 섬에 담아 온화한 곳에 둔다"고 했는데, 이렇게 하면 볍씨가 약간 건조하게 되니, 이때의 볍씨를 "마른 씨앗乾種"으로 볼 수 있다는 입장이며, 그러니 나이든 농부가 권한 농법도 수경직파법이라 할 수 있다는 주장이다.

나이든 농부가 이르는 파종법을 무엇으로 규정하든, 노련한 농부들은 선대로부터 받은 농사기술에 자신의 경험을 더해 농사짓는 곳의 기후와 토질에 맞는 농법을 몸으로 체득하고 있었다. 나이든 농부는 강희맹에게 파종 뒤 싹을 제대로 키우는 물관리 방법까지 상세히 알려주었다.

물이 찬 논에서 벼의 싹이 나올 때는 눈이 밝은 이라도 보기 어렵습니다. 아침 해돋이나 저녁 햇살에 머리를 옆으로 비끼고 보아야 하죠. 그렇게 매일 주의해 자세히 살피면 바닥에서 바늘 끝처럼 나온 싹을 볼 수 있습니다. 이때 물을 빼면 서리를 만나 말라 죽어버립죠. 그러니 두 잎이 나오고 날씨가 점차 온화해질 때까지 기다려야 합니다. 종일 바람이 세면 물을 빼야 합니다. 그렇지 않으면 물결 때문에 모의 뿌리가 흔들려서 흙에 착근着根이 안되고 물 위에 뜨게 됩니다. 날씨를 살펴 물을 빼고 햇볕에 쬐 논바닥을 굳혀서 모 뿌리가 자리를 잡도록 한 다음 다시 물을 넣어야 합니다.

- 강희맹, 「농담 2農談二」『금양잡록衿陽雜錄』

농부의 한마디 한마디는 착오와 실패를 거치고 한숨과 땀을 통해 얻어낸 건강한 농사 정보이자 생산에 실제로 도움이 되는 살아있는 지식이었다. 강희맹은 『금양잡록』을 통해 금양 일원을 중심으로 한 경기지방에서 재배하는 27종의 벼 품종 특징과 함께 각각의 품종에 적합한 토질과 파종 시기 등의 농사기술을 소개하는데, 이는 기존의 농서에서 도움을 받았겠지만 당시 금양 지역 농부들의 경험지식이 보태진 것으로 보아도 무방할 것이다.

> 구황되소리(일명 얼음걷기): 까락이 없고 빛깔이 누르며 껍질이 얇다. (…) 기름지고 물이 마르지 않는 논에 잘되며, 3월 상순 얼음이 풀리기 시작하면 씨를 뿌려야 한다.
>
> 황금자: 귀는 둔하나 성질이 바람을 타고 높고 메마른 데를 싫어하며, 기름지고 습한 땅에서 잘 된다. 경상도에서 많이 재배한다.
>
> 우득산도(또는 두이라): 까락이 길다. 처음 이삭 팰 때와 익었을 때의 빛깔이 모두 붉다. 쌀은 희나 좀 작고 밥을 지으면 거세다. 귀는 여리지만 바람에 견디며, 땅이 기름지거나 메마르거나 모두 적합하다.

- 강희맹, 「곡품穀品」『금양잡록衿陽雜錄』

조선 전기 경기지역의 농사법

조선 전기엔 종자 개량에 힘써 환경 적응력이 강하고 생장 기간이 비교적 짧은 볍씨가 도입돼 저습지와 연해지역으로 보급됐으며, 점차 북부지역으로까지 퍼져나갔다. 이 시기엔 수리시설 확충과 농사기술 발전에 힘입어 수전농업水田農業인 벼농사가 차츰 확대되고 있었지만 여전히 벼농사 비율이 한전농업旱田農業인 밭농사에 비해 낮았다. 15세기『세종실록지리지』에는 토지등급에 따른 결結의 면적을 기준으로, 전국의 경작지 중에서 한성부를 제외한 수전水田(논)의 비율을 약 28퍼센트로 잡고 있다. 경기도의 수전 비율은 38퍼센트 정도로 전라도와 경상도, 충청도 다음이었다. 금양현(금천현)의 수전 비율도 이와 유사했다. 그런데 논이 밭보다 비옥해 토지등급이 높았으므로 실제 전국 논의 면적은 약 20퍼센트일 것이라 보니, 경기도 전체와 금양현의 실제 논 면적도『세종실록지리지』의 기록보다 줄어들 것이다.

토지 활용도도 점차 높아졌다. 통일신라시대에는 1년에서 수년 동안 땅을 묵히는 휴한농법이 일반적이었는데, 고려시대를 거치면서 논과 밭에서 매년 농사를 짓는 연작상경이 차츰 늘어났다. 이어 조선시대인 15세기에 이르면 삼남을 중심으로 연작상경 농법이 일반화되고 경기도를 비롯한 전국으로 확산한다. 연작상경으로 고려 초에 논 1결結(약 9860제곱미터)에서 평균 6~11석(600~1100되)

이 나던 쌀이 세종 시기인 1430년대에는 20~30석 내지 50~60석이 생산되었다고 한다.

연작상경과 농업생산력 향상은 토양이나 작물에 비료를 공급해 농작물의 생육을 촉진하는 시비법 발전에 힘입은 바 컸다. 이전에는 주로 논에 객토하거나 연한 나뭇가지를 재료로 삼는 초목비草木肥 위주의 시비를 했는데, 15세기 이후엔 재와 인분, 누에똥, 깻묵 등 비료의 재료가 다양해진다. 또한 비료의 양적 제한으로 이전에는 종자나 곡물의 줄기에만 비료를 넣어주었는데, 이제는 점차 경작지 전체에 비료를 넣게 돼 지력 회복이 빨라졌다.

가을에 농경지에 거름을 뿌리고 토양을 깊이 갈아엎는 농법도 확산했다. 땅을 깊이 가는 이 심경 기술 또한 농업생산력을 높이는 데 일조했다. 지력을 북돋우는 심경은 토양의 통기성을 높여 비료와 수분의 흡수를 좋게 하고 작물 뿌리에 활력을 주어 가뭄과 냉해에 견디는 힘을 길러주었다. 심경은 축력을 이용한 농법, 곧 우경牛耕의 발전과 흐름을 같이 했는데 문제는 농우 보급에 있었다. 조선 전기에 대규모 농장이나 재력을 갖춘 양반이 경영하는 토지에서는 소 두 마리가 함께 작업에 동원되기도 했지만, 일반 백성들은 열 집 중에 한 집에서 소를 보유할 정도였다고 한다.[4] 그런데 경기도의 농우 사정은 더 어려웠던 모양이다. 강희맹이 나이든 농부에게 심경의 이점을 알면서도 왜 이를 활용하지 않는 전답이 있느냐고 묻자, 농부는 탄식하듯 형편을 이른다.

마을에 100호의 농가가 있으나 소를 가진 집은 겨우 10여 호입니다. 그나마 소를 가진 그 집들도 1, 2마리를 제외하고는 암송아지를 길러 마을의 논을 소 몇 마리로 간다는 건 어려운 일입죠. 게다가 한낮에 도둑 무리가 나타나 소를 잡아먹기까지 합니다. (…) 9사람의 힘이 소 1마리에 미치지 못함을 모르지

않으니, 어찌 편안함을 탐해 논을 깊이 갈지 않겠습니까.[5]

– 강희맹, 「농담 2農談二」『금양잡록衿陽雜錄』

농사일은 그 시기를 놓치면 수확량에서 큰 손실을 보기 마련이다. 논갈이 해야 할 시기에 농우를 내몰 여력이 없는 집에서는 사람이 대신 쟁기를 끌 수밖에 없었다.

논갈이는 너무 이르지 않게 3월 보름 무렵에 한다. 소가 없는 집에서는 농부 9명을 고용해 논을 가는데, 이로써 소 한 마리가 하는 작업을 대신할 수 있다. 대개 하루에 20~30두斗(200되~300되)의 씨를 파종할 수 있다.

– 강희맹, 「농담 2農談二」『금양잡록衿陽雜錄』

볍씨 파종은 흙의 기름짐과 메마름에 따라 달리해야 하지만 가능하면 빈틈없이 배게 뿌리는 걸 권장했다. 그렇지만 가난한 집안 사정은 볍씨 뿌리는 밀도에서도 차이를 가져왔다. 형편이 어려운 농부는 곡식을 아끼려고 볍씨를 드물게 파종하고 그렇지 않은 농가에서는 비교적 배게 뿌렸는데, 추수할 때는 아무래도 수확량이 차이가 날 수밖에 없었다.

어찌 적은 비용을 들여 많은 수확을 할 수 있겠습니까. 볍씨를 드물게 뿌리는 농부가 쌀을 적게 거두는 건 모가 곁가지를 너무 많이 쳐서 이삭이 제대로 여물지 못하기 때문입니다. 그러니 볍씨를 충분히 준비해 배게 뿌려야 합니다.

– 강희맹, 「농담 2農談二」『금양잡록衿陽雜錄』

김매기는 가장 고된 농사일 중 하나였다. 수경직파로 벼를 심은 논은 추수할 때까지 대개 3~4회 정도 김매기를 해주었던 것으로 여겨지는데, 이는『농사직설』에서도 권장하는 김매기 회수였다. 금양의 나이든 농부는 가능하면 김매기는 여러 번 하는 게 좋으며 다만 벼의 성장 시기에 따라 잡초를 뽑아내는 도구를 달리해야 한다고 조언한다.

> 작물이 이삭을 배면 손으로 가볍게 잡초를 뽑고 호미는 쓰지 말아야 합니다. 호미를 쓰면 뿌리를 상하게 할 뿐만 아니라 이삭에도 손실이 갈 수 있습니다.
> ㅡ 강희맹, 「농담 2農談二」『금양잡록衿陽雜錄』

밭농사에서도 새 농법이 도입돼 밭작물 수확량이 늘어났다. 파종과 수확 시기가 다른 곡물을 한 농지에 재배하는 그루갈이가 도입돼 1년 2작이 가능해졌으며, 조·보리·콩을 이어 짓는 2년 3작도 행해졌다. 그루갈이는 15세기 후반 경기지역에서도 행해졌는데, 보리와 콩을 돌려가며 짓는 농부가 많았다.

> 누른콩: 봄보리 뒷그루로 파종하며 8월 그믐에 익는다.
> 불콩: 보리 수확 후 씨를 심으며 늦가을에 익는다.
> 그루팥: 보리 수확 후 씨를 심으며 성숙기는 8월이다.
> ㅡ 강희맹, 「곡품穀品」『금양잡록衿陽雜錄』

한 작물이 자라는 이랑이나 포기 사이에 다른 작물을 심는 사이짓기도 보급됐다. 당시 경기지역에서는 이를 섞어 파종하는 방식, 곧 잡파雜播나 막뿌림이라 했다.

> 봄갈이팥: 기장밭이나 조밭에 잡파한다. 성숙기는 8월이다.
> 올팥: 기장밭이나 조밭에 잡파한다. 7월이 성숙기다.
> ㅡ 강희맹, 「곡품穀品」『금양잡록衿陽雜錄』

조선 전기 농사법 개량과 작물생산량 증가는 조정 관료와 양반 지주, 농민이 합심해 이뤄낸 결과였다. 조정에서는 농서를 편찬하고 수리시설을 조성하며 개간을 북돋웠고, 지주들은 중국의 선진 농업기술을 받아들이며 생산량 증대에 힘을 기울였다. 농업기술 발전과 농경지 확대로 농업생산량이 늘어난 데는 무엇보다 농부의 힘이 컸다. 농민은 농사 경험을 축적해 새로운 농법 개발에 견인차 구실을 했고 농사기술을 현장에서 검증하는 실질 인력이었다. 농부의 노동으로 새 농지가 생겨났고 농부의 땀으로 작물이 성장하고 결실이 이뤄질 수 있었다.

　　하지만 그 열매가 고루 나눠지는 않았다. 농사법 개발과 보급으로 곡물 생산량은 이전 시기보다 늘어났지만 농사짓는 농민의 생활은 그만큼 나아지지는 않았다. 지주의 몫이 많았으며, 조정과 관아에서 세금 명목으로 거둬들이는 곡물도 협잡과 억압으로 부풀려져 농부의 생계를 옥죄었다.

> 가을에 풍년이 들어도 원하는 만큼 곡식이 집에 들어오지 않습니다. 그러니 독촉하는 밀린 빚을 무엇으로 갚으며, 한 말의 먹을 좁쌀도 없는데 무엇으로 관아에 세금을 제대로 낼 수 있겠습니까. 이랑을 세며 내년 농사에 필요한 씨앗을 받아두려 하나, 당장 배를 주려 창자가 탈 지경인데 어찌 뒷날의 이익을 도모할 수 있겠습니까.
>
> — 강희맹, 「농담 2農談二」, 『금양잡록衿陽雜錄』

경기 농부들,
각 지역에 적합한 농사법을 채택하다

조선 후기에도 불공정한不公正한 토지제도와 억압적인 수취체계가 계속됐지만 농부들은 농사기술을 향상하고 농업생산량을 증대해나갔다. 양반관료와 대지주가 관심을 두지 않는 척박한 땅이나 산간지대의 구릉지를 개간해 농경지를 늘렸으며, 한편으론 쟁기와 호미 등 농기구를 개량하고 효율성이 높은 재배법을 도입했다. 논갈이와 파종, 시비와 김매기에 이르는 농사의 거의 모든 분야에서 농법이 발달했다.

조선 전기 밭농사 파종법은 대체로 넓고 낮은 이랑을 만들어 종자를 뿌리는 방식이었다. 그런데 후기 들어 대형 쟁기를 이용하면서 좁고 높은 이랑과 낮은 고랑을 만들어 작물을 재배할 수 있게 돼 수확량이 늘어났다. 이전 시기와 달리 밭고랑에 종자를 뿌리는 이 견종법은 추위와 가뭄에 강했다. 유기질 침전물을 거름으로 확보하는 데도 유리해 작물을 더욱 충실히 자라게 했다. 이와 함께 사이짓기와 그루갈이를 하는 농경지가 확대돼 일반화됐으며, 작물 재배 형태가 2년 3작 내지는 2년 4작인 윤작농법이 널리 행해졌다.

비료 종류가 더욱 다양해지고 양도 풍부해졌다. 인분과 인뇨, 회 등을 섞어 질 좋은 거름을 만들었으며, 토질과 작물에 따라 볏짚 · 닭똥 · 갈잎 · 깻묵 · 목화씨·버들가지 등을 선별해서 사용했다. 이전 시기에는 주로 논밭갈이나 파종할 때 거름을 주었지만 이제는 작물이 자랄 때도 거름을 주게 돼 수확량을 더 높일 수 있었다.

농우도 조선 전기에 비해 늘어났다. 충청도와 전라도의 평야지대, 경상도 남부지역에서는 대체로 소 한 마리가 끄는 쟁기를 사용했고, 경상도 중부와 북부지역, 강원도, 황해도와 평안도 등 북부 지방에서는 두 마리 소를 사용하는 곳이 많았다.[6] 경기도는 도성(서울) 동북지역과 개성부에서 두 마리를 소를 이용하고, 도성 서쪽과 이남 등 나머지 지역은 소 한 마리가 끄는 쟁기가 일반적이었다. 대체로 평야지대에서는 소 한 마리를, 산간지대에서는 소 두 마리를 이용했는데 토성土性이 균일한 평야와 비교하면 돌이 많이 섞이고 토성이 불균일한 산지는 쟁기에 걸리는 부하負荷가 커서 더 큰 견인력이 필요했기 때문이다.

이처럼 농사도구와 농사법이 발달하면서 밭작물 생산량이 증가하고 전국적으로 보면 품종도 늘어났다. 18세기에 널리 재배하던 밭작물은 보리와 콩, 조, 기장 등으로 쌀을 보조하거나 대신할 수 있는 식량작물이었다. 보리는 생산이 늘고 재배지역이 북쪽으로 확대된 대표적인 밭작물이었다. 그 외 비교적 넓은 지역에서 재배하던 밭작물은 메밀과 목화, 귀리를 꼽을 수 있다. 경기지역에서는 도성 동북지역과 서쪽 지역에서 비교적 밭농사를 많이 했다. 동북지방에서는 조를 가장 많이 심었고 귀리와 메밀도 상당히 재배했으며, 도성 서쪽 지방에서는 강변지대를 중심으로 기장을 많이 심었다.

벼농사에서는 모내기를 하는 이앙법이 보급됐다. 대략 17세기 후반에 이르면 삼남지역 전체로 확산하고, 여타 지역에서도 이앙 재배로 논농사를 짓는 농민이 늘어났다. 하지만 이앙법 보급 양상은 일률적이거나 전면적이진 않았다.

수리시설 정도와 기후 조건, 농업경영 형태에 따라 지역별로 차이를 보였다. 사회제도 전반에 걸친 국정 개혁안을 논한 『천일록千一錄』은 조선 후기 이앙법 보급의 이러한 양상을 전해준다. 『천일록』은 경기도 수원 지역(지금의 화성시 매송면)에서 소규모 농사를 지으며 재야 학자로 평생을 지낸 우하영(1741~1812)이 18세기 말에 저술했는데, 농업 부문에서는 역대 토지제도를 정리하고 전세田稅의 모순과 그 대책을 논하며, 전국 각 지역의 농업 특성까지 일목요연하게 보여준다. 전국 지역별 이앙법 실상을 정리하면 이렇다.

> 전라도 · 경상도 · 충청도: 대개 늦벼는 모내기를 하나, 일부 올벼는 직파한다.
> 경기도: 직파와 모내기가 반반이다.
> 강원도: 직파가 많고 모내기가 적다.
> 황해도 · 평안도 · 함경도: 대개 직파를 하고 모내기를 하지 않는다.[7]
>   – 우하영, 「산천 · 풍토 · 관액山川風土關扼」 『천일록千一錄』

이 시기 경기지역은 크게 보면 이앙법과 직파법이 병존하는 양상을 보이는데, 우하영은 경기도를 6개 지역으로 나누어 각 지역의 실상을 구체적으로 전한다. 도성 동북지역에서는 수경직파(담수직파)를 많이 하고 이앙을 적게 했으며, 개성부는 이앙과 수경직파가 엇비슷했다.[8] 도성 서쪽 지역에서는 대체로 이앙과 건경직파(건답직파)를 많이 채택했고, 강화부에서는 이앙과 수경직파가 주류를 이루었다. 도성 이남은 이앙이 많고 수경직파가 적었다. 화성부(수원부)는 전체적으로 이앙이 많고 수경직파가 적은데 서남지역에서는 건경직파를 많이 했다.

경기지역 내의 이앙법 보급에 차이가 나는 데는 수리시설 유무와 관개수 확보가 큰 영향을 미쳤다. 농업경영 형태도 일정한 영향을 끼친 것으로 보는데,

넓은 토지를 경영하는 광작廣作이 성행한 도성 서쪽 지역과 이남 지역, 화성부가 그 사례가 될 것이다.[9] 같은 양의 노동력으로 더 넓은 논을 경작하려면 노동력이 적게 들어가는 경작법이 필요하며, 이를 위한 가장 효과적인 농법이 이앙법이었다. 그렇지만 이 지역의 관개시설은 수리시설 조성이 월등했던 남부지방에는 비할 수 없어 심한 가뭄이 닥치면 흉년을 감수해야 할 때도 있었다.

이앙법은 조선시대 농업생산력 증대에 있어 가히 획기적인 농법이었다. 이앙하면 직파보다 김매기 횟수를 줄일 수 있고, 못자리와 본답本畓이라는 두 곳의 지력을 이용할 수 있어 모가 그만큼 충실히 자랐다. 직파법으로 농사를 짓던 농부가 이앙법을 택하면 1.5배에서 최고 3배까지 수확할 수 있었으며 벼와 보리의 이모작이 가능해, 한 해에 거둬들일 수 있는 곡물량이 늘어났다. 18세기 중반엔 경상도 논의 30~40퍼센트가 이모작을 했으며, 그 외 지역에서는 10퍼센트 정도였다고 한다. 이모작을 하게 되면 대체로 지대를 벼로 한 번만 내기 때문에 보리는 모두 병작농민이 가질 수 있다는 이점도 있었다. 한편으론, 이앙법으로 일손이 줄어들어 밭작물 재배에 더욱 힘을 쏟을 수 있었으니, 면화와 담배 같은 상품작물 재배에까지 영농을 넓혀 소득을 올릴 수 있었다.

하지만 조선 후기 들어서도 조정에서는 지력 소모와 모내기 철 가뭄을 우려해 여전히 이앙법을 금지하는 정책을 폈다. 그런데도 이앙법이 계속 확산하자 17세기 말에는 물을 끌어댈 수 있는 논에서는 이앙을 허용하되, 그렇지 못한 논은 이앙을 금지하며 이를 어길 때는 엄벌에 처한다는 양면정책을 시행하기에 이른다. 이런 처벌 규정 아래서도, 흉작을 무릅쓰면서까지 이앙법을 채택하는 농민이 줄어들지 않았다.

이앙은 원래 삼남지방에서만 행해지던 것인데, 이제는 경기 백성도 모두 이를 따라 한다. 물 원천이 없는 곳에서 한번 가뭄을 만나면 완전히 농사를 망치게 되니, 이를 금지하지 않을 수 없다.

- 「전부고 7田賦考七 - 무농務農」『증보문헌비고』

영의정 김상로가 임금에게 아뢰었다. "이앙은 본래 금하는 법이 극히 엄합니다. 그런데 근래에는 영세민이 농사에 게으르고 이익을 탐해, 농토를 많이 경작할 수 있는 이앙이 해마다 증가하고 있습니다."

- 『비변사등록』138책, 영조 36년(1760) 6월 19일

19세기 전반기에는 삼남지역의 논 90퍼센트와 그 외 지역의 논 50퍼센트 정도가 이앙법을 채택하기에 이른다. 북부지방의 논 비율이 다른 지역보다 적다는 사실을 고려하면 경기도의 이앙 비율은 절반을 상회했을 것으로 여겨진다.

경기도를 비롯한 전국의 농부가 가뭄의 위험을 안고서도 이앙법을 택한 건 조정 관료의 말처럼 게을러서도 아니고 이익을 탐해서도 아니었다.[10] 많은 농민이 굶주림의 위험에 노출돼 있던 당시 실정에서 이앙법 선택은 농부의 기질 탓이 아니라 생계와 생존에 관련된 문제였다. 수확량이 많고 노동력을 절감할 수 있는 이앙법은 하층 농민이 그나마 생계를 유지할 수 있는 통로를 제공했던 것이다.

이앙은 직파보다 힘이 덜 들고 비용이 10배나 절감된다. 이 때문에 가난한 집과 힘없는 백성이 병작을 해서 먹고 살 수가 있다. 지금 만약 이를 막고 오로지 직파로 농사를 짓게 하면 이는 10배의 힘을 쓰고서 10분의 1의 곡식을 얻는 데 불과하다.

- 정문승, 「잡저 - 농서」『초천유고蕉泉遺稿』

이앙법의 단점을 반복해서 논하기 전에 모내기를 확산할 방안 마련에 힘을 쏟는 게 농촌사회를 안정시킬 수 있는 훨씬 효율적인 정책이었을 것이다. 조정에서는 수리시설 확충과 농사기술 개발에 한층 박차를 가했어야 했다. 이앙 확산이 빈농과 이농 가구를 늘어나게 한다고 우려하기보다 지주층에 과도하게 집중되는 토지 소유의 양극화를 막고, 빈농 우선의 경작지 분배정책을 통해 유랑하는 농민을 토지에 안착시켰어야 했다. 관료들은 가뭄에도 흉작만은 피해 안정적인 지대와 조세 수입을 지속해서 확보하는 게 항시 우선적이었는지도 모르지만 말이다. 아마도 그들은 농민의 처지보다 자신들의 곡물 확보에 관심이 더 많았을 것이다. 그렇지만 빈농에게는 이앙법이 지배질서의 압박에 대응하며 생계를 이어가기 위한 일종의 생존투쟁에 가까웠다.

모내기를 실질적으로 확대해나간 계층은 이들 하층 농민이었다. 이들은 지주의 지원과 자신들의 노동력을 쏟아부어 만든 소규모 수리시설에 힘입어 이앙과 이모작이 가능한 농토를 넓혀나갔다. 조정에서 시행한 치수사업으로 증가한 토지생산성은 그 폭이 그리 크지 않았다고 한다.[11]

생존을 위해 이앙이라는 모험을 감행한 농부들은 결과적으로 조선 사회의 곡물 생산량을 증가시켰다. 이는 나라와 사회질서 유지를 가능하게 한 물질적 기반이 되었으며, 사회제도와 신분제, 향촌의 노동조직과 상공업 발전에 이르기까지 조선 후기 사회의 제 변동을 유발한 토대이기도 했다. 기술의 진보가 사회를 풍요롭게 하고 변화시키는 중요한 요인이라는 점을 거부하지 않는다면, 이앙업이라는 농업기술을 수용하고 확장해나간 농민이 조선 사회의 진정한 개척자였다.

4장

말과 소를 기르고
번식시켜라

목자牧子

경기도 양주 살곶이 목장의 연회 사건

　　세종 1년인 1419년의 섣달 초순, 병조 직속의 사복시司僕寺 관료 대부분이 의금부에 하옥 당하는 사태가 벌어졌다. 사복시는 어마御馬와 군마軍馬를 조달하고 목장 관리를 총괄하는 곳으로 왕권 유지와 군사, 외교, 교통 면에서 차지하는 역할이 중차대한 관청이었다. 구금된 이들은 대체로 정3품에서 종6품에 이르는 관료로, 경기도 양주에 있는 살곶이 목장(전곶 목장)에서 무례하게 잔치를 벌였다는 게 주된 죄명이었다. 지금의 서울시 성동구·광진구·중랑구·동대문구 일부 지역에 걸쳐 있었던 살곶이 목장은 어마와 궁중에서 사용하는 말을 조달하고 왕실 호위와 도성 방위에 필요한 군마를 생산하는 국영 목장이었다. 명나라에 조공품으로 보내는 진헌마進獻馬를 기르는 곳이기도 했다.

　　사헌부에서 임금에게 아뢰었다. "사복시 관리들은 마조제馬祖祭를 칭탁하고 살곶이에 모여 소를 잡고 기생을 불러 방자하게 잔치를 벌였습니다. 또 저화楮貨를 여러 섬에 있는 목자牧子들에게 돌려 그 대가로 저화 1장에 소금 1섬씩을 거두었습니다. 그렇게 챙긴 소금 98섬을 쌀로 바꾸어 술을 빚었습니다."
　　　　　　　　　　　　　　　　　　　　　　　　－『세종실록』6권, 세종 1년(1419) 12월 3일

지폐인 저화는 당시 유통이 저조해 실질 가치가 크게 하락한 상태였다. 사복시 관료들은 교환수단의 기능을 제대로 하지 못하는 이 저화를 목장에서 일하는 목자에게 반강제적으로 떠맡겨 잔치 비용을 마련한 것이다. 잔치의 구실은 말의 조상이자 수호신 격인 방성房星에게 제사 지내는 마조제였다. 당시엔 목장에서 기르는 말의 무병과 번식을 기원하며 말의 조상 외에도 승마술을 최초로 행했다는 승마신乘馬神과 말을 해롭게 하는 해마신害馬神을 대상으로 1년에도 수차례 제사를 지냈는데, 그 제단이 살곶이 목장에 마련돼 있었다. 마제는 점성술과 주술에 기댄 제사였지만 마의술이 발달하지 못한 당시에는 엄숙하게 거행되는 국가 차원의 제례 행사였다. 그런 의례를 빙자해 놀이판을 벌였으니 국왕의 진노와 하옥은 당연했는지도 모른다.

그런데 사태는 여기서 그치지 않았다. 사복시 최고위 관리를 겸직하는 판사判事가 경기도 임진현(지금의 파주시 장단 지역)에 위치한 호곶 목장의 풀을 함부로 베어내 물의를 일으켰다. 국영 목장의 국가 재산을 사사로이 사용한 것이다. 이 일로 판사는 벼슬을 빼앗기고, 장형杖刑 대신 벌금을 내는 속장贖杖 60대의 처벌을 받았다.

하지만 징계를 받은 사복시 관료들은 얼마 지나지 않아 다시 관직에 복귀하거나 고위직에 임명돼 이후에도 관료로서의 위세를 행사했다. 이 시기 경기지역 목장에서 물의를 일으킨 관료에 대한 처벌은 그 근본 요인을 제거하기보다 당시 국가 주요사업의 하나로 추진하던 목장진흥정책에 대한 경각심을 불러일으키고 국왕의 의지를 각인시키는 데 있었던 것이다. 이와 함께 국왕과 조정 고위관료들은 목장에서 말을 기르는 목자에 대한 관리를 체계화하고 처벌을 강화하며 목장진흥정책에 박차를 가했다.

병조에서 임금에게 아뢰었다. "제주에서 말을 기르는 예에 따라 직원과 목자를 두고, 암말 10필에 새끼 7, 8필을 치는 것을 상등上等으로 정하고, 5, 6필을 치는 것을 중등中等으로 정하고, 3, 4필을 치는 것을 하등下等으로 정하도록 하십시오. 말을 많이 번식시킨 자는 상을 주고 적게 번식시킨 자는 벌을 주며, 관리를 소홀히 해 말을 죽게 한 자에게는 말값을 추징하도록 해야 합니다. 또한 노비의 자식을 전보다 더 많이 목자로 삼아 그 수를 늘려야 합니다."

- 『세종실록』 18권, 세종 4년(1422) 윤12월 20일

조선은 왜 국영 목장과 목자를 필요로 했나?

이 시기 사복시 관료의 기강 해이는 조선 건국 직후부터 추진해온 마정馬政에도 어긋나는 행위였다. 말 생산과 목장 관리에 관한 제반 정책인 마정은 교통에 필요한 역마, 군사상의 전마戰馬, 외교용 교역품 등 국가 핵심 정책에 관련된 사안이었다.[1]

사간원에서 시급하게 처리해야 할 정책 사안을 올렸다. "나라에 중한 것은 군사이고, 군사에 중한 것은 말입니다. 그래서 주나라에서는 군사를 맡은 관원을 '사병司兵'이라 하지 않고 '사마司馬'라 하였으니, 말은 나라의 쓰임에 그만큼 중한 것입니다. 우리는 국토가 작고 말도 또한 한도가 있는데, 고황제(명나라의 시조. 재위 1368~1398) 때부터 건문제(명나라 제2대 황제. 재위 1398~1402)에 이르기까지 그 바친 말이 몇만 필이나 되는지 알지 못할 정도입니다. 지금 상국上國(명나라)에서 다시 많은 수효의 말을 요구해 담당 관리가 기한을 정해 독촉하니, 말 한 필 가진 자라도 모두 관아에 바쳐야 할 형편입니다. 이러면 장차 이 나라에는 말이 씨가 마를 것이니, 생각하면 눈물이 날 지경입니다."

— 『태종실록』 18권, 태종 9년(1409) 11월 14일

명나라는 조선 건국 초부터 조공품이자 교역품인 질 좋은 말을 대거 요구했는데, 태조 즉위년(1392)부터 문종(재위 1450~1452) 때까지 약 7만 필의 말을

명나라에 보내야 했다. 게다가 조선 초기에는 북방의 여진족을 정벌해 국경을 확장하면서 전투용 말의 수요가 크게 늘었다. 기병이 주력군인 여진군을 상대하려면 기마전 수행이 불가피했던 것이다. 군주와 궁궐 호위에 필요한 말, 공신에게 하사품으로 내리는 말 등 군주의 안전과 권위 강화를 위한 말의 확보도 필요했다. 일상생활에도 말은 긴요한 가축이었다. 말의 힘줄이 활의 재료로 쓰여 무기생산에도 필요했으며, 때로는 농업경작에 동원하고 고기는 식용으로 사용하기도 했다. 갓과 관모, 신발 등 생활용품을 만드는 재료로도 쓰였다.

이런 다방면에 걸친 용도를 충족하기 위해 조선 건국세력은 고려시대 설치된 목장을 재건하는 한편 전국에 새로운 목장을 조성해나갔다. 수도 서울을 둘러싼 경기도 양주도호부와 광주목에 군사목장을 설치하고 강화도에도 목장을 만들었다. 강원도를 제외한 전국 각지에도 말목장을 건설했는데, 대부분 섬이나 바다 쪽으로 좁고 길게 뻗은 곶串에 설치됐다. 이들 지역이 도적과 맹수 습격에 비교적 안전하고, 날씨가 온화해 사육에도 유리했기 때문이다.

15세기 전반기의 실상을 전하는 『세종실록지리지』에 따르면 폐목장 2곳을 포함해 전국 58곳에 말목장이 설치돼 있었다.[2] 이 시기엔 제주도를 제외한 전국 목장에서 대략 16000필의 말이 사육됐을 것으로 본다. 이후 15세기 후반인 성종 대에는 전국 목장에서 약 40000필의 말을 관리했으며, 제주도를 제외한 전국 목장에는 13600필 가량의 말이 있었던 것으로 여겨진다. 조선 초기 전국 목장에 약 6~7만 필의 말이 있었을 것으로 추정하는 연구자도 있다.[3]

말 외에 소를 비롯한 양·염소·돼지·노루 등을 기르는 목장도 있었는데, 말목장이 전체 목장의 90퍼센트 정도를 차지했다. 소목장은 소만을 전문으로 키우는 목장과 말목장에 부속된 목장의 두 유형이 있었다. 세종 시기에 소

방목지로 파악된 지역은 전국에 대략 14곳으로, 경기도에만 6곳이었다. 경기도 수원의 홍원곶과 남양(지금의 화성 지역)의 선감미도, 양성(지금의 안성 지역)의 괴태 길곶, 전라도 영암 관할의 임치도, 황해도 옹진의 대청도 등에 소목장이 조성돼 있었다.

조선 초 경기도에는 전국에서 가장 많은 말목장이 설치돼 있었다. 양주도 호부와 광주목 관할 지역에 8곳의 말목장이 있었으며, 수원·남양·강화·인천 지역에 대략 18곳의 말목장이 조성됐다. 지리상 도성과 가까워 우마의 수송과 관리를 위한 내왕이 편리하고, 도성 방위와 군주 행차 등 긴급할 때 신속하게 말을 조달할 수 있다는 이점 때문에 개국 초부터 경기지역에 집중적으로 말목장이 개설됐다. 이러한 경기지역 말목장 조성은 이후 전국에 말목장을 설치하고 마정을 체계화하는 데 토대를 제공했다.

조선 전기 경기지역 목장에는 몇 필의 말이 사육되고 있었을까? 전체 수량을 정확하게 파악하긴 힘들지만 각 목장에는 적게는 수백 필에서 많게는 천 수백 필의 말이 있었던 것으로 보인다. 일부 목장에 한정됐지만 전체 마필의 수를 개략적으로나마 짐작할 수 있는 사료가 전해온다.[4] 1470년에 사복시 최고책임자가 마소 현황을 보고한 바에 의하면, 양주 관할의 장단 지역(이전의 임진 지역) 호곶 목장에 340필,[5] 강화도 관할의 진강 목장에 1302필의 말이 있었다. 강화도의 북일 목장에는 331필이 사육되고 있었다. 이 중에서 고의나 과실, 재해 등으로 없어진 말을 제외하면 이들 목장에서 실제로 기르고 있었던 말은 보고한 숫자보다 조금 적었을 것이다. 호곶 목장에서는 38필, 진강 목장에서는 122필, 북일 목장에서는 55필을 잃어버린 상태였다.

효율적인 마정은 목장 조성 외에도 말을 사육하고 조달하는 데 필요한 체계적인 인력 운용에 달려 있었다.

> 사간원에서 시급하게 처리해야 할 정책 사안을 올렸다. "경기와 각 지방의 고
> 을에서 풀이 좋은 지역을 골라 목장을 설치해 목자를 두어 말을 돌보아 기르
> 게 하고, 목장 관리체계 또한 정비하도록 하소서. 소재지의 수령이 말을 번식
> 시킬 책임을 겸하여 맡고, 사복시 관원이 때때로 말의 수효를 점검하도록 하
> 소서. 관찰사가 수령의 근무성적을 평가할 때에 종마種馬 번식의 다소 여부를
> 기준으로 삼아 포상과 징계의 근거로 활용하도록 하소서."
>
> — 『태종실록』 14권, 태종 7년(1407) 10월 24일

마정을 책임진 관료로는 크게 보면, 정책 전반을 지휘하는 사복시 소속 중
앙 관료와 실무행정을 맡은 감목관이 있었다. 그 아래 목자가 배치돼 말을 번식
시키고 키우며 목장 수리와 초지 관리를 맡았다.

목장을 관할하는 감목관은 말의 번식과 개량, 말 사육 관리, 우량마 조달
등을 책임진 관료로, 1408년 처음 관직을 설치할 때는 목장 소재지 수령이 겸
직하도록 했다. 이후 말 사육에 대한 전문성이 문제가 돼, 말 번식에 숙달된 관
료를 감목관으로 임명하는 전임제를 실시했다. 하지만 전임에 따른 비용이 과
다하다는 이유로 다시 겸임제도로 복귀하면서 수령이나 무관인 만호萬戶를 감
목관으로 두었다.

목자는 일반 백성이나 관청에서 일하는 노비 중에서 뽑아 일하도록 했다.

> 사복시 제조가 임금에게 아뢰었다. "경기지역 여러 포구에 근무하는 선군船軍
> (수군)과 함께 도성 지역의 보병과 정병正兵을 동원해 목장 담장을 쌓고, 목자
> 는 양민과 관청 노비 중에서 가려 뽑아 정하도록 하소서."
>
> — 『세조실록』 41권, 세조 13년(1467) 1월 12일

목자는 국가의 말을 사육하는 국역國役에 종사하는 자들로, 규정에 따라 16세에서 60세까지 목장 일을 해야 했다. 더구나 일반 백성으로 목자가 된 자는 신분은 양인이었지만 하는 일이 천하다고 해서 신량역천身良役賤으로 취급돼 사회적 멸시를 받는 처지였다.

목장의 현장 인력은 '목자-군부群副-군두群頭' 체계로 운용했다. 암말 100필과 수말 15필을 단위로 해서 1군群으로 삼고, 이 1군의 관리자로 군두 1명을 두었다. 군두 아래에 2명의 군부를 배속시키고, 군부 아래에는 목자 2명씩을 두었다. 목자 4명과 군부 2명, 군두 1명이 1군을 이루어 115필의 말을 기르는 시스템이었다. 1군이 맡은 말의 번식량은 1년에 85필이 규정이었다. 따라서 목자 1명이 기르는 암말만도 25마리였으며 번식시켜야 할 말은 1년에 21마리 정도였다. 목자는 근무성적이 우수하면 군부로 올라갈 수 있었으며, 군부 또한 성과에 따라 군두로 승진할 수 있었다.

조선 전기 목자 수는 시기별 목장 규모에 따라 달라지겠지만 대체로 수천명 규모를 유지했으며, 17세기 중반에 지은 『목장지도牧場地圖』에는 모두 5178명으로 나와 있다. 제주도가 1386명으로 가장 많고, 전라도가 1006명, 경기도가 874명으로 그 뒤를 이었다. 군두와 군부의 수를 전하는 문헌이 발견되지 않는 상황에서, 군두와 군부까지 목자로 보아 그 수치를 기록한 것으로 이해하고 있다.[6] 만약 당시 사서 편찬자가 군두와 군부를 목자와 다르게 파악하고 이 수치를 누락했다면 군두가 약 1296명, 군부가 2596명 정도 되며, 현장 인력은 목자까지 합쳐 모두 9070명에 이르게 된다.

목자들이 살아가는 법

목자는 목장에서 일하는 대가로 일정한 농지를 배당받았으며, 요역을 면제받았다.[7] 근무성적이 우수하면 쌀이나 포목으로 상을 내리기도 했다. 하지만 목자들이 해야 하는 일은 이러한 법제상의 대가와 보상을 상쇄하고도 남을 만큼 고되었다. 건초와 사료를 장만해 말을 돌보는 일 외에 초지를 관리하고 마구간을 수리해야 했다. 목마군牧馬軍에 편성돼 도적을 막고 목장에 출몰하는 호랑이와 표범 같은 맹수를 포획하는 임무까지 맡았다.

> 사복시에서 임금에게 아뢰었다. "(양주도호부에서 관할하는) 녹양 목장에서 말 4필이 호랑이에게 물렸습니다." 그러자 임금이 녹양에 거둥했다. 행상호군行上護軍 조득림을 좌상대장左廂大將으로 삼고, 행호군行護軍 박수장을 우상대장右廂大將으로 삼아 오봉산과 수락산에 군사를 풀어 호랑이를 몰아 잡았다.
> — 『세조실록』 30권, 세조 9년(1463) 3월 13일

또한 목자들은 토산물을 바쳐야 했으며, 순찰과 점검을 빙자한 사복시 관원의 수탈로 재물을 내놓아야 할 때도 있었다. 감목관을 겸한 수령의 수탈도 피할 수 없었으니, 한 예로 15세기 중반 강화도 목장에서는 수령의 자제가 사복시에 말을 대납하고 목자들에게 과도한 말값을 받아내 물의를 일으키기도 했다.[8]

수령이 사복시에 말값을 냈다며 목장의 말을 불법으로 가져가, 목자들이 그 뒷감당을 하느라 곤욕을 치른 사건도 있었다.

근무평가는 엄격했다. 목자 한 사람이 맡아야 할 말이 25필로 증가하면서 매년 새끼말 20필 이상을 생산하면 상등, 15필 이상이면 중등, 15필 미만이면 하등으로 평가했다. 30개월 단위로 그 성적을 매겨 상등을 세 번 받으면 승진이 가능하고, 중등이 세 번이면 직급을 내렸으며 하등이면 죄를 지은 것으로 다루어 처벌과 함께 내쫓기까지 했다. 과실이나 사고로 말에 손상을 입혀 손실이 발생하면 태笞 50대에서 장杖 100대에 이르는 처벌을 받았고, 말을 잃어버리면 배상을 해야 했다.

목자들은 거주이전은 물론 본인의 의사로는 다른 직책으로의 전직이 허용되지 않았으며, 목자라는 직역職役이 세습직으로 굳어지면서 자손까지 대대로 목자를 맡아야 했다. 고된 노동에 가혹한 처벌, 거기에 천시받는 세습직이라는 사회적 굴레가 더해지면서 제도 시행 초기부터 목장에서 도망치는 목자가 생겨났다.

> 호조판서 박신이 임금에게 아뢰었다. "강화에서 말을 기르는 목장의 목자는 일찍이 그곳의 백성을 뽑아 배속시켰습니다. 그런데 '한번 목자라고 칭하게 되면 종신토록 그 역을 면치 못하고, 자손 또한 목자란 이름을 벗어나지 못한다'며 목장에서 도망치는 자들이 있습니다. 목장을 떠나 이리저리 떠도는 백성이 이미 40여 호에 달할 정도입니다."
> ─ 『태종실록』 29권, 태종 15년(1415) 1월 21일

목장을 이탈하는 백성이 늘어나자 조정에서는 목자의 안정적인 확보를 위

해 단속을 강화했다. 3년마다 호적을 다시 만드는 일은 기본이었으며, 목자의 동거친족 중 1인은 다른 직역을 갖지 못하게 해 만약의 이탈 사태에 대비하기까지 했다. 목자에게 시집가서 낳은 자식은 어머니가 아니라 아버지가 맡은 직역을 따라야 한다는 규정을 두어 세습제를 강화하고 목자 인력을 지속해서 확보해나갔다.

목자들의 살림살이는 대체로 곤궁했으며, 그중에는 생계를 잇기 힘든 목자들도 있었다. 조정 관료들도 이런 형편을 모르지 않아, 목자에게 다른 일을 맡겨 이들의 노동력 재생산을 꾀했다.

> 호조에서 올린 문서에 따라 의정부 대신이 임금에게 아뢰었다. "섬에 있는 목장에서 일하는 목자들은 매달 식량을 지참해 왕래합니다. 이런 까닭에 생계가 곤란하오니 목장에서도 소금 생산하는 일을 할 수 있도록 허락해 주소서. 그런 뒤 목자들에게 염세를 거두게 하고, 그 세금으로 야위거나 병든 말에게 먹일 사료를 충분히 공급하도록 하소서." 그러자 임금이 의정부의 의견을 그대로 따랐다.
>
> - 『세종실록』 82권, 세종 20년(1438) 7월 8일

조정 관료의 원래 목적은 목자의 가정 형편에 있었던 게 아니라 더 많은 세금을 거두는 데 있었으며, 더 큰 관심사는 목자의 생계보다 목장의 말을 양육하는 데 있었던 것이다. 그들에게는 자신들의 생활을 이롭게 하고 사회체제 유지에 필요한 말의 순조로운 공급이 우선이었으며, 목자에게는 이를 가능하게 하는 최저 생계비만 보장하면 충분했다. 조정 관료의 목자에 대한 이런 태도와 억압적인 조세 수치 제도 아래서는 목자가 아무리 소금을 열심히 굽는다 해도

살림살이 형편이 크게 나아질 리 없었다.

빈곤 탓이었는지, 목자 중에는 범법 행위를 저질러 이익을 취하는 자도 있었다. 목장의 말을 부정한 방법으로 매각해 수익을 꾀하거나, 튼튼한 말을 민간의 허약한 말과 교환해 차액을 챙겼다. 이런 범법 행위는 목자들이 자처해 은밀히 행하기도 했지만 윗선의 암묵적 동의나 결탁에 의한 부정행위도 없지는 않았을 것이다. 심지어 도축업자와 작당해 말과 소를 훔쳐내 도살한 뒤 이를 판매하는 목자도 있었다. 목장의 우마牛馬 사육 외에 사사로이 가축을 길렀으며, 물가 변동에 편승해 우마를 몰래 빼돌려 무명과 바꾸기도 했다.

> 영사領事 신용개가 임금에게 아뢰었다. "양주 살곶이 목장에서 기르는 말은 겨울에는 마구간에 넣어 기르고, 봄이면 다시 놓아 기릅니다. 그런데 인심이 간사해 도둑질하는 자가 많아 부득이 담장을 쌓아야 했습니다. 지금 상등 말은 그 값이 무명 수백 필에 달하는데, 목장에서 말을 잃으면 목자에게는 여전히 무명 30필을 물립니다. 그러니 한 마리만 도둑질해도 서너 마리 값을 변상하고도 남을 정도니, 이는 도둑질을 한 자를 이롭게 하는 규정입니다. 애초에 이렇게 법을 정한 것은 만약 진짜 도둑이 들어 마소를 훔쳐냈다면 목자에게 지나치게 물리는 건 억울하다는 취지 때문이었습니다. 그런데 이를 악용하는 간사하고 거짓된 자가 갈수록 늘어나는 실정입니다."
> ─『중종실록』34권, 중종 13년(1518) 8월 9일

목장 인근 주민과의 마찰도 피할 수 없었다. 목책 쌓는 일에 동원된 역군役軍이 민가에 손해를 끼쳤으며, 목장에서 달아난 말을 찾느라 주민을 동원하는 소란이 일기도 했다. 목장을 벗어난 말과 소가 주민 전답의 곡식을 짓밟는 피해도 심심찮게 일어났다.

선공감繕工監 한상덕이 아뢰었다. "궁궐에 말을 공급하는 목장에서 방목하는 말이 목장을 넘어가 벼를 먹어치우는데도 목자는 짐짓 모른 체 하니, 농부가 그 괴로움을 견디지 못해 다투어 술과 음식과 재물을 가져다 바칩니다. 가난해서 음식이나 재물을 바치지 못하는 주민의 논에는 일부러 말을 몰아넣어 손상을 끼치기까지 합니다. 농부들은 원통해도 호소할 데가 없으니, 그 폐단이 참으로 심각합니다."

— 『태종실록』 8권, 태종 4년(1404) 9월 19일

수령이 목자들에게 대납 폐단을 저질렀듯이, 목자들은 인근 주민에게 과도한 대납 비용을 받아냈다. 경기도를 비롯한 전국 고을의 목장에서는 겨울철에 마소에게 먹일 볏짚을 주민에게서 거두었는데, 이를 기회로 목자와 아전이 결탁해 볏짚을 대신 납부하고 주민에게 그 두 배의 재물을 요구했다. 조정에서는 경기도 주민이 내야 할 볏짚의 양을 줄이고, 소에게 먹일 겨울철 사료를 목장에서 충분히 준비하라는 조처를 내렸지만 대납 폐단은 쉬 가라앉지 않았다.

주민이 목장을 침탈하는 사건도 있었다. 16세기 초반 중종 대에 경기도 장단의 호곶 목장에서는 인근 농민들이 목장 외곽지대의 땅을 개간하고 민가를 지어 분란을 일으켰다.9) 사복시에서 가옥 철거 명령을 내렸지만 농민 20여 명은 이를 거부하며 오히려 관청에 소송장을 냈다. 이전부터 이곳에 살아왔고, 또한 집을 철거하면 농사를 지을 수 없다며 버티었다. 6년 뒤, 호곶 목장 내의 개간지와 민가는 다시 조정의 논란거리가 됐는데, 이번엔 대간과 사헌부 관료가 이들 농민을 두둔하고 나선다.

대간과 사헌부에서 임금에게 아뢰었다. "(농민을 쫓아낸다면) 호관 목장 안의 묵혀야 할 논밭이 거의 30결이며 철거해야 할 민가는 10여 호나 됩니다. 마정도 중대한 일이지만 민가를 훼철하고 논밭을 황폐하게 하는 것도 무시 못 할 일입니다. 오래된 집이나 최근에 지은 집을 막론하고 모두 철거하고 논밭을 묵히면 농사를 짓던 백성은 살길을 잃고 이리저리 떠돌 수밖에 없을 것입니다. 이 또한 민폐이니, 훼철하지 않도록 하는 게 어떠하겠습니까."

- 『중종실록』 28권, 중종 12년(1517) 5월 6일

불법으로 농장 지역에 들어와 대를 이어 농사를 짓고, 조정에서 논란이 된 지 6년 뒤에도 여전히 철거되지 않을 수 있었던 사실을 경작지 보호와 농민을 위한 배려만으로 설명하기에는 어딘지 부족해 보인다. 권세가의 힘이 뒷받침되지 않고서는 거의 불가능한 일이었다. 실제로 이 시기엔 권세가들이 농민을 내세워 목장 외곽지대를 개간하게 하고 민생을 명분으로 국영 목장의 일부를 사유화하는 일이 종종 일어났다. 호곶 목장의 개간지도 그 실질 소유주는 농민이 아니라 권세가였던 것이다.

조선 후기 국영 목장과 경기 목자들의 수난

16세기를 전후한 시기엔 90여 곳에 달했던 국영 목장은 임진전쟁(임진왜란)을 겪으면서 그 규모가 축소된다.[10] 삼남의 목장 40여 곳이 버려지고 그 외 지역의 목장도 관리가 힘들어, 말을 제대로 보급할 수 있는 목장은 20여 곳에 지나지 않았다. 그나마 잔존한 이들 목장은 경기도의 강화와 북부 지방의 섬 지역에 자리 잡은 목장이었으며, 그중에서도 강화의 진강 목장과 평안도의 가도 목장이 우수한 전투마를 보급하는 곳으로 명맥을 이었다.

전쟁 뒤인 17세기 전반기엔 말을 기르는 목장이 40여 곳에 불과했지만, 이후 정비를 거치면서 18세기 중반 이후엔 수치상으론 100여 개를 웃도는 규모를 유지한다. 이 시기 경기지역에는 한때 30곳에 달하는 목장이 있었지만 대체로 20여 곳에서 목장을 운영한 것으로 나타난다. 주로 강화와 인천, 남양 등의 섬이나 해안 지대에 많이 설치돼 있었다.

목장 수가 늘어났다고 해서 그 내실마저 충실해진 건 아니었다. 목자가 맡아야 할 작업은 여전히 고되었고 관료의 수탈도 끊이지 않았다. 임진전쟁 중인 1595년, 청탁으로 감목관이 된 한 관료는 둔전 곡식을 도용한 뒤 이를 숨기기 위해 목자들에게 곡물을 징수하고, 물고기를 잡게 하거나 소금을 굽게 해 이익을 취했다.[11] 감목관의 침탈이 갈수록 심해지자 목장에서 도망치는 목자가 하나둘 늘어났고, 결국 조정에도 이 사실이 알려져 아예 감목관 관직을 없애버리고 수령이 그 소임을 관장하게 해야 한다는 논의가 일기도 했다.

그런데도 감목관의 비리는 잦아들지 않았다. 경종 2년인 1722년, 수원부의 홍원 목장을 관리하는 감목관은 목장의 우마를 몰아내고 거기에 풀과 잡목을 길러, 이를 소금 굽는데 필요한 땔감으로 사용하고자 했다. 그러자 먹이를 얻지 못한 수백 마리의 우마가 목장을 빠져나와 주변의 전답을 밟고 곡물을 뜯어 먹어 인근 마을이 난장판이 되었는데, 여덟 개 면에 걸친 수십 리나 되는 땅이 해를 입어 보기에 참혹했다고 한다. 홍원 목장의 비리는 여기서 그치지 않았으니, 감목관이 목장의 일부 초지를 아예 권세가의 손 아래 넘겨버리기도 했다.

> 사헌부에서 임금에게 거듭 아뢰었다. "전前 감목관 정치鄭治는 역적 김창집의 사주를 받아 목장 안에 있는 초지를 떼어 그 태반을 김창집의 논으로 만들어주었습니다. 그 또한 일부를 취해 경작지 만드는 공사를 독촉하니, 목장에 매질이 낭자하고 둔전을 경작하는 농민과 목자가 목숨을 부지하기조차 힘든 지경에 이르렀습니다."
>
> - 『경종실록』 8권, 경종 2년(1722) 5월 12일

권세에 기댄 하급관리나 품외관리의 횡포도 만만치 않았다. 사복시에서 목장에서 기르는 말의 수효를 점검할 때, 현장 업무를 수행하는 서리書吏와 이마理馬 등의 하급 잡직 요원이 뇌물을 요구하며 목자를 괴롭혔다.

> 사복시 관료가 경기지역 목장의 말 수효를 조사했는데, 거느린 아랫사람들이 각 목장의 목자들에게 뇌물을 요구했다. 재물을 주겠다는 증서를 받아 낸 뒤

에 독촉을 가혹하게 해대니, 목자들이 가산을 담보로 돈을 융통해 도성을 오 갔다. 이에 여염마을에 원성이 가득 찼다. (…) 경기도 남양의 목자가 바친 돈 은 500냥이고, 수원 목자가 내놓은 돈은 450냥이었다.

- 『숙종실록』 50권, 숙종 37년(1711) 12월 2일

조선 후기에 관료의 횡포와 수탈이 가중하면서 목자들은 이전 시기보다 더한 곤궁에 시달렸다. 법전에 규정된 농지 배당이 거의 사문화됐으며, 생계를 위해 지급한 목장 위전位田마저 권세가들이 빼앗아가거나 민간 토지로 전용되기에 이른다. 한 예로, 17세기 전반에 경기도 양성의 괴태길곶 목장의 위전은 궁가에 이전되었다가 이후엔 공신에게 주는 사패지로 넘어가 버린다.[12] 그렇게 경작지가 줄어들고 억압이 심해지면서 목장을 도망쳐 유랑하는 목자가 하나둘 늘었다.

한편으론, 목장 관리가 문란해지자 목자들도 손쉽게 작업 규정을 어기거나 범법 행위를 저질렀다. 말을 제대로 돌보지 않고 번식에도 큰 힘을 기울이지 않는 목자가 늘어났다. 절도를 위장해 말을 몰래 매매했으며 조직적인 밀도살도 행했다. 목장 경비가 소홀해지면서 우마 도둑까지 목장 지역에 빈번하게 출몰했다. 수십 명이 조직을 이뤄 장사를 구실로 선박을 포구에 숨겨 놓고 해안 지역 목장의 우마를 훔쳐냈다.

윗선의 마정 운영 문란에 그 아래 하급관리의 횡포가 더해지고, 맨 아래층 목자의 나태와 이탈까지 겹치면서 조선의 국영 목장은 겉으로 드러난 규모와 달리 실상은 점점 거칠어지고 메말라갔다. 장부에 기록된 우마의 수효와 목장에서 실제로 기르는 우마 수효의 격차가 갈수록 벌어지고 있었다. 하지만 조선

후기 목장의 피폐함을 논하면서 관료의 비리와 목자의 탈선을 같은 선상에 놓고 평가하기에는 분명 무리가 따른다. 관료의 부정부패는 더 많은 이득과 탐욕을 채우기 위한 수단이었지만 목자의 일탈은 생계를 잇고 살아남으려는 생존저항에 가까웠다.

5장

강과 바다의 생산자들
어부

선비의 어부, 현실의 어부

조선 전기의 어업 실상과 경기 어촌의 어로작업

도탄에 신음하는 어부들

생산하는 자와 수탈하는 자

선비의 어부, 현실의 어부

　　중종 37년인 1542년, 문신 이현보(1467~1555)는 40여 년의 관직 생활을 끝내고 고향인 안동으로 내려갔다. 일흔여섯에 호조참판에서 물러나자, 직무가 없는 당상관을 우대하기 위해 설치한 중추부의 동지중추부사同知中樞府事 관직을 내렸지만 그마저 사양하고 자연을 벗 삼아 유유자적한 말년을 보낸다. 그는 촌 늙은이인 전사옹田舍翁을 자처하고 산과 들, 강변을 거닐며 한거閑居의 삶을 즐기는 틈틈이 자연을 노래한 여러 시가를 남긴다. 그중 고려 때부터 전해오는 가사를 고쳐 지은 「어부사漁父詞」는 고기잡이하는 어부를 묘사해 자연에 묻혀 사는 만족감과 한가로운 삶을 예찬한다.

　　　이 중에 시름없는 건 어부의 생애로다
　　　작은 배 한 척 넓디넓은 푸른 물결에 띄워 두고
　　　세상사 다 잊었으니 날 가는 줄 어찌 알랴
　　　　　　　　　　　　　　- 이현보, 「어부사漁父詞(제1수)」 『농암집聾巖集』

　　　연잎에 밥을 싸고 버들가지에 물고기 꿰어서
　　　갈대와 억새풀 우거진 곳에 배 대어 묶어 두니
　　　자연의 참된 뜻을 어느 분이 아실까
　　　　　　　　　　　　　　- 이현보, 「어부사漁父詞(제3수)」 『농암집聾巖集』

이현보가 그린 어부는 어업에 종사하며 물고기를 잡아 살림살이를 이어가는 촌부가 아니었다. 운치 그윽한 강에 배 띄우고 고기잡이를 즐기는 생계 걱정 없는 유자儒者이자, 세속 가치에서 한발 물러서 자연 속에서 삶의 한가함을 만끽하는 은일지사隱逸志士였다. 이현보는 명리名利와 이욕利慾의 현실에서 벗어나 조화로운 자연에 동화돼 살아가는 어부의 형상을 그려놓고 거기에 자신의 마음을 의탁하고자 했는지도 모른다.

조선 사대부가 그려내고 꿈꾼 이러한 어부의 모습은 다음 세기에 활동한 문인 관료 윤선도(1587~1671)에게로 이어진다. 예조정랑과 사헌부지평을 지낸 그는 당쟁의 와중에서 권력투쟁과 유배 생활을 피할 수 없었는데, 정치에서 물러나 전라도 보길도에 머물던 1651년에 작은 어촌과 고기잡이 풍경을 한 폭의 동양화로 그려낸다.

> 고운 볕 쬐는데 물결이 기름 같다
> 배 저어라 배 저어라
> 그물을 던져둘까 낚싯대를 놓으리까
> 삐그덕 삐그덕 어기여차
> 탁영가에 흥이 나니 고기도 잊겠도다
>
> – 「어부사시사 – 춘사春詞(제5수)」『고산유고孤山遺稿』

모두 40수에 이르는 윤선도의 「어부사시사」는 자연과 더불어 풍류 속에 사는 은일사상을 드러냈다고 한다.[1] 자연에 합치한 어부의 생활을 아름답게 나타냈다는 평가를 받는다. 그렇지만 여기에 나오는 어부 또한 고기잡이를 생존 수단으로 삼는 어부가 아니다. 바다를 즐기고 낚시를 여흥으로 삼는 사대부인 윤선도 자신의 생각과 정서가 투영된 관념상의 어부다. 온몸을 거친 파도에 내맡기고 상처 난 손으로 무거운 그물을 당기는, 위험하면서도 생동감 넘치는 현실의 바다에서 살아가는 어부가 아니다. 생존을 위해 노동할 필요가 없는 사대부에겐 바다는 그윽하고 서정 넘치는 풍광으로 먼저 다가온다. 고기잡이는 유유자적한 시간을 채울 소일거리에 머물며, 어부와 어촌은 바라보고 감상하는 풍경이자 유자의 생각과 감정을 드러낼 관조의 매개체로 자리 잡는다.

현실의 강과 바다, 비린 물 내음과 풍랑 넘치던 어촌, 그곳에서 물고기를 잡아 하루하루의 삶을 이어가던 어부의 모습은 어떠했을까? 살기 위해 몸을 움직여 일해야 했던 어부들에게 어로 노동은 무엇이었을까?

> 안산 군수 조문숙이 상소했다. "지난해의 가뭄으로 나라 안이 모두 피해를 보았습니다. 연해의 고을은 피해가 더욱 심해 이곳 백성은 보기에도 딱합니다. 이들의 생계 기반은 어전漁箭뿐인데, 가난한 어민들은 여기서 물고기 한 마리를 구하면 이걸 팔아서 겨우 끼니를 잇습니다."
>
> – 『성종실록』189권, 성종 17년(1486) 3월 30일

> 우의정 심상규가 상소했다. "고기를 잡는 해척海尺과 해물을 채취하는 포작浦作 가구는 더 가련합니다. 한겨울에 전복을 캐고 미역을 채취하느라 남자와 부녀자가 발가벗고 바다로 들어갑니다. 떨면서 물결에 휩싸여 죽지 않은 게 다행입니다. 바다에서 나오면 해안에 피워놓은 불로 몸을 녹이는데, 피부가 터지고 주름져서 귀신처럼 추해 보입니다. 그렇게 겨우 몇 개의 전복을 캐고 힘들게 몇 줌의 미역을 따지만, 그것으론 입에 풀칠조차 하기 힘듭니다."
>
> – 『순조실록』27권, 순조 25년(1825년) 11월 19일

고기잡이는 그 어떤 작업보다 강도 높은 노동이 필요했다. 날씨와 조류에 영향을 받기 때문에 작업 시간이 한정돼 있어 일정 시간 내에 집중적인 작업을 벌여야 한다. 더구나 바다 일은 늘 위험에 노출돼 있었다. "어부는 시신을 올려 놓는 칠성판을 등에 지고 일을 한다"는 말이 있을 정도로 극한의 위험이 상존常存하는 작업이었다.

경상도 장기(지금의 포항 지역)의 어부 김수남 등 9명이 물에 빠져 죽었다.
　　　　　　　　　　　　　　　－『현종실록』18권, 현종 11년(1670) 5월 5일

전라도 장흥의 고기잡이하는 백성 18명과 강진 마도진의 군사 11명이 배가 파손돼 빠져 죽었다.
　　　　　　　　　　　　　　　－『숙종실록』31권, 숙종 23년(1697) 2월 15일

경기지역 어부들 또한 전복과 익사의 위험을 안고 어로작업을 해야 했다. 강화에서 남양(지금의 화성 지역)에 이르기까지 많은 섬을 거느린 경기 서해안 지역은 해안의 굴곡이 심하고 조수간만의 차이가 커 어종이 풍부했으나 그만큼 작업의 위험도가 높았다.

사옹방에 물고기를 잡아 바치는 생선간生鮮干인 김포 백성 오을마대吾乙麿大 등 7명이 물고기를 잡다 익사했다.
　　　　　　　　　　　　　　　－『세종실록』42권, 세종 10년(1428) 12월 6일

강화에서 고깃배가 전복되어 죽은 어부가 14명이었다.
　　　　　　　　　　　　　　　－『현종실록』18권, 현종 11년(1670) 7월 29일

수원 지역 바닷가에 거주하는 남녀 백성 60여 명이 고기잡이하다가 풍랑을 만나 익사했다.

- 『숙종실록』 6권, 숙종 3년(1677) 12월 25일

현실의 강과 바다는 수산물이라는 먹을거리를 가져다주어 생계를 유지하게 했지만, 한편으론 목숨을 앗아가는 가혹한 자연이기도 했다. 선비들이 그려낸, 명리와 이욕을 벗어난 산수화 같은 마을은 당장 오늘 한 끼를 걱정해야 하는 어부들에게 너무 먼 나라의 어촌이었다. 선비들이 읊조린, 자연에 동화되어 은일의 풍류 속에 사는 그 어부는 내일을 기약할 수 없는 어촌의 어부들에겐 다른 세상의 사람이었다.

조선 전기의 어업 실상과 경기 어촌의 어로작업

조선 초기에 수산물을 얻는 어장은 강과 호수 등 내수면 어장과 육지와 면한 바다인 연안의 어장이 중심을 이루고 있었다.[2] 어획량은 해양수산물보다 내수면에서 잡는 민물고기 비중이 높았던 것으로 보고 있다. 이 시기엔 어선 규모가 작고 구조가 취약해 먼바다로 나가는데 제약에 많았으며, 내수면이나 연안 수역에 수산자원이 비교적 풍부해 굳이 큰 위험을 무릅쓰고 먼바다로 진출할 필요가 없었던 것으로 파악된다. 크게 보면, 조선 전기는 내수면 어업 위주에서 바다 어업으로 어장이 확대되고 해양수산물 어획량이 점차 증가한 시기라 할 수 있다.

조선 전기에 많이 잡은 어종은 조기 · 청어 · 대구 · 새우 · 상어 · 넙치 · 고등어 등이었다. 특히 조기는 서해안을 대표하는 어류로 강원도와 함경도를 제외한 모든 해역에서 어획되었다. 젓새우와 곤쟁이도 서해안에서 많이 잡혔다. 청어는 자원 변동이 심한 어류였는데 주로 서해안과 동해안을 중심으로 분포했다. 경상도에서 가장 많이 잡힌 대구는 남해안을 대표하는 어류였다.

조선시대 경기지역 서해안의 섬과 해안에 면한 지역은 교동 · 강화 · 통진 · 김포 · 부평 · 인천 · 수원 · 안산 · 남양 등이었다.[3] 이곳 경기 해안의 어부들은 조선 초기부터 주로 조기 · 민어 · 숭어 · 새우 · 준치 · 밴댕이 등을 많이 잡았다. 16세기 들어서는 병어와 전어 같은 근해성이나 외양성 어종을 잡았다는 기록이 보이는데, 이는 선박과 어업도구 등 어로기술이 점차 발전하고 있었음을 뜻한다. 갯벌에서는 조개류와 굴을 많이 채취했다.

경기지역에서 많이 잡은 담수어로는 은어·쏘가리·붕어·누치·웅어·황어 등을 들 수 있다. 남한강을 끼고 있는 여주와 양근(지금의 양평 지역), 북한강을 안은 가평과 양주, 한탄강 유역의 연천, 임진강을 낀 파주와 김포 등지에서 내수어업의 비중이 높았다.

조선 초기 대다수 어부는 농사를 겸하는 농부이기도 했다. 반농반어 형태의 어업에 종사하는 어민으로, 가족 노동에 기반을 둔 영세한 주민이 많았다. 어업을 전업으로 하는 어민이 없지 않았겠지만, 농업을 위주로 하면서 어업으로 생계를 보충하는 이들이 다수였다. 조선 후기로 갈수록 어로기술이 발전하면서 어업을 전업으로 하는 어부와 어업을 위주로 반농반어의 생계를 꾸리는 이들이 점차 늘어나는 추세였다.

조선 전기 연해에서 행해진 어로 방식을 보면, 우선 어전魚箭을 꼽을 수 있다. 어량魚梁이나 어살이라고도 불린 이 어전은 뭍에서 가까운 바다에 구조물을 설치하고 조수간만을 이용해 물고기를 잡는 어로 방식이었다.[4] 먼저 대나무를 고정해 기둥으로 삼고 여기에 나뭇가지를 엮어서 물고기가 걸려들 그물 역할을 하는 구조물을 만들었다. 이후 썰물 뒤에도 채 빠져나가지 못한 물고기를 웅덩이로 들어가게 해 잡아냈다. 100미터 가까운 작은 것에서 수백 미터에 이르는 제법 규모가 큰 어전도 있었다.

어전은 조수간만의 차이가 심하고 조류의 유속이 빠르며 수심이 깊지 않은 서해안 지역에 적합한 어로 방법이었다. 서해안은 만이 발달하고 간석지가 넓게 형성돼 있어 설치가 비교적 용이하기도 했다. 15세기의 실상을 알려주는 『세종실록지리지』를 보면 대부분의 어전이 황해도와 경기도, 충청도, 전라도 해안에 분포돼 있었다. 강령만·해주만·경기만·남양만·천수만·곰소만 등 서해안의 내만을 중심으로 어전이 발달했음을 알 수 있다. 이 시기 경기지방 서해안에는 적게는 1개소에서 많게는 19개소의 어전이 설치돼 있었다. 부평에 5개소의 어전이 있었고 인천에는 19개소의 어전이 만들어져 활발한 어업 활동을 벌였다.

가까운 바다로 나가 그물^(어망)로 물고기를 잡는 망어업도 행해졌다. 15세기와 16세기에 서해안에서 그물을 사용해 조기를 잡았다는 기록이 보인다.

> 황해도 해주목의 토산물은 석수어石首魚(조기)로 해주 남쪽 연평坪延平坪(연평도)에서 난다. 봄과 여름에 여러 지역의 고깃배가 이곳으로 모여들어 그물로 잡는데, 관아에서 세금을 거두어 나라 재정으로 쓴다.
>
> — 『세종실록』 152권, 지리지 – 황해도 해주목

> 영광군 북쪽 20리 지점에 파시전波市田이 있으며, 조기가 생산된다. 매년 봄에 온 나라의 상선이 사방에서 모여들어 그물을 던져 고기를 잡아 판매하는데, 서울 저자와 같이 떠들썩하다.
>
> — 『신증동국여지승람』 36권, 전라도 영광군 – 산천

이미 조선 전기에 어장이나 인근 해역에서 어획물을 매매하는 수산물 시장인 파시波市가 열리고 있었으며, 경기도 해역에 맞붙은 연평도는 북상하는 조기 어군魚群을 마지막으로 잡는 어장으로 이름을 알렸다. 고기잡이에 사용하는 그물은 초기엔 새끼를 꼬아 그물을 만들기도 했지만, 점차 삼麻마 껍질로 뽑아

낸 베실을 촘촘하게 엮어 만들었다. 칡 껍질을 엮어 만든 갈망도 어로작업에 사용했다.

미끼로 유인해 물고기를 낚아 올리는 조어업釣漁業도 조선 전기의 대표적인 어로 방식 중 하나였다. 참돔과 고등어를 비롯해 당시 대부분의 어류가 조어업 대상이었으며, 조선 초기부터 어선을 타고 바다에 나가 어류를 낚는 조어업이 행해지고 있었다. 자금과 규모가 필요한 어전 어업이나 망어업을 할 수 없는 영세한 어민이 주로 이 조어업을 많이 행한 것으로 보고 있다.

창이나 작살로 찔러서 잡는 자돌刺突 어업도 빼놓을 수 없다. 내수면 어업과 바다 어업 모두에서 자돌 어업이 성행했으며, 특히 산란기에 큰 어군을 이루어 하천에 올라오는 연어나 송어가 주된 어획물이었다.

소금은 전국 해안에서 생산됐다. 고려 말과 비교하면 두 배가 넘는 곳에서 소금을 만들었는데, 조선 초기에 연해의 군현郡縣으로 소금을 산출하지 않은 곳이 거의 없을 정도였다. 경기도에서는 교동 · 강화 · 인천 · 김포 · 통진 · 안산에서 소금이 생산됐다.

소금 만드는 작업은 무척 힘들었다. 바닷물의 수분을 화력火力으로 증발시켜 소금 성분만을 채취하는 제염법을 사용했는데, 밤낮으로 쉬지 않고 불을 때야 했다. 한 번의 가마 작업이 이틀이 걸리기도 했다. 갯벌에서 바닷물을 모아 염도를 높인 뒤 가마 작업을 할 경우는 갯벌을 쟁기로 뒤집는 작업을 사나흘 동안 반복해야 했다. 질척한 갯벌을 뒤집어야 하기에 전답 쟁기질보다 두세 배나 더 힘이 들었다. 가마 작업에 필요한 땔나무 조달도 고되었다. 주변 산에 나무가 부족하거나 출입을 금하는 금송령禁松令이 내려지면 풍랑이나 도적의 위험을 무릅쓰고 섬까지 가서 땔나무를 구해 와야 했다.

사간원에서 임금에게 아뢰었다. "2월 초에 경기도 남양에 거주하는 60여 명의 주민이 소금을 구우려 덕물도에 가서 땔감을 채취했다고 합니다. 그런데 중국인인지 왜인인지 구별할 수 없는 도적들이 느닷없이 습격해 배를 빼앗고 섬 안에 버려둔 채 달아났다고 합니다."

- 『명종실록』 34권, 명종 22년(1567) 3월 19일

도탄에 신음하는 어부들

　　조선시대에는 어전과, 소금을 만드는 제염소인 염분鹽盆은 원칙적으로 개인이 소유할 수 없었다. 조정에서는 전국의 어전을 국가에서 운영하는 관어전官魚箭과 백성이 운용하는 사어전私魚箭으로 편제했다. 관어전은 수령이 주민을 동원해 어전을 조성하고 그 수확물을 공납이나 지방재정으로 활용하는 방식으로 경영했으며, 사어전은 어민이 직접 어전을 만들어 어물을 생산하고 그 일부를 세금으로 납부했다. 소금 생산 또한 관염제와 사염제를 병행했다.[5] 관염제는 나라에서 염분을 설치한 뒤에 인력을 동원해 소금을 생산하고 관리하는 직영 방식과, 소금 생산이 직역職役인 염간鹽干에게 관염 생산을 맡기고 일정한 공염貢鹽을 징수하는 두 가지 형태로 운영했다.

　　사어전과 사염분은 그 소유 권한은 국가에 두고 어부에게 3년을 기한으로 돌려가며 대여해 주는 운영방식을 취했다. 건국 초에 실시한 이 정책은 고려 말에 어전을 차지한 권문세가가 저지른 폐단을 없애려는 취지에서 나온 조치로, 일종의 생업보장책이었다. 하지만 공동 점유와 빈민 보호라는 이 획기적인 정책은 얼마 지나지 않아 본래의 뜻을 잃었다. 위세를 부리는 관료와 토호가 어전을 사사로이 차지하는 폐단이 다시 늘어났다.

호조에서 임금의 뜻을 관아에 알렸다. "어량은 사사로이 점령하지 못한다는 금령이 있는데도 관료와 세력가가 그전처럼 함부로 차지해 어량 주인이라 일컫는다. 어민을 모아 힘을 같이 해 어량을 만들어 놓고는 그 이익은 독점해 고르게 나누어 주지 않는다. 이런 폐단을 바로잡을 방책을 마련해 아뢰도록 하라."

- 『세종실록』 30권, 세종 7년(1425) 11월 2일

양반과 토호들은 경제력이 여의치 않은 어민이 어전 관리를 제대로 하지 못하는 때를 이용해 어전을 보수하거나 새 어전을 축조해 점차 어장을 차지해 나갔다. 관아와 결탁해 권세를 휘두르며 어장을 사유화하기도 했다. 주로 개간이나 어장 신설을 구실로 해안과 섬의 점유권을 받아내는 입안立案 형식으로 어장을 점유했다. 궁방과 아문衙門에서는 뭍의 토지에서 했던 방식과 유사하게 나라에서 분급하는 형태인 절수와 입안을 통해 어전과 염분을 차지했다. 이들은 나라를 대신해 과도하게 조세를 거두었으며, 현장에 파견돼 관리를 맡은 하인이 권세를 뒷배로 주민의 어획물을 빼앗는 횡포를 일삼기도 했다.

어민들 스스로의 힘으로 어장을 운영한다고 해서 고초가 크게 줄어드는 건 아니었다. 어전과 염분을 관장하는 수령이 규정 이상의 어획물이나 세금을 거두었으며, 어세와 염세를 착복하기도 했다. 세종 시기 경기도 교하의 한 현감은 어염세를 남용해 물의를 빚기도 했는데,[6] 사사로이 쓴 그 어염세는 결국 교하 주민이 다시 채워 넣을 수밖에 없었다. 현물 대신 무명을 세금으로 내는 규정을 악용해 생선 한 마리에 무명 8, 9필을 거두는 수령도 있었다고 한다.[7]

과도한 어획물 공납으로 경기지역 어민들은 다른 도와 비교해 고초가 더 심했다. 15세기 중반 안산군 주민들은 해마다 정기적으로 내야 하는 공물을 마

련하기 위해 한겨울 얼음을 깨고 물고기를 잡아야 할 정도였다.[8] 어민의 원성이 높아지고 민심이 흔들리자 공물을 줄이거나 납부 시기를 조정하는 조처를 하기도 했지만, 이는 어민의 안정된 생계를 보장하는 근본 대책이 될 수 없었다. 일시적인 미봉책에 지나지 않을 때가 많았으며, 오히려 임금에게 바치는 진상품까지 더해져 경기지역 어민을 한층 곤궁한 처지로 내몰았다.

> 의정부에서 임금에게 상언을 올렸다. "경기는 사방의 근본이 되는 지역으로 모든 부역이 다른 도보다 가중하며, 연해 각 군의 백성에게는 생선을 진상하게 하니 그 폐해가 더 심합니다. 1년 동안 진상하는 수량을 보면, 각전各殿(임금과 왕비)의 탄신과 이름 있는 날에 진상하는 어물이 718미, 대일차大日次(7일마다 진상)와 소일차小日次(매일 진상)가 4800미, 또 수시로 열리는 연회에 올리는 어물이 2000여 미에 달합니다. (…) 그런데 백성이 스스로 마련하지 못하면 생선가게에서 구매해 바쳐야 합니다. 이익만을 좇는 장사꾼은 이런 백성의 급한 사정을 노려 생선값을 올리니, 1미의 값이 많게는 면포 3~4필에 이르기도 합니다. 생선 한 마리의 값이 이럴 정도라면 그 귀함을 가히 알 수 있으며, 이를 사서 바쳐야 하는 어민의 괴로움도 짐작할 수 있사옵니다."
> ─『연산군일기』 32권, 연산 5년(1499) 3월 27일

거기다 경기 어민들은 사신 접대에 동원되는 고역까지 맡아야 했다. 중국에 보낼 조공품으로 쓰이는 진기한 해물을 마련하고 연회에 오를 어물을 잡아 바쳐야 했다.

> 사신이 두목頭目(중국 사신 일행 중의 북경 상인) 세 사람을 통진과 해풍 등지에 보내 황어黃魚를 잡게 하였다.
> ─『세종실록』 44권, 세종 11년(1429) 5월 29일

이 시기 중국 사신들은 황어를 자못 선호했던 모양이다. 사신들이 한강 하류로 나가 황어를 잡으며 뱃놀이를 즐겼으며,[9] 세종은 중국 황제에게 보낼 황어를 마련하기 위해 경기도 관찰사를 독려하기도 했다.[10] 외교 관계 유지와 문물 교류를 위해 사신 접대와 조공은 긴요한 국가 사안이었지만 그 토대를 떠받치는 건 농사짓고 물품을 만들고 고기를 잡는 백성들이었다. 나라를 영위할 관아의 재정을 확보하고 왕과 고위관료의 연회를 빛낼 잔칫상도 이들 백성이 있어 가능했다. 경기 어부들 또한 매운 강바람과 거친 풍랑을 맞으며 조선 사회의 밑바닥을 떠받치고 있었다.

생산하는 자와 수탈하는 자

어로작업은 단체 노동을 해야 할 때가 많았다. 어전 설치에는 주민 다수의 힘이 필요했고, 망어업을 나가면 여러 사람이 힘을 합쳐 그물을 끌어 올려야 했다. 이런 작업 특성에 어업 규모의 영세성이 더해지면서, 어장은 원칙적으로 마을 공동체의 공유적 점유 형태로 운영됐다.

이처럼 어촌은 농촌보다 촌락공동체적 성격이 더 강했으며 작업에서도 좀더 긴밀한 유대관계가 필요했다. 그래서 집단 어로를 할 때는 작업 규율이 엄격했고 상하 관계가 분명했다. 분업과 협업이 확실했으며 긴장 속에서 일치된 동작으로 일을 처리해나갔다. 이렇게 해서 어로작업에서 일어날 수 있는 불상사나 위험 요소를 최대한 줄이고자 했으며, 이는 또한 작업효율을 가져와 어획량을 높이는 방안이 되기도 했다.[11]

조선 후기 들어 바다 어업이 활발해지면서 어획량이 전보다 상당히 증가했다. 조선 후기는 내수면 어업 비중이 감소하고 바다 어업이 전면화되는 시기였으며, 어민들은 어로 안전을 확보하고 어획량을 높이기 위해 선박제조기술을 향상하고 어업도구를 개량시켜나갔다. 또한 지형과 시기에 적합한 어업방식을 개발했다. 어전의 규모가 커져 900미터에 이르는 큰 어장이 나타났으며, 망어업도 규모와 기술 면에서 발전을 거듭했다. 어로작업을 주도하는 고깃배의 지휘에 따라 어족이 모이는 곳에 여러 어선이 그물을 쳐서 물고기를 잡아 올렸다. 많을 땐 10여 척의 어선이 한 무리를 이뤄 어로작업에 나서기도 했다.[12]

그물이 정교해지고 튼튼해졌다. 양쪽 끝에 끌줄이 달린 띠처럼 새긴 기다란 어망인 후릿그물을 많이 사용했는데, 그물의 한쪽 끝을 물속으로 끌고 들어가 고기떼를 포위한 뒤 양쪽 끌줄을 끌어당겨 물고기를 잡았다. 그물 만드는 재료가 다양해지고 기능도 향상됐다. 조선 전기에는 주로 삼이나 칡껍질로 그물을 만들었는데 후기에 이르면 이보다 튼튼한 면이나 명주실로 그물을 짰다. 그러면서 어망이 정교해졌고 내구력이 강해져 사용 기간이 훨씬 늘어났다. 그물 만드는 법이 개선돼 정사각형으로 네모나게 뜨는 단순한 방식에서 좀 더 정교한 빗마르기 방식이 등장해 어망이 한층 튼튼해졌다.

19세기엔 야간 어로작업이 행해졌다. 불빛으로 멸치를 유인해 그물로 잡아냈으며, 불을 밝히고 고등어를 낚았다. 해조류 채취 기술도 발전했다. 어민들은 기름으로 수면의 물거품을 제거하고 투명도를 높여 작업효율을 높였다. 이전에는 물속에 들어가 다시마와 미역을 채취했는데, 수면에 고기기름을 뿌려 물밑을 잘 볼 수 있게 한 뒤에 긴 나무막대기로 다시마와 미역을 거두었다.

조선 후기 들어 민간 조선업이 성장하면서 어업에 고기잡이 전용 어선이 투입됐고, 배의 기능이 강화되고 다양한 규모의 선박이 만들어졌다. 선박 수도 증가해, 18세기 말 전국의 선박이 1만 척을 넘었을 것으로 추정한다. 고깃배 건조기술과 어업기술이 발전하면서 연안어업이 자리를 잡아갔으며 큰 자본과 인력을 동원한 어로가 등장했다. 이후 대규모 선단을 동원한 연안어업이 활발해지면서 수백 미터에 달하는 후릿그물을 만들어 어업을 하는 토호도 나타났다. 전국 해역에는 연일·섬진·위도·비인·안악 등 이름난 어장이 형성됐다. 물고기가 회유하는 시기엔 주요 어장에 수십 수백 척의 어선이 몰려들었고, 어장이나 인근에서 어획물을 판매하는 파시가 활성화됐다.

경기 서해안 지역의 어민도 새로운 어업기술을 수용하고, 때로는 효율적인 어로 방식을 앞서 채택하며 조선 후기 어업 발전의 한 축을 담당했다. 물론 이 시기의 어업 진흥은 조정의 정책과 관료의 제도 실행, 양반층의 관심과 투자가 있어 가능했다. 그렇지만 가난한 어부들이 흘린 땀이 없었다면 이루기 힘든 성장이었다. 어장 조성에서 어업도구 개량과 선박 제조에 이르기까지 어업 발전의 모든 측면에는 어민의 노력과 희생이 뒤따랐다. 현장에서 몸으로 체득한 경험과 협업으로 축적된 지혜를 바탕으로 어업기술이 차츰 개선될 수 있었다. 그것은 지배층의 수탈에 대한 백성의 대응이자 일종의 맞섬이었으며, 삶의 조건이 만들어낸 적응과정이기도 했다.

조선 후기 들어서도 관료와 권세가의 어민 침탈은 잦아들지 않았다. 임진전쟁 이후에는 궁방과 아문의 어장 점유가 더욱 심해져 어물과 소금 이익이 모두 이들에게 돌아간다는 말이 나올 정도였다. 선박세를 거두어 착복했으며, 심지어 어장을 지나는 어선에 대해서도 통행세 명목으로 세금을 징수했다.[13] 성균관에서도 어장을 절수해 어민을 괴롭혔다. 세를 거두는 차인差人이 정해진 액수의 10배에 달하는 세금을 거두어 조정에서 문제가 되기도 했다.[14]

관료와 관아의 비리도 빠지지 않았다. 관아에서는 갖가지 구실로 세금 명목을 만들어 어민에게 과도한 부담을 지웠다. 경기지방에는 임금과 궁중의 음식을 관장하는 사옹원의 비리까지 더해져 어민을 더 힘들게 했다.

사간원에서 임금에게 아뢰었다. "사옹원이 어부에게 맡기는 상공上供은 경기지방의 큰 폐단이 되고 있습니다. 옛것을 고쳐 새롭게 해가는 이 시기에 이전보다 줄여야 마땅할 터인데, 무단으로 더 배정한 소어蘇魚(밴댕이)와 위어葦魚(웅어)가 각각 2천 속束이나 됩니다."

─『인조실록』 8권, 인조 3년(1625) 3월 8일

수령이 토호와 결탁해 어장에서 나는 수산물을 빼돌려 이득을 취했으며, 때로는 대리인을 내세워 영리활동까지 벌였다. 권세를 남용해 현물의 수배에 이르는 폭리를 취하는 경기지방 수령도 있었다.

사헌부에서 임금에게 아뢰었다. "남양부사 유세덕은 어부와 소금 굽는 주민에게 미리 싼값으로 어물과 소금 비용을 지급하고, 이후 그보다 10배 비싼 값으로 강제 징수해 자기 집에 실어 보냈습니다. 청하옵건대 파직하소서."

─『영조실록』 73권, 영조 27년(1751) 윤5월 10일

어장 정책은 1750년에 균역법이 실시되면서 변화를 맞는다. 군역 부담을 2필에서 1필로 경감하고 그 부족분의 일부를 어세魚稅와 염세鹽稅로 충당하면서 세금 징수처를 균역청으로 이관한다. 어염세를 현물이 아닌 포布나 화폐로도 납부하도록 했고 어민의 부담을 다소 줄이도록 했다.

하지만 오래지 않아 폐단이 드러났다. 징세 책임자가 된 수령의 농간과 횡령이 자행되면서 다시 과중한 부담을 떠안는 어민이 생겨났다. 어전과 염분을 새로 만들면서 중앙에 보고하지 않은 채 어염세를 거두어 착복했으며, 규정보다 많은 조세를 거두기 일쑤였다. 갈수록 비리가 심해져, 군현의 말단 관리에서 감영을 거쳐 중앙기관에 이르기까지 계층적인 수탈구조가 공고하게 구축돼 갔다. 18세기 후반에 경주 지역 어촌 실상을 조사한 암행어사의 보고에 따르면,

읍과 감영, 중앙에 상납해야 할 정채情債가 모두 합쳐 무려 1000냥에 달했다고 한다.[15)]

특산물을 바치는 공물 부담도 문제였다. 17세기 들어 대동법이 실시돼 특산물을 쌀이나 무명으로 대신하게 했지만 별공別貢과 진상進上은 그대로 존속했다. 진상물을 납부할 때에도 잡비와 상납전 등의 명목으로 잡세를 바쳐야 했다.

> 판중추부사 정홍순이 임금에게 아뢰었다. "진상은 매우 중차대한 일이기에 그 변통에 대해 의논할 사안은 아닙니다. 그런데도 말씀드리자면, 과어苽魚(빙어)는 설을 쇤 뒤에야 많이 잡을 수 있는데 11월에 진상하고, 황어는 설을 쇠기 전에 많이 잡을 수 있는데 2월에 진상합니다. 이런 연유로 과어와 황어를 바칠 때 백성이 괴로워하고 있으니 참으로 딱해 보입니다."
>
> -『정조실록』 15권, 정조 7년(1783) 4월 25일

15세기 세종 때와 마찬가지로 18세기 정조 시대에도 궁궐에서는 황어가 매우 필요했던 모양이다. 그런 귀한 생물이었던 만큼, 진상품을 바치는 어민의 처지를 좀 더 일찍이 신중하게 헤아릴 수는 없었던 것일까?

현실은 그렇지 못했다. 국가기관과 궁가의 어민 수탈은 갈수록 심해졌고, 관료의 가렴주구와 토호의 어민 착취도 끊이질 않았다. 어민의 생활이 힘들어지고 빈곤층이 늘어날 수밖에 없는 사회 환경이 견고하게 조성됐다. 어부가 생산한 어획물을 수취해 호의호식하는 위정자와 양반관료층은 악화하는 사태를 막고 열악한 사회 환경을 풀어가야 할 의무가 있음에도 무엇 하나 일관되게 실행하지 않았다. 오히려 그들 다수는 사욕 채우기에 급급할 뿐이었다. 더구나 이런 파행적인 어업정책 운용은 성장의 어느 선에서는 어업 발전을 가로막는 장

벽으로 작용했다. 조정에서는 연안어업이 근해어업으로 확대되는 추세를 반기지 않았으며, 지배층은 어업 이윤을 과도하게 수취해 어민이 이윤을 확대해 이를 생산에 투자할 여지를 좁혀버렸다.

그런 장애와 한계에도 조선의 어부들은 끈질긴 생명력을 보였다. 먼바다로 고깃배를 띄웠고 한층 질긴 그물을 바닷속으로 내렸다. 그러면서 그들은 꿈꾸었을 것이다. 좀 더 먼바다 어딘가에 억압과 수탈이 사라지고 굶주리지 않아도 되는, 신분 차별이 없어진 그런 땅이 있을 거라고. 어느 날 그곳에서 진인眞人이 나타나 이 지상의 악을 멸하고 공평무사하고 정의로운 새 세상을 세우리란 희원 또한 품었을 것이다. 어부가 꿈꾼 그 자립의 바다도 공정의 땅도 조선 사회에선 너무 멀었지만 말이다.

6장

만들고 제조하는
경기 백성
수공업 장인

초립草笠과 다리(가체加髢), 혹은 수공업자와 양반

조선 전기 수공업 실상과 경기도의 장인들

가난과 착취, 순종과 일탈

조선 후기 민간수공업 발전과 경기지역 수공업

초립草笠과 다리(가체加髢), 혹은 수공업자와 양반

　　실처럼 가늘게 쪼갠 댓개비나 누런빛의 가는 풀로 만든 초립은 조선 초에
는 양반과 평민이 함께 사용하는 쓰개였다. 하지만 얼마 지나지 않아 신분에 따
라 재료의 곱고 거침에 구분을 두어, 양반은 섬세한 50죽竹, 평민은 성긴 30죽
을 쓰도록 규제했다. 이후 양반들이 아예 색으로도 신분을 구분하기 위해 질 좋
은 흑립을 쓰게 되면서 초립은 평민의 쓰개가 된다. 성년례成年禮를 치른 사내가
혼례를 올리고 흑립을 쓰기 전까지 착용하는 관모로도 사용했다. 궁궐 행사와
잡역에 종사하며 시중을 들던 별감別監과 군악을 연주하던 세악수細樂手, 사복시
에 소속돼 왕족의 경마잡이를 하던 견마부牽馬夫 등도 집무를 수행할 때는 초립
을 착용했다.

　　이 초립은 경기도에 속한 강화도 교동의 수공업 특산물이었으며, 15세기
후반에 편찬된 『동국여지승람』에는 대구·경산·영천 등지에서도 산출된다고
기록돼 있다. 18세기에는 경기도 개성에서 풀로 엮어 만든 초립이 꽤 명성을 얻
었던 모양으로, 주민들이 초립을 제조해 관아에 바쳤다는 기록이 보인다. 움막
에서 다 해진 옷을 겨우 걸친 300~400명의 여인네가 온종일 손을 놀려 초립을
만들지만, 공물 부담 때문에 살림살이 형편이 매우 어려웠다고 한다. 관아에 바
쳐야 할 부담이 가중해 생계마저 힘든 지경에 이르자, 지방관인 개성유수가 경

감을 요청하면서 조정에도 이 사실이 알려진다.

> 개성유수 구상具庠이 임금에게 아뢰었다. "초립 만드는 법은 옛날부터 여인들이 자손에게 전해 왔습니다. 풀을 베어 손으로 짜서, 값을 받고 관아에 바쳐 입에 풀칠할 요량으로 삼았습니다만 그 처지를 보면 참으로 딱합니다. 일하는 곳은 움막에 지나지 않고, 옷은 해져 너덜거려 마치 메추라기의 꽁지깃이 빠진 것 같습니다. 게다가 이전부터 져온 부담 가운데 목木(무명) 11동同 17필疋은 조부와 증조 대부터 내려온 것입니다. (…) 이제 이를 변통하지 않으면 가난하고 잔약한 여공女工을 지켜 보호하지 못할 것이고, 그러면 초립을 바치는 데도 어려움이 많아 난감한 지경에 처할 것입니다."
>
> ― 『비변사등록』 177책, 정조 14년(1790) 7월 26일

개성유수는 초립을 만드는 아낙네인 여공을 보호한다는 도리를 내세우지만, 앞뒤 문맥으로 보면 그 내심은 물품 조달을 원활히 하려는데 있음을 어렵지 않게 짐작할 수 있다. 최소한 여공의 호구지책과 최저생계비는 보장해 주어야 지속적인 인력 운용과 초립 생산이 가능했던 것이다.

평민 여인들이 가난에 시달리며 고된 수공手工으로 하루하루의 생계를 이어갈 때 양반 집안의 여인네는 무엇을 했을까? 처지나 형편은 어떠했을까? 부가 편중된 사회구조에 기대어 이들은 대체로 부유함 속에서 안락한 일상을 영위하고 있었다. 특히 이 시기에는 사치가 만연해 국왕이 직접 나서서 이를 규제해야 할 정도였다. 한 예로, 풍성해 보이도록 가발을 얹어 머리숱을 부풀린 다리의 유행을 들 수 있다. 다리는 가체라고도 했는데, 이 다리가 크면 클수록 아름답다고 여겨지던 18세기에 유행을 따르다 목숨까지 잃는 웃지 못할 이야기도 전해온다.

부귀한 집에서는 머리치장에 드는 돈이 무려 7~8만에 이른다. 다리를 널찍하게 서리고 비스듬히 빙빙 돌려서 마치 말이 떨어지는 형상을 만들고 거기다가 웅황판雄黃版이나 법랑잠法琅簪, 진주수眞珠繡로 꾸며서 그 무게를 거의 지탱하기 어렵게 한다.[1] 그런데도 가장은 이를 금하지 않으니, 부녀자들은 더욱 사치를 부려 행여 더 크게 하지 못할까 염려한다. 요즘 어느 부잣집 며느리가 나이 13세에 다리를 얼마나 높고 무겁게 했던지, 시아버지가 방에 들어오자 급히 일어나려다 이 다리에 눌려 목뼈가 부러졌다. 사치가 능히 사람을 죽였으니, 아, 슬프도다!

– 이덕무, 「사소절 6士小節六 - 부의婦儀」『청장관전서』

가난한 집 여인은 시집간 지 오래되어도 다리를 마련하지 못할 처지라 맨머리로 지냈지만 재력을 갖춘 양반 집안에서는 다리로 머리를 치장하는데 몇백 금金을 쓰고, 심지어 땅까지 팔아 비용을 마련하는 집안도 있었다고 한다.[2] 이 시기엔 아름다움에 대한 욕구뿐 아니라 부를 과시하려는 심정이 더해지면서 의식주 생활 모든 분야에서 사치 풍조가 일었다.

부제학副提學 이종성이 상소했다. "사대부 사이에 풍속이 날로 변하고 있습니다. 집을 호화롭게 짓고 담장을 높이 쌓아 토목으로 요사를 부립니다. 풍성한 담비 가죽과 아름다운 비단으로 옷을 지어 입고 노리개가 갈수록 화려해집니다. 무장이 수레를 타기까지 하고 학사學士가 대부분 북방 말을 타고 다닙니다. 혼례와 장례에 필요한 물품과 음식에 이르기까지 새롭고 특별한 것을 경쟁하듯이 취해 호화찬란함을 좇습니다."

– 『영조실록』 38권, 영조 10년(1734) 8월 15일

신분제 사회인 조선은 공적 영역뿐 아니라 가정과 개인의 사생활에 속하

는 사적 영역까지도 규제해, 의식주 생활과 관혼상제의 의례에 이르기까지 신분과 지위에 따른 차등화된 법제적 규정을 두었다. 예를 들면, 양반층인 사족士族의 철릭과 치마는 13폭을 상한선으로 삼았으며, 일반 평민인 서인庶人의 철릭과 치마는 12폭 이내로 제한되었다. 분묘는 1품 관직자는 4방 각 90보步, 2품 관직자는 4방 각 80보, 3품 관직자는 4방 각 70보로 정해 지위에 따라 규모에 한계를 두었다.

그런데 조선 후기에 양반 중심의 신분제가 흔들리고 양반층이 늘어나면서 신분규제와 기강이 크게 문란해졌다. 이제 양반과 평민을 구분 짓고, 양반층 내에서도 위세를 가진 양반임을 내세울 눈에 보이는 지표가 더욱 필요해졌다. 이런 사회적 배경 아래, 신분 위세를 과시해 자신이 진짜 양반임을 드러내려는 내심이 알게 모르게 작용하면서 외양을 꾸미는 사치 풍조가 한층 심해졌다. 외양의 차이를 통해 신분 차별과 특권 행사를 뒷받침할 정당성까지 확보하려 했는지도 모른다.

이러한 과시 행위의 대부분은 수공업 제품을 원활하게 획득하고 손쉽게 사용할 수 있어야 가능했다. 품위를 높일 주택과 의복 장식품, 화려한 가마, 잔치에 쓸 특별한 그릇 등 대부분의 생활용품과 사치품 생산은 수공업 장인이나 가내 수공업자의 노동이 없으면 불가능했다. 이처럼 조선시대 수공업자는 대체로 양반층의 생활 유지에 필요한 물품을 만들고 권세가의 신분 위세를 드높일 사치품을 제조하는 생산 계층이었다. 하지만 정작 자신들은 억압당하고 가난에 시달려야 했다. 왕실에서 쓰는 그릇을 굽는 경기도 광주의 분원分院 자기소에 속한 관영 도공조차 예외가 아니었다.[3] 이들은 자기소를 운영하는 사옹원 관료와 권세가의 수탈에 시달리며 규정에 따른 대우를 받지 못할 때가 많았다.[4]

하물며 일반 관영 수공업자와 민간 수공업자의 처지는 어떠했겠는가?

사옹원의 관원이 도제조의 뜻을 임금에게 아뢰었다. "번조소燔造所(분원 자기소)에 소속된 모든 장인匠人들은 봄부터 겨울까지 오랫동안 일을 해야 하므로 달리 농사를 짓거나 행상을 하는 일이 없습니다. 그들은 얼마 되지 않는 봉족俸足에게서 받는 베나 미곡에 기대어 생계를 이어갑니다. 그런데 이마저도 해마다 줄어들어 최근 들어 받지 못한 베가 8동 47필이며 미곡은 4석石입니다. 이런 실정에서 굶어 죽을 근심을 면하지 못하게 되었는데, 어찌 그릇 굽는 일에 힘을 다할 수 있겠습니까?"

- 『비변사등록』 69책, 숙종 42년(1716) 8월 20일

조선 전기 수공업 실상과 경기도의 장인들

고려시대 수공업 생산체계는 관영수공업과 민영수공업, 소所 수공업의 3가지 형태로 운영됐다. 소는 왕실과 관아에서 필요로 하는 광산물과 수공업품을 생산하고 조달하던 특수 행정구역으로, 소의 주민은 그 신분이 노비나 천민과 유사한 하층민이었다.

고려 후기 이래 소가 점차 해체되면서 조선은 개국과 함께 수공업 체제를 크게 관영수공업과 민간수공업으로 나누고, 관영수공업인 관장제官匠制 중심의 정책을 펼쳤다. 관장제는 공장工匠이라 불리는 기술자가 관아에 소속돼 물품을 만드는 수공업 생산체제로, 서울의 중앙 관아에 배속된 공장을 경공장京工匠, 지방 관아에 속한 공장을 외공장外工匠이라 했다.

경공장은 대략 2800명으로, 이들은 30개 중앙 관청에 분속한 약 130종의 수공업 분야에 종사했다. 공조·군기시·상의원·사옹원·교서관·봉상시·사복시·선공감 등이 경공장이 소속된 주요 관청이었다. 무기를 만드는 군기시에는 활을 만드는 궁인弓人과 대장장이인 야장冶匠 등 장인 640여 명이 속해 있어 가장 많은 인력을 보유했다. 왕과 왕비의 의복을 짓는 상의원이 그다음으로 침선장과 능라장 등의 장인 590여 명이 적을 두고 있었으며, 왕실과 관청에서 사용하는 그릇을 조달하는 사옹원에 소속돼 자기(사기)를 만드는 사기장沙器匠

이 380명으로 그 뒤를 이었다.[5] 궁궐과 관아의 건축을 담당한 선공감에는 목장木匠과 석장石匠, 야장 등에 걸쳐 340여 명을 두었다. 공조에는 초립장과 은장銀匠, 침장針匠 등 260여 명이 배치돼 있었다. 이로 보건대 조선 초기의 관장제 수공업이 무기제조와 관청 건축, 왕실과 양반관료층의 생활용품과 사치품 제조를 위주로 이뤄졌음을 알 수 있다.

외공장은 모두 3500여 명으로, 이들 공장은 지방의 감영 · 병영 · 수영 · 군현 관아 등 350개 관청의 27개 직종에서 일했다. 감영과 같이 규모가 큰 지방 관청에는 10여 명이 넘는 장인이 소속돼 있었으며, 관할 구역이 작은 군현의 관아에는 수명의 장인이 속해 있었다. 27개 직종 가운데 가장 많은 장인이 속한 직종은 제지업으로 약 700명의 지장紙匠이 있었다. 그다음으로 야장이 약 440명, 돗자리를 짜는 석장席匠이 380여 명이었다. 화살을 만드는 시인矢人 약 330명, 목장 320여 명, 피혁 수공업자인 피장皮匠 약 300명이 그 뒤를 이었다.

15세기 후반에 펴낸 『경국대전』에 따르면 경기도에는 모두 9개 직종에 153명의 외공장이 분속돼 있었다. 야장이 40명, 목장과 시인이 각각 37명으로 다수를 이루었으며, 그 외 궁인이 18명, 사기장이 7명, 피장이 5명, 유기장鍮器匠 · 칠장漆匠 · 갑장甲匠이 각각 3명이었다. 다른 도와 비교하면 직종과 소속 장인이 적은 편인데, 이는 경기도의 관청이 경공장이 일하는 서울의 중앙 관서와 비교적 가까운 위치에 있었기 때문으로 보인다.

경기도 외공장 중 가장 많은 수를 차지하는 야장은 도내의 철광석 생산지에서 철을 가져와 주로 무기와 철제용구, 농기구를 만들었다. 당시 경기도 영평현(지금의 포천 일부 지역)에 철을 생산하는 광산과 제련소가 있었으며, 죽산현(지금의 안성시 죽산 일대)에서는 공물로 280근 가량의 철을 납부했다.[6]

경기도의 관영수공업 중에서 도자기 생산이 가장 활발한 편이었다. 관청에 소속된 사기장은 7명이지만, 광주 지역에 자리 잡은 분원 자기소의 사기장 380명을 고려하면 조선시대 전기 관영 도자기 생산은 경기지역이 주도했다고 해도 과언이 아니다.

관공장官工匠은 조를 짜 교대로 일을 했는데, 짧게는 1~2개월, 길게는 6~12개월 단위로 작업을 했다. 대체로 1년에 평균 4~6개월 동안 관아에 나가 일을 하는 셈이었다. 이 기간에는 일부 장인에게 쌀이나 포를 지급하고 음식을 제공하기도 했는데, 그 정도는 미미했던 것으로 보인다. 관청에서 일할 때 이들 장인의 생활을 돕는 봉족제도奉足制度를 두기도 했지만, 16세기에는 이마저도 제대로 시행되지 않아 관공장의 생활은 힘들 수밖에 없었다.[7]

이들은 관아에 나가 일을 하지 않을 때는 물품을 만들어 판매할 수 있었다. 사적으로 물품을 만드는 이 기간에는 장세匠稅라는 명목의 세금을 내야 했다. 이들 공장은 나라에 예속된 관공장이면서 동시에 자유롭게 물품을 제조할 수 있는 수공업자이기도 했다. 고려시대에는 없었던 장세 제도를 신설함으로써 조선 전기의 수공업 정책은 관장제를 기본으로 하면서도 일정 부분 자유로운 생산 활동을 인정하는 이중적인 성격을 띠게 된다.[8]

한편 경기도를 비롯한 지방의 관공장은 서울에서 대규모 공사나 의례 행사가 있으며 차출돼 수공업 제품을 만들거나 국역을 수행했다. 특히 왕가의 장례인 국장이 나면 전국 각지에서 활동하는 공장이 동원돼 장례에 필요한 기물과 제기, 운구용 상구를 제작했다. 비교적 짧은 기간에 작업을 수행해야 하는 국장 때는 관공장뿐 아니라 민간수공업자인 사장私匠까지 동원했다.

민간수공업자로는 독립수공업자와 농민, 승려, 백정 등이 있었다. 독립수공업자는 대체로 전업 장인이 많았으며 장세를 바치며 영리 활동을 했다. 이들 또한 관청의 필요에 따라 일정 기간 공역을 부담했는데, 무상으로 일하는 대신 공역 일수에 대해서는 장세가 면제됐다. 농민은 부업으로 여러 가지 수공업 제품을 만들었다. 주로 모시와 삼베, 무명 등을 짜는 직조 일을 많이 했으며, 이들 농민이 민간수공업자의 다수를 차지했을 것으로 보고 있다. 승려는 종이 제조와 목공예, 제면 분야에 많이 종사했으며, 백정은 가죽제품과 버드나무로 만드는 유기柳器 물품을 주로 생산했다.

경기도의 민간수공업도 크게는 전국의 실상과 경향을 같이 했는데, 15세기 전반의 『세종실록 지리지』에는 경기도의 주요 물산 현황을 소개하면서 광주와 양주, 수원, 철원 등의 지역에 있는 자기소 14곳과 도기소 20곳을 언급한다.[9] 자기소에서는 장인들이 분청사기와 백자를 제작했으며 도기소에서는 와기瓦器나 옹기를 만들었던 것으로 보이는데, 일부 지역에서는 전업적인 도자기 생산이 이뤄졌던 것으로 여겨진다. 직조 분야를 보면, 조선 전기 경기지역은 전국적인 명성을 얻는 삼베나 무명 산지는 아니지만 당시 일반 농가에서 행하는 직조 수준은 유지했을 것으로 본다.

가난과 착취, 순종과 일탈

지방의 장인들은 대부분 생계를 위해 농업을 겸하고 있었다. 사실상 영농에 더 치중하는 장인도 있었을 것으로 본다. 농민들의 가내수공업이 부업 성격의 수공업이라면 장인들은 수공업을 기본으로 하면서도 농업을 부업으로 하는 반공반농半工半農의 생활을 하고 있었다. 서울의 경공장과 민간수공업자들도 형편은 크게 낫지 않았던 것으로 보인다. 대부분의 장인이 수공업 제품을 생산하고 판매하는 반공반상半工半商으로 생계를 이어갔다. 이들 중 일부는 극심한 궁핍에 시달리기도 했다. 세종 시기엔 가죽신을 만드는 나이든 장인이 관아에 바쳐야 할 속전贖錢을 마련하지 못해 목을 매어 죽는 사건이 있었다.[10]

가죽신을 만드는 장인 이상좌가 가죽신을 쌀 1말 5되와 바꾸어 팔았는데, 물품거래에 돈을 사용하지 않았다는 죄명으로 경시서京市署에 잡혔다. 본서에서는 상좌가 늙었으므로 곤장으로 때리거나 군역에 동원하는 처벌을 내리지 못하고 대신 속전으로 8관貫을 바치라고 하였다. 상좌는 집이 가난하여 남의 돈을 꾸어서 1관을 바쳤다. 본서에서 다 바치기를 독촉하니, 상좌는 이를 감당할 수 없어 결국 집 앞의 홰나무에 목매어 죽었다.
- 『세종실록』 29권, 세종 7년(1425) 8월 23일

장인의 신분은 양인 계층에 해당하는 상민이거나 천민이었다. 조선 전기에 민간수공업자는 양인 신분이 다수였으며, 관영 수공업장에는 공노비가 많은 것으로 나타난다.[11] 관영수공업 종사자에 노비가 많은 것은 개국 초의 관영수공업 확대 정책과 관련이 깊다. 조정에서는 수공업 관청을 재편하고 이에 필요한 장인을 확보해나갔는데, 전국의 사찰을 축소하면서 여기에 속했던 노비 일부를 관공장으로 편입시켰다.

> 　　공조에서 임금에게 아뢰었다. "전국의 사찰을 없애면서 남게 된 노비 중에서 사내종 1000명을 선공감에 소속된 장인의 봉족으로 삼으려 합니다. 그런 후에 이 노비들을 각 처에 적절히 분배해 수공업 기술을 익히도록 할 것입니다."
>
> 　　　　　　　　　　　　　　　　　　　　　　－『세종실록』 27권, 세종 7년(1425) 1월 19일

　　또한 자기소磁器所·철소鐵所·지소紙所 등 고려시대 소 출신의 장인 상당수와 문벌귀족이 보유한 노비 중 일부를 관공장으로 삼았다. 서울의 관아에 소속된 노비를 관공장으로 편입시켰으며, 심지어 외거노비 중에서 충당하기도 했다. 관공장 인력을 확보하기 위해서는 양인이든 천인이든 신분을 크게 따지지 않고 가능하다면 누구든 공장으로 삼는다는 추세였다. 왕실과 양반관료층 입장에서는 자신들이 사용할 일용품과 사치품을 안정적으로 공급해줄 장인 확보가 무엇보다 중요했던 것이다.

　　이러한 수공업 통제정책을 밀어붙인 결과 관공장의 다수가 노비 출신으로 채워지게 됐으며, 이는 수공업을 천시하는 직업차별 의식과 함께 수공업 장인을 천하게 여기는 한 요인으로 작용했다. 공상천례工商賤隸라 해 수공업에 종사하는 공장도 천민·노비와 함께 묶어 심한 차별 대우를 했던 것이다.

집현전 직제학直提學 양성지가 상소했다. "서울과 지방의 양인과 아전에게 한 가지 색의 옷을 입게 하고, 공사公私 천민과 공장에게 같은 색의 옷을 입게 해야 합니다. 품계에 따라 공복公服을 입고 한 가지 색의 옷을 입음으로써 나라의 풍속과 기강을 바로잡도록 해야 합니다."

- 『세조실록』 3권, 세조 2년(1456) 3월 28일

실제로 공장에 대한 통제와 관리는 엄격하고 가혹했다. 태종 대에는 공조에 속한 장인이 일을 돕던 관노비를 제대로 다스리지 않았다고 곤장을 쳐서 죽음에 이르게 했으며,[12] 세종 대에는 어대를 만들던 공장들이 금을 몰래 빼돌려 사용하자 "나라의 재물을 훔쳤다"는 다섯 글자를 이마에 새기는 처벌을 가했다.[13] 지방에 거주하는 양인층 장인 또한 천민과 다름없는 대우를 받았다.

제품과 작업에 대한 규제도 장인들을 힘들게 했다. 우선, 품질에 따른 상벌제를 엄격히 시행했다. 예를 들면, 외교문서인 자문咨文을 책으로 엮을 때 그 표지가 조잡할 경우 장 80대를 치는 형벌을 내렸다. 인쇄 시에 잘못된 글자가 있거나 빠진 글자가 있어도 태형을 가했다. 원료 구입을 통제했고 제품의 모양에도 엄격한 제한을 두었다. 갓은 규격품을 정해 놓고 이를 따르도록 했으며, 재료인 대竹의 수까지 신분에 따라 차이를 두었다. 이런 통제와 규제 일변도의 작업 환경에서 장인들은 창의성을 발휘해 기술을 향상할 여력이 없었다. 제품에 대한 애착을 갖기 힘들었으며, 이는 결국 품질 저하를 가져왔다. 그런데도 관아에서는 강압적인 관리를 계속해나갔다. 조잡한 제품을 납부하는 것을 방지하기 위해 제품에다 장인의 이름을 넣도록 해 책임 소재를 분명히 했으며, 원료 유용을 막고 품질 향상을 위해 금속제품에는 원료의 양과 제작 일자를 새기도록 했다.

작업에 대한 통제에 착취의 고통까지 더해졌다. 수공업 분야에서도 관료와 아전이 저지르는 부당한 착취가 관행화돼 있었다. 납부하는 제품에 괜한 트집을 잡아 뒷돈을 요구했다. 규정 이상의 장세를 거두었고, 공역 일수를 넘겨 일을 시키기 일쑤였다.

> 석장席匠 최사가 장세를 대신해 상석常席 6립立을 납부했다. 판관이 독촉해서 보낸 것이라 한다.
>
> — 『묵재일기』 10권, 1567년 1월 25일

> 야장 강금이가 다시 판관에게 불려서 역役을 수행하게 되었다고 길에서 걱정을 토로했다.
>
> — 『묵재일기』 9권, 1563년 8월 4일

또한 장인들은 자신의 업종과는 무관한 잡역에도 동원됐다. 야장이 산마山麻 채취 작업에 동원되고 장례 일을 떠맡았다. 무쇠로 주물을 만드는 수철장水鐵匠이 군역에 속하는 일을 행하기도 했다.

이런 착취와 억압에 대다수 장인은 순종할 수밖에 없었다. 힘 있는 자의 비위를 맞추고 물품과 노역을 제공해 눈앞에 닥친 당장의 난관을 피해야 했다. 하지만 일부 장인들은 나름의 방식으로 저항했다. 관아에서 맡긴 일을 대충 처리하거나, 때로는 고의로 작업을 회피하는 일종의 태업을 벌였다. 상황이 악화하면 고향을 버리고 야반도주를 감행하기도 했다.

관료의 수탈은 어느 한 지방에서 일어나는 일시적인 폐단이 아니라 전국적이고 지속적인 병폐였다. 경기도 광주의 분원 자기소에서도 고된 일과 가난, 거기에 관료의 수탈이 겹치면서 작업장을 이탈하는 장인과 인부가 늘어났다.

16세기 전반엔 한때 규정 인원의 절반이 도망쳐, 군역을 지는 수군으로 인력을 대체해야 하는 상황이 벌어지기도 했다.

> 임금이 승정원에 명령을 내렸다. "사기沙器를 구워내는 백점토를 전에는 사현沙峴이나 충청도에서 가져다 쓰기도 했는데, 지금은 양근(지금의 경기도 양평군 지역)에서 파다 쓰고 있다. 그리고 사옹원에서는 번番을 서는 수군을 인부로 달라고 해마다 청하지만 병조에서는 그때마다 보낼 군인이 없다고 아뢴다. 전에는 사기장이 충분했지만 지금은 반이나 도망한 상태다. 그렇다고 수군을 많이 배정할 수는 없으니, 50여 명을 규정 인원으로 삼아 보내는 안을 의논하도록 하라."
>
> — 『중종실록』 67권, 중종 25년(1530) 2월 5일

조선 후기 민간수공업 발전과
경기지역 수공업

    공장의 이탈 추세가 심해지면서 관영수공업은 17세기 중엽에 이르면 급격하게 와해해갔다. 관아에 소속된 공장이 크게 줄어들거나 공장이 아예 없는 관서도 생겨났다.[14] 관영수공업의 쇠퇴는 재정 확보를 위한 국역제國役制의 변화가 한 요인이었다. 16세기 중엽 이후 군역 대신 포布를 납부하는 추세가 강해지는데, 관영수공업에서도 입역 대신 포를 내는 장인가포제가 일반화된다. 이후 관아에서는 품값을 주고 장인을 고용해 쓰는 급가고립이 행해진다. 17세기 들어 실시된 대동법도 관영수공업의 쇠퇴를 앞당겼다. 관공장이 바치는 물품을 공인貢人이 시장에서 구입해 조달하게 되자 관영수공업은 점차 밀려났고 민간수공업이 활기를 띠게 된다. 관공장의 뒤떨어진 기술과 생산의욕 감퇴로 인한 생산성 저하도 관영수공업 쇠퇴에 한몫했다. 이제 관아에서는 공장을 두는 것보다 필요한 제품을 시장에서 조달하거나 민간 장인을 부리는 게 훨씬 유리하게 됐다.

    그렇다고 관영수공업이 없어지지는 않았다. 무기와 진상 물품을 제조하는 일부 관영수공업은 나름 명맥을 이어갔다. 조지서造紙署에서는 19세기까지 종이를 만들었으며, 비단을 생산하는 일부 관영 직공織工도 존속했다. 경기도 광주의 분원에서도 도자기를 만들어 왕실에 납품했다. 하지만 명맥을 유지한 관영수공업 제조장 또한 민영수공업 생산을 병행하는 이중적인 형태로 유지됐으며, 점차 민영화 정도가 강화됐다. 분원 자기소에 상인 자본이 침투해 민간에 판매하는 도자기가 점차 늘어나는 추세였으며, 조지서에도 상인 자본이 물주로 등장해 종이 생산과 공급을 좌우했다.

조선 후기 들어 농업생산력이 증가하고 상품화폐경제가 발전하면서 민간 수공업이 급속하게 발전했다. 수공업 기술이 점차 향상되고 생산 규모가 확장돼 생산량이 증가했다. 상품 종류도 다양해져, 농기구를 비롯한 철물과 유기 · 도자기 · 피혁제품 · 지물紙物 등의 갖가지 생활용품이 시장에서 거래됐다.

이 시기에 시장 수요에 맞추어 상품을 생산하는 민간수공업장을 점店이라 했으며, 장인이 집단으로 거주하는 마을을 점촌店村이라 불렀다. 철제품을 만드는 수공업체는 철점鐵店이나 무쇠점이라 했고 놋그릇인 유기를 생산하는 곳은 유점鍮店이나 유점촌鍮店村이라 했다. 수공업 제품에 대한 수요 증대와 시장 확산에 힘입어 전국 각지에 점촌이 들어섰으며, 이는 갈수록 증가하는 추세였다.

> 각 고을에 무쇠점, 침점針店, 옹점甕店 등 다양한 점촌이 생겨나 그 수를 헤아리기 어려울 정도다. 군역을 져야 할 백성을 포함해 적지 않은 사람들이 점촌으로 밀려들고 있다.
>
> ─ 『승정원일기』 201책, 현종 8년(1667) 윤4월 10일

> 안성은 경기도와 호남 바닷가 사이에 위치해 각종 물자가 모여들고, 수공업자와 상인이 집결해 한강 남쪽의 도회지를 이루고 있다.
>
> ─ 이중환, 「팔도총론 – 경기」, 『택리지』

경기지방에서는 안성과 개성이 유기 생산지로 유명했으며, 강화 지역의 돗자리와 고양의 세면포細綿布도 널리 알려진 수공업 제품이었다.[15] 양주와 가평은 생사生絲(명주실)를 생산하는 제사업의 중심지로 발전했다. 이외에도 철물鐵物과 목기木器, 옹기가 전문 장인을 중심으로 많이 만들어졌으며, 무명과 삼베는 주로 가내수공업 형태로 생산됐다.

수공업장과 점촌이 증가하면서 수공업을 전문으로 하는 자영 수공업자가 늘어났다. 규모를 갖춘 점에는 점주나 물주라 불리는 고용주가 있었고, 이들은 여러 장인을 고용해 물품을 생산했다. 다단계의 복잡한 공정을 거쳐야 하는 수공업 부문은 다수의 인력이 노동분업을 통해 일사불란하게 움직이며 제품을 만들어냈다. 안성의 유기수공업 제품이 그 대표적인 경우다.

한편으론, 제조장을 운영하며 상인 역할까지 겸하는 자영 수공업자가 있었다. 이들 중에는 수십 명의 노동자를 고용해 제품을 생산하고 판매해 점차 이윤을 축적한 점주도 나타났다. 수공업자가 제품판매시장까지 진출하면서 기존 상인과 충돌하는 사건도 일어났다. 야장들이 솥과 못, 석쇠 등 철로 된 물품을 파는 잡철전雜鐵廛 상인들과 제품 판매권을 두고 다툼을 벌였으며, 방한모자인 휘양을 두고 이를 만드는 모의장毛衣匠과 잡화를 파는 상전床廛 상인이 충돌했다. 갓과 탕건을 두고도 장인과 상인이 마찰을 빚었다.

하지만 수공업 장인의 판매시장 진출은 일부에 지나지 않았다. 18세기 후반에 독점판매를 금지한 통공정책이 실시됐지만 실제로는 자본과 관官의 힘을 동원한 상인 세력의 활동으로 마음대로 제품을 판매할 수 있는 상태는 아니었다. 일부 품목에서는 장인이 우위를 점하기도 했지만 대체로 상인 세력이 더 큰 영향력을 행사하는 추세였다. 상인들은 원료 구입처와 판매망을 통제하고 수공업자의 제품 공급과 판매를 제약해 점차 장인들을 자신들의 영향력 아래 두었다. 더구나 상인들은 생산 분야로까지 눈길을 돌려 수공업 생산과정 자체에 영향력을 행사하려 들었다. 수공업자에게 원료와 자금을 미리 제공해 자신들의 뜻에 맞게 물품을 생산시켰으며, 아예 물주나 점주가 되어 수공업 제품 생산과 판매의 모든 과정을 주도했다. 장인들은 점차 상업자본의 영향력 아래 놓여갔다.

민간수공업이 발전하고 상업과 유통이 활성화되면서 물주나 점주로 변신하는 장인이 있었지만 실제로 이들은 소수였다. 몇몇 분야를 제외하면 대체로 가내수공업 단계에 머물러 있었다. 전업 장인들도 대부분 영세한 자영수공업자나 고용 장인으로 힘들게 생계를 이어갔다. 게다가 조선 후기에도 관료와 권세가의 수탈은 잦아들지 않았다.

> 관청에서는 필요하면 기술이 있는 사람을 데려다가 일을 시키고, 나라의 일이라며 값을 적게 준다. 지방 관아에서도 기술만 있다는 말만 들으면 강제로 데려다가 일을 시킨다. 권세 있는 양반도 이런 관행에 편승해 함부로 일을 시키고 보수를 제대로 주지 않으니, 이게 품삯에도 미치지 못한다. 사정이 이렇기에 수공업을 업으로 삼는 장인들은 자기 기술이 남에게 알려질까 두려워한다.
>
> — 유형원, 「전제田制 - 잡설雜說」『반계수록』

수탈과 침학에 시달리는 건 수공업 장인만이 아니었다. 관아와 향촌 마을에서 공장을 직접 대하며 물품과 세금 출납을 담당하던 말단 아전인 색리色吏의 고통도 이만저만이 아니었다.

강화도 공방의 색리가 (상급 관청인) 각 아문衙門에서 돈과 물품을 변통해내라는 침학을 받고 목을 매어 죽었다.

- 『인조실록』 15권 인조 5년(1627) 3월 15일

홍약필은 (궁중 물품을 조달하는 장흥고長興庫의) 창고 담당 관리인데, (경기도) 장단의 상납上納 색리에게 뇌물을 요구해 색리가 스스로 목을 베어 자결하게 했다.

- 『헌종실록』 9권, 헌종 8년(1842) 7월 7일

경기도 지역의 이 말단 아전들은 어쩌면 조선 관료사회의 예외적 인물인지도 모른다. 최고 관직인 조정의 당상관에서 중앙 관청과 지방 관아의 고위관료를 거쳐 아래층 말단관료에 이르기까지 계층적 부패 구조가 공고하게 자리 잡고 있던 조선 사회에서 그 부패의 사슬을 벗어나 목숨을 던졌으니 말이다. 여느 아전들처럼 위에서 내린 부당한 요구를 손쉽게 일반 백성인 장인에게 전가할 수 있었으련만 이들은 차마 그러지는 못했다. 전하는 기록으로는 그 연유와 배경을 단정하긴 어렵지만 말이다.

조선 사대부들은 나라를 열면서 원활한 국정 운영과 지배계층 자신들의 안락한 생활을 위해 관영수공업 중심의 수공업 체제를 강화해나갔다. 하지만 사회 변동에 따른 여건 변화로 조선 후기엔 관장제 위주의 정책에서 한발 물러선다. 이러한 제도상의 방향 조정은 그 속내를 보면, 백성을 돌보고 민생을 살핀다는 조선 사회의 거창한 명분과는 상당한 거리가 있었다. 가난한 수공업자를 위한 정책 추진이라기보다는 신분제에 기반을 둔 사회질서를 계속 유지하고 양반관료 계층의 항구적인 이익을 도모하기 위한 자구책 성격이 짙은 정책 변화였다. 수공업 장인들은 그러한 체제를 가능하게 하는 물품 조달이라는 사

회토대를 조선시대 내내 힘들게 떠받치고 있었다. 정치적 선택과 사회정책 추진의 향방은 선악과 도덕의 가치보다 이익과 욕망의 자리에 더 가까운지도 모른다.

7장

경기 장인의 삶과 애환
- 도공과 유기장鍮器匠 수공업 장인

왜 경기도 광주에 분원 자기소를 설치했나?

광주의 분원 자기소를 관할하는 사옹원 관료의 폐단이 점차 심해지고 있었다. 중종 19년인 1524년 여름, 사간원과 사헌부의 대간들이 사옹원의 일을 지휘하고 감독하는 고위 책임자인 제조提調를 탄핵하고 나섰다. 분원에서 만드는 자기는 왕실 자기와 국가 행사에 필요한 그릇 등 관어용官御用으로 쓰여 개인이 소유하거나 매매할 수 없었다. 그런데 종친 신분의 사옹원 제조가 이런 규정을 어기고 분원에서 생산된 자기를 사사로이 취해 물의를 일으키자 파면을 요청한 것이다.

> 대간이 임금에게 아뢰었다. "경명군景明君 이침은 사옹원 제조가 되어 많은 폐해를 끼쳤습니다. (…) 우선 경명군은 분수에 지나친 일을 다수 저질렀습니다. 자기로 된 술잔과 그릇 같은 매우 귀한 물건은 진상품일지라도 장만하기 쉽지 않은데, 강제로 요구해 사사로이 취한 적이 한두 번이 아닙니다. 게다가 친분이 두터운 사람에게 나눠주기까지 했으니 그 폐해가 이루 말할 수 없습니다."
>
> - 『중종실록』 51권, 중종 19년(1524) 5월 11일

하지만 임금은 경명군이 자기를 사사로이 쓴 게 사실인지 아직 확실히 알

수 없다며 징계를 미루었다. 자신을 지지하는 종친을 위한 배려였겠지만, 고위 관료의 원칙 위반에 대한 이런 느슨한 조치는 분원 자기소의 비리를 악화시키는 요인으로 작용했다. 현장에 파견돼 실무를 감독하는 번조관燔造官을 비롯한 하급관리들까지 전횡을 일삼고 횡포를 저질렀다.

> 사헌부에서 임금에게 아뢰었다. "사옹원 봉사奉事인 한세명은 번조관 직책을 수행하면서 외람된 짓을 많이 저질렀습니다. 수하에 있는 장인들에게서 사적으로 쓸 사기를 거두었고, 군인도 마음대로 놓아 보내고서 그 대가를 받았으니 매우 경악스럽습니다. 파면하고 다시는 벼슬자리에 임용하지 않도록 하소서." 그러자 임금이 아뢴 대로 처리하라고 일렀다.
>
> ─『중종실록』 93권, 중종 35년(1540) 5월 11일

임금은 사옹원 제조의 비리 때와 달리 번조관에 대해서는 파면은 물론 앞으로도 관직에 들이지 않는다는 엄한 처벌을 내린다. 종8품인 번조관은 임금이 굳이 특혜를 베풀만한 영향력을 가진 관직이 아니기도 했지만, 분원 운영이 갈수록 악화하고 있어 단호한 조처를 하지 않을 수 없었던 것으로 보인다. 하지만 이후에도 관리의 비리는 쉬 잦아들지 않았다. 억압과 수탈로 제조장에서 도망치는 사기장이 갈수록 늘어나 분원 자기소 운영 자체를 우려해야 할 정도였다. 이미 16세기 들어 분원 자기소를 이탈하는 사기장이 하나둘 늘어나면서 인력 운용에 곤란을 겪어왔는데, 이제는 대체 인력으로 보충하는 데도 한계에 봉착한 상태였다. 중종 38년인 1543년, 조정에서는 마침내 분원 사기소를 제대로 운영하기 위한 특단의 대책을 마련한다.

사옹원 사기장의 자손은 다른 직역職役에 배정하지 않고 그 직업을 세습하게 한다.

- 「공전工典 - 공장工匠」『대전후속록大典後續錄』

사기장의 직업 세습제는 15세기 후반에 편찬된 국가 경영의 기본법전인 『경국대전』에는 없던 규정이었다. 이제 법전에 명시해야 할 만큼 사기장 확보가 절실한 문제로 떠오른 것이다. 일정한 규모의 분원 사기장이 확보되지 않고서는 왕실과 국가기관에서 필요로 하는 고품질 도자기의 안정적인 공급을 기대하기 어려웠다. 경기도 광주에 사옹원 분원을 설치한 지 70여 년, 분원 자기소 운영이 일대 위기를 맞고 있었다.

경기도 광주 지역에 사옹원 소속의 분원이 설치된 시기는 연구자에 따라서는 그 상한 연대를 1430년대로 추정하기도 하지만 대략 1460년대 후반으로 보고 있다.[1] 광주에는 그 이전에 이미 관요 기능을 가진 자기소가 설치돼 있었던 것으로 보는데, 이 시기 들어 왕실에서 쓰는 자기를 전담해 제조했던 것으로 파악된다.

조선 초기 조정에서는 관어용 도자기 조달 방식을 종래의 공납 방식 대신 국가가 직접 생산과 유통을 관리하는 방식으로 전환했는데, 분원 설치는 그 결과물이었다.[2] 관의 직접 통제 없이 제조한 공납 방식의 도자기는 규격과 문양뿐 아니라 품질 면에서도 차이가 있어 고급 그릇으로는 한계가 있었으며 형태와 색채, 무늬 등 격식을 중시하는 의례용 그릇으로도 문제가 있었다. 조선은 국가 대소사에서 생활에 이르기까지 의례를 중시한 사회였는데, 이에 따라 격식과 품질을 갖춘 도자기를 지속해서 확보할 필요가 있었다. 이런 사회적 배경과 요인 아래 중앙 관서인 사옹원에서 직접 관할하는 도자기 제조장을 광주 지역에 설치했다.

이 무렵은 도자기에 대한 선호도가 청자에서 백자로 이행하던 시기이기도 했다. 맑고 소박하며 단아해 보이는 백자는 화려함과 일정한 거리를 두려 한 사대부의 취향을 충족시켰으며 예禮와 의義, 도리, 명분을 앞세운 유교 통치이념과도 어울리는 그릇이었다. 백자가 일종의 이념 표출의 도구가 된 셈이다. 성종 (재위 1469~1494)이 승정원에 백자 술잔을 하사하면서 남긴 말은 이런 지향점을 엿볼 수 있게 한다.

> 임금이 백자 술잔을 승정원에 하사하면서 이렇게 일렀다. "이 술잔은 맑고 흠이 없어 술을 따르면 티끌이나 찌끼가 다 보인다. 이를 사람에 비유하자면, 더할 나위 없이 공정하고 지극히 정당해 한 점의 허물도 없으면 선하지 못한 일은 절대로 용납할 수 없게 되는 이치와 같다."
>
> – 『성종실록』260권, 성종 22년(1491) 12월 7일

중국 사신 접대와 조공품으로도 상당량의 백자가 필요했다. 한편으론 왕실과 국가 의례 외에는 금으로 치장한 장식이나 은으로 된 그릇 사용을 원칙적으로 금지한 조선 초기의 정책도 백자 수요를 끌어 올렸다. 조선은 국초부터 금과 은을 명나라에 조공품으로 바쳐야 했기에 이에 대한 사용처를 제한할 수밖에 없었으며, 유기그릇의 원료인 구리 입수까지 어려워 자연히 도자기를 많이 쓸 수밖에 없는 실정이었다. 이 같은 현실 여건에 지배층의 이념 지향과 취향이 더해지면서 백자 수요가 급증했는데, 이러한 점이 중앙 관청에서 운용하는 자기 제조장을 설치하게 한 요인이 되었다.

경기도 광주 지역은 국가에서 운용하는 자기소를 조성하기 위한 최적의

장소였다. 양질의 도자기를 생산하는데 필요한 백토白土가 산출됐고, 수목이 무성한 산지가 있어 가마작업에 필수인 땔나무 공급이 어렵지 않았다. 수도인 서울에서 가깝고, 게다가 한강을 끼고 있어 수로를 통해 원료와 제품을 비교적 손쉽게 운반할 수 있다는 장점도 있었다.

서울의 사옹원에서는 번조관 1명을 광주의 분원에 보내 사기소 운영과 관리를 지휘하도록 했으며, 그 아래 원역員役 20명을 배치해 경영 실무를 맡겼다. 사기제조장에는 원칙적으로 380명의 사기장을 두도록 했지만 시대에 따라 그 수가 일정하지 않았다. 규정 인원을 밑돌 때도 있었지만 많을 땐 잡역까지 포함해 530명 가까이 이르기도 했다니, 분원 사기장 자체가 규모를 갖춘 별도의 마을을 이루고 있었던 것이나 마찬가지였다.[3]

경기도 분원 자기소와 도공들

분원 자기소에서 자기를 만드는 번조 작업은 분번입역제分番入役制로 행해졌다. 관공장으로 지정된 전국의 사기장들이 일정 기간을 정해 차례대로 돌아가며 일하는 방식이었다.[4] 한 번 입역해 일하는 기간은 시기에 따라 달라, 짧게는 3개월에서 길게는 6개월 단위였던 것으로 보인다. 이러한 입번 방식으로 결빙기인 겨울 2~3개월을 제외하고는 번조 작업을 쉬지 않고 계속할 수 있었다. 분원에서는 대체로 실력이 뛰어난 지방 장인을 선별해 사용원 소속 경공장으로 편성했는데, 이는 중앙과 지방의 자기 품질 차이를 가져오는 요인이 되었다. 왕실과 관청용 백자는 질과 장식기법이 발전했지만 지방에서 생산되는 자기는 답보 상태를 면하지 못했다.

중앙과 지방의 기술 격차가 갈수록 벌어지면서 대략 18세기를 전후한 시기엔 분번입역제가 흐지부지되고 분원 전속 사기장 제도가 차츰 정착돼갔다. 이후 분원 자기소에서 일하는 사기장은 분번이 아니라 고정해서 작업하게 하고, 그 외 사기장은 공역에서 제외되는 대신에 세금으로 포布를 바치도록 했다. 분원과 지방을 오가는 왕래의 불편을 해소한다는 뜻도 있었지만 우수한 기술자를 상시로 일하게 해 양질의 도자기를 확보하려는 목적이 디 컸다.

이제 분원에 전속된 사기장들은 명실공히 조선 최고의 도공들이었다. 이들은 당시 조선 사회에서 가장 전업적인 수공업자였으며 또한 가장 임금노동자적인 성격을 가진 장인이었다. 이들은 자기소 근처에 거주지를 마련해 그들만의 특수촌락을 조성했으며, 사기장 마을 나름의 생활문화를 일구어나갔다.

분원 자기소에서는 철저한 분업 체계 아래 도자기를 생산했다. 공정은 채취한 백토를 섬세하고 연하게 만드는 작업, 그릇을 빚는 물레작업, 유약을 입히는 작업, 가마작업 등에 걸쳐 크게 아홉 단계로 나뉘었다. 각각의 공정마다 숙련공이 배치됐으며, 이들의 주도로 일사불란하게 작업을 처리해나갔다. 이 같은 체계적인 분업과 협업체제로 생산성을 높이고 기술 향상도 어느 정도 꾀할 수 있었다. 하지만 분원 사기장들은 원료에서 형태와 문양, 색채에 이르기까지 조정에서 정한 제작 규범을 엄격히 준수해야 했으며, 이를 위해 사옹원에서 파견된 번조관이 제작의 모든 과정에 개입하고 작업을 감독했다. 이러한 작업관리는 규격에 맞는 양질의 자기를 만들어내는 데는 적합했지만, 사기장이 창의성을 발휘해 다양한 자기를 제작할 수 있는 여지를 막아버렸다.

사기장들이 1년 동안 분원에서 만들어야 하는 자기는 그 양이 만만치 않았다. 가례와 같은 왕실 행사에 사용하는 특수자기를 제외하고, 통례적인 번조인 예번의 경우 대체로 1300죽(1죽은 10개)에서 1370죽 정도를 생산했다. 1년에 두 번 진상하는 정기적인 진상 자기 외에도 중앙 각 기관에서 요구하는 도자기를 제공해야 했는데, 그 수량 또한 적지 않았다. 생산된 자기는 한강의 수로를 따라 운송해 왕실과 중앙 관청에 상납했다.

분원 자기소는 한 곳에 고정돼 있지 않았다. 대체로 10년을 주기로 광주 지역 내 여러 곳을 계속 옮겨 다니며 설치와 폐쇄를 반복했는데, 이는 가마작업에 필요한 땔나무 확보 때문이었다. 수목이 우거진 여러 곳의 산지를 땔나무 조달 지역으로 정해놓고, 적당한 곳을 골라 자기소를 옮겼다가 그곳에서 땔나무 공급이 어려워지면 다른 지역으로 옮기는 방식이었다.

> 우장척이 사옹원 관원과 도제조의 의견에 따라 임금에게 보고 문서를 올렸다. "지금 분원이 설치된 곳에서 서북쪽으로 15리쯤 떨어진 곳에 번소燔所(자기소)를 설치하기 적당한 곳이 있으니, 탑립동이라 합니다. 산을 뒤로하고 있으며, 앞에는 물이 있어 사람이 거처할 만하고 버려둔 땅이라 설치에도 큰 어려움이 없습니다. (…) 분원 사람들의 민심도 이곳으로 옮기길 원합니다."
>
> — 『승정원일기』 256책, 숙종 2년(1676) 8월 28일

대개 광주의 6개 면面에 있는 산지가 분원 자리로 이용됐으며, 옮겨간 뒤에는 새로 나무를 심어 다음에 다시 자기소를 설치할 수 있도록 했다. 그런데 분원이 설치되었던 곳을 주민들이 화전으로 개간하면서 숲을 다시 조성하기 곤란한 사태가 종종 일어났다. 그렇다고 살기 위해 밭을 일군 백성을 마냥 억누를 수는 없었다. 화전민을 쫓아내고 나무를 심기에는 민생정책 차원에서 보아도 큰 부담이 될 수밖에 없었다.

분원 자기소를 안정적으로 운영할 수 있는 장기적 안목의 대책 수립이 시급했다. 화전민에게 개간을 허락하되 세금 명목으로 땔나무를 바치게 하자는 방안이 강구됐으며, 이참에 아예 분원 자기소를 한 곳에 고정하자는 안도 나왔다.

조선시대에는 수공업 제조장이 판매시장이나 교통 여건을 참작하기보다 대체로 원료 산지를 따라 다니는 실정이었다.[5] 이동이 잦을 수밖에 없었으며, 이에 따라 시설이 임시적이었고 그 규모 역시 한계를 가질 수밖에 없었다. 이는

당시의 수공업 발전을 저해하는 큰 걸림돌이었다. 늘어나는 자기 수요를 맞추기 위해서는 이제 분원 자기소를 한 곳에 고정할 필요가 있었다. 게다가 이 시기 들어 사기제조장이 확장돼 분원을 이동하기에는 작업이 번잡하고 경비 또한 상당히 필요했다. 사기제조장 이설을 중단하고 한 곳에 정착시키자는 분원 고정론이 나오게 된 결정적인 이유는 화전민에 대한 배려라기보다 분원 운영의 효율성에 있었던 것이다. 그런데도 분원은 곧바로 한 지역에 붙박지 못하고 이후에도 한동안 광주 지역 여러 곳으로 옮겨 다녔다. 그러다 18세기 중반에 이르러서야 지금의 남종면 분원리에 고정돼 자리를 잡는다.

분원 도공의 비애

분원 사기장들은 사옹원에서 받는 급료로 생계를 꾸려갔다. 분원 장인에게는 대체로 1년에 포 4필正과 삭료 7석石을 주도록 했는데, 이는 규정에 불과했고 실제로는 분원 운영비 부족을 이유로 이보다 낮은 급료를 받았다. 관리의 횡포로 그마저도 제때 지급되지 않을 때가 있었고, 흉년이 들거나 전염병이 돌면 아예 급료를 받지 못하기도 했다. 최소한의 생활 유지를 위해 환곡을 대여했지만 생계 곤란에 대한 근본 대책이 될 수는 없었다. 조선 후기 들어서도 가난을 견디지 못한 사기장의 작업장 이탈은 낯설지 않았다.

> 사옹원에서 임금에게 보고했다. "본원(분원)의 사기장은 법전에 호수戶首와 봉족奉足을 합해 1140명으로 규정했는데 해마다 도망하거나 죽어 겨우 821명이 있을 뿐입니다. (…) 힘들긴 했지만 이번 봄에 진상한 그릇은 그런대로 격식을 갖추었습니다. 그렇지만 가을 진상은 난감할 따름이었다. 물력이 고갈돼 장인들이 손을 놓고 자리만 지키고 있는 실정입니다. 올해도 이미 반이 지났는데 그릇을 제대로 구워낼 길이 없습니다."
> – 『승정원일기』 7책, 인조 3년(1625) 7월 2일

빈곤에 분원 관리자들의 횡포와 수탈이 더해지면서 사기장들은 더 혹독한

작업 환경으로 내몰렸다. 규정 외의 자기를 만들라는 압박이 여전했으며, 제조 공정 감독과 검수를 빌미로 수탈이 자행됐다. 도자기를 납품할 때도 작폐가 극심해 궁궐 별감과 사옹원 서리가 뇌물인 인정잡비人情雜費를 요구했다.

조정과 사옹원에서는 사기장의 직업 세습제를 강조하고 도망친 사기장에 대한 형벌을 강화했지만 이탈자가 줄어들지 않았다. 생계 보장과 수탈 근절이라는 근본 처방이 없는 한 끝내 막을 수 없는 사태였다. 게다가, 관청의 묵인 아래 좀 더 편한 관서로 투속投屬하거나 국역을 옮기는 사기장까지 생겨나 분원의 인력 조달은 한층 어려워졌다. 힘든 도공 일을 피해 임금을 호위하는 어영군御營軍에 투속하는 사기장이 있었으며,[6] 군적 정비를 기회로 사옹원 소속 사기장 300여 명이 병조로 적을 옮기기까지 했다.[7]

더 큰 세력에 기댈 여지마저 없는 사기장들은 분원에 남아 고된 하루하루를 이어갔지만 기근이 들면 목숨마저 내놓아야 했다.

> 사옹원 관원이 임금에게 아뢰었다. "분원에는 입역 장인과 흙이나 장작을 운반하는 용역 인부가 모두 325명이며, 말을 끌고 매일 입역하는 자가 40여 명이 넘습니다. 그런데 기근이 날로 심해져 분원 내에서 굶어 죽은 자가 39명이고, 굶주리고 병들어 문밖출입을 못 하는 자가 63명이며 도망한 집이 24호에 이릅니다. 그 밖의 장인도 비참하기 이를 데 없어 강제로 일을 시키고자 하나 그릇 하나 만들 수조차 없는 실정입니다. (…) 사기장들은 농업이나 상업을 겸하지 않고 지방 사기장이 바치는 약간의 베와 사사로이 만든 그릇을 팔아 먹고사는데, 작년 가을에는 그릇을 만들지 못했습니다."
> — 『승정원일기』 370책, 숙종 23년(1697) 윤3월 2일

17세기 말 무렵엔 분원 사기장들의 경제적 고통이 극심해지면서 자기소 운영 자체가 불가능한 지경에 이른다. 그러자 조정에서는 사기장이 사사로이 그릇을 구울 수 있는 사번私燔을 공식적으로 허용한다. 공역 틈틈이 시간을 내어 도자기를 만들고 판매해 그 수익으로 생계를 해결하도록 했다.

사번 허용은 분원 사기장에게 기회이자 위기였다. 요령껏 도자기를 만들어 판매하면 생계 안정은 물론 재산까지 한몫 챙길 수 있겠지만, 그렇지 못하면 앞으로도 규정에 훨씬 못 미치는 급료에 기대어 궁핍을 견디며 살아야 했다. 불행히도 분원 사기장들은 후자의 경우가 대부분이었다. 공적인 번조가 없으면 사번 역시 불가능했고, 개인적인 도자기 판매는 시장 동향에 따라 그 판매량이 천차만별이어서 흉년이라도 들면 당장 하루의 끼니 마련조차 힘들었다. 더구나 이제는 사번 허용 정책으로 인해 제대로 된 급료를 내려달라는 요청조차 당당하게 할 수 없는 처지였다. 사번은 조정 대신들의 바람과 달리 현실에서는 그다지 효과적인 생계보완책이 되지 못했다.

기회가 될 수 있는 사번 운용도 사기장의 뜻대로 진척되지 않았다. 그나마 기회를 잡은 사기장도 얼마 지나지 않아 새로운 세력에 예속되는 처지가 됐다. 고급 자기를 찾는 사대부와 부자가 늘어나면서 자본을 가진 상인이 분원의 사번을 지배하기에 이른다.[8] 안정적이고 제대로 된 이윤을 내기 위해서는 규모를 갖춘 물력을 마련하고 유통망을 가져야 하는데, 이는 사기장 자력으로는 요원한 일이었다. 기댈 곳은 자본력을 갖춘 상인 계층뿐이었다. 상인들은 자금을 대는 물주로 사번 운영에 개입하다 점차 영향력을 확대해나갔다. 일부 상인 물주는 단순한 자본 대여자에서 벗어나 도자기 생산을 직접 관장하는 경영자가 됐으며, 사기장은 이들의 부림을 받는 장인으로 전락했다. 자기 시장이 커지고 왕실에서나 쓰던 질 좋은 고급 자기가 시중에 넘쳤지만 정작 이를 만든 사기장은 지난날의 궁핍에서 크게 벗어나지 못했다.

사번이 허용되었다고 해서 진상하거나 납품할 자기가 줄어들지 않았으며, 그에 따른 폐단 또한 근절되지 않았다. 노동 강도가 여전했으며, 바쳐야 하는 인정잡비도 없어지지 않았다. 분원 관리자들의 횡포와 억압이 잦아들지 않았으며, 고위관료의 사사로운 자기 제조 요구도 알게 모르게 계속됐다.

> 경기관찰사 서유방이 임금에게 문서를 올려 보고했다. "분원 도서원都書員과 편수를 조사하니 이렇게 자백했습니다. '이제조二提調 안춘군安春君이 53종의 물품 목록을 보내왔으며, 삼제조三提調 서청군西淸君은 28종, 사제조四提調 서춘군西春君은 21종의 물품을 요청했습니다. 그런데 이는 모두 의무적으로 올려야 하는 진상품이 아니라 별도로 요구하는 자기로, 모두 고급인데다 그 수효가 매우 많았습니다.'"
>
> ─ 「일성록」 정조 19년(1795) 8월 1일

폐단이 그치지 않고 상인 물주의 출현으로 사번이 성장해 진상 자기 조달에 어려움이 가중하자 조정에서는 분원 운영에 대한 새로운 방안을 내놓는다. 고종 21년인 1884년 들어, 궁궐과 관청에 자기를 납품할 공인貢人 12명을 선정해 이들에게 분원 관리와 운영을 맡기는 일종의 민영화 정책을 추진한다. 그러면서 분원 사기장들은 이제 공식적으로 공인 경영자의 고용인이 되기에 이른다.

공인들은 국가 납품용 외에 상품시장에 내놓을 양질의 도자기를 생산하기 위해 자본을 확충하고 시설을 늘리며 새로운 생산체제를 갖추어 나갔다. 하지만 우수한 기술과 막강한 자본력으로 무장한 일본과 중국을 위시한 외국 상인들과 힘겨운 상권 다툼을 벌여야 했다. 이들은 문호개방 이후 조선의 자기 시장을 이미 상당히 잠식한 상태였다. 공인 경영자들의 활로 모색은 당시 나라의 운명만큼이나 험난했으며, 분원리에서 조선 도자기를 만들던 도공들의 삶도 역경을 헤쳐 나가야 하는 고통의 여정이었다.

안성은 어떻게 유기鍮器 명산지가 되었나?

　　정조 1년인 1777년 초여름, 경기도 안성에서 오랫동안 유기鍮器를 만들어
온 도경춘은 자신이 운영하는 유기 수공업장을 김중옥에게 넘기기로 작정했
다.[9] 한동안 매매를 망설였지만 돈 쓸 일이 더 급했다. 매매가는 유기점鍮器店
건물과 유기를 만드는 기기器機에, 쓰다 남은 원료까지 합해 270냥이었다.

> 건륭 42년, 정미 5월 16일. 생원 김중옥 앞. 다음 사실을 글로 밝힌다.
> 　내가 요긴하게 쓸 일이 있어 구산리에 있는 유기점 초가 39칸, 기기 49좌座,
> 백철 126근, 동철 123근, 황철 273근을 270냥을 받고 옛 문서 2장과 새 문서
> 1장을 영영 넘긴다는 증서를 작성한다. 이후에 이 매매에 대해 다른 말이 나
> 오면 이 문서를 증빙 자료로 삼아 검토할 것.
> 　　　　　　　　　　　　　　　　－「도경춘과 김중옥의 유기점 매매문서」

　　도경춘이 운영한 유기점은 안성에서도 꽤 규모가 큰 수공업장이었다. 작
업장 건물 규모가 39칸에 이르며, 유기를 만들기 위해 고정적으로 설치한 생산
시설과 부속 도구인 기기가 49좌였다. 이러한 시설 규모로 미루어보면 도경춘
의 유기점에는 50명 내외의 유기 장인이 일을 했던 것으로 짐작된다.

　　18세기 후반 안성은 이름난 유기 생산지로 주목받고 있었다.[10] 규모를 갖
춘 수십 개의 유기 수공업장이 설치돼 제사에 쓰는 제기에서 식사할 때 필요한

반상기, 놋붓꽂이와 놋연적 등 문방구, 놋요강·놋화로·놋타구 등 생활용품에 이르기까지 다양한 유기제품을 만들어냈다. 조정에서도 안성 유기 장인의 실력을 인정해 혼례와 장례, 제례 등 왕실 의례와 행사에 필요한 유기 물품 제작을 맡겼다.

> 도감에 소속된 유기장 하천택이 청원서를 올렸다. "유기장 중 반합장 한석량과 박이복이 갑자기 병세가 위독해 부역할 수 없습니다. 이들을 대신해 솜씨가 뛰어난 유기 장인이 많이 있는 안성에서 장인을 차출해 일을 시키겠습니다."
> ─ 「삼방의궤三房儀軌」 『장조헌경후 가례도감의궤』

이 시기 들어 "튼튼하고 정교하며 다량으로 생산된다"는 안성 유기의 특징이 갖추어지면서 그 명성이 전국으로 퍼져 갔던 것으로 보고 있으며, 이와 함께 "안성맞춤"이란 말이 널리 일컬어졌던 것으로 파악한다. 이 "안성맞춤"은 안성 유기의 명성을 대변하는 용어로 자리 잡았고 이후 물품이 튼튼하거나, 요구하거나 생각한 대로 잘 만들어진 물품을 비유적으로 이르는 말이 되었다. 조건이나 상황이 어떤 계제에 잘 어울릴 때도 일반명사처럼 사용했다. 이러한 어휘 활용은 안성 유기가 그만큼 품질이 뛰어나고 또한 대중화되었다는 증거였다.

기록으로 보면, 조선 전기에 안성은 유기의 명산지는 아니었던 것으로 나타난다. 관공장 중심의 수공업 체제가 자리 잡았던 15세기에는 경기도에 3명의 유기 외공장이 있었지만 수원과 광주, 양주에 1명씩 배치돼 있을 뿐 안성과 인근 지역에는 외공장을 두지 않았다.

안성의 유기수공업은 조선 후기 들어 관영수공업이 쇠락하고 민간수공업이 활성화되는 시기와 궤를 같이해 발전해나갔다. 17세기 초에 이미 안성에는 유기수공업이 꽤 성황을 누렸던 것으로 드러난다. 1614년에 문신인 이식(1584~1647)이 안성의 유기점에서 묵었다는 기록이 보이는데,[11] 양반 관료가 숙박할 정도였다면 이 시기에 안성에는 유기 장인들이 모여 점촌을 형성할 정도로 민간 유기수공업이 활성화돼 있었다고 보아도 무방할 것이다. 18세기 후반들어 유기 물품이 보편화되면서 안성의 유기수공업은 발전을 거듭했으며, 19세기에는 평안도 정주와 함께 전국 제일의 유기 산지로 명성을 얻는다. 유기가 안성의 특산물로 널리 인정받았으며, 안성은 유기가 활발하게 거래되는 장시가 열리면서 대량 생산까지 겸하는 유기의 명산지로 확고하게 자리 잡는다.

안성을 유기제품의 최고 산지로 만든 요인으로 우선 지리적 환경을 꼽는다. 안성은 영남로와 호남로가 합쳐지는 길목에 자리 잡고 충청도와도 연접해 있어 삼남 지방에서 생산된 대부분의 산물은 안성을 통해야만 서울로 이송할 수 있었다. 안성은 물산의 집산지였으며 여러 도의 사람들이 모였다 흩어지는 교통의 요지였다. 이러한 곳에 상인이 모이고 큰 장시가 열리는 건 당연했다.

> 이조판서 김구가 임금에게 아뢰었다. "대로大路가 지나는 경기도 안성은 삼남의 요충지로 수공업 장인들이 모여들고, 장사꾼들 또한 앞다투어 모여들어 물품을 사고팝니다. 이 때문에 도적까지 들끓으니 안성 고을에 먼저 무신武臣을 수령으로 임명해 보내는 게 마땅한 줄 압니다."
>
> —『비변사등록』 53책, 숙종 29년(1703) 3월 17일

> 경기 어사 이규채가 임금에게 아뢰었다. "안성장은 서울 안의 시장보다 크며 물화가 집산하는 곳입니다. 이를 노린 도둑이 때로 달려들 정도여서 안성을 도둑의 소굴이라 일컫기도 합니다."
>
> —『영조실록』 66권, 영조 23년(1747) 12월 18일

안성 장시는 지역 시장권을 벗어나 큰 장시로 발돋움했으며 전국 15대 장시의 하나로 발전을 거듭했다. 서울에 각종 물품을 공급하는 배후지로 성장하면서 때로는 서울 시장의 물가와 물량을 좌우하는 영향력을 가진 대장大場으로 자리매김했다. 이런 안성장을 배경으로 여러 분야의 수공업 장인이 모여들어 점촌이 형성됐다. 유기점을 비롯해 종이를 제조하는 지점紙店, 갓을 만드는 입점笠店, 목제품을 생산하는 목수점, 쇠로 연장을 만들어내는 야점冶店, 가죽제품을 만드는 피점皮店 등이 들어섰다.

특히 놋쇠를 다루는 유기점은 다양한 품목을 생산하는 점으로 분화했다. 놋그릇을 만드는 일반적인 유점, 놋담배통과 놋장죽대를 생산하는 연죽점, 놋수저를 만드는 시점匙店 등이 성황을 이루었다.

이처럼 유기수공업이 안성 수공업의 대표 격으로 자리 잡게 된 배경에는 원료와 재료의 수급이 용이했다는 점도 빼놓을 수 없다. 조선 후기에 북부 지방의 구리 광산뿐 아니라 안성에서 멀지 않은 평택과 괴산 등에도 구리 광산이 개발되면서 유기 원료의 확보가 훨씬 쉬워졌다. 주물 방식의 유기를 만드는데 필요한 갯토 또한 안성천을 따라 충청도 아산만에서 어렵지 않게 조달할 수 있었다. 게다가 이 시기에 제례를 중심으로 한 유교화가 평민층으로 확산하면서 유기로 만든 제기의 수요가 증가한 사회 흐름도 유기 수공업 발전에 한몫했다. 이러한 사회경제적 변화가 뒷받침되고, 교통의 요지라는 입지 아래 장시가 번성하면서 안성 유기의 명성이 날로 높아질 수 있었다. 한편으론 유기수공업을 비롯한 여러 분야의 수공업이 함께 발전하면서 안성 장시의 규모를 더욱 확장했으며, 수공업과 상업의 이러한 상호 상승작용이 번화한 안성을 만들어냈다.

조선의 명장 – 경기도 안성의 유기 장인들

19세기 들어 안성에는 40여 개의 유기점이 들어서서 다양한 놋제품을 만들었다. 제작 방식은 크게 붓배기와 방짜로 나뉘었다. 붓배기는 구리에 주석이나 아연을 합금한 놋쇠를 용해해 거푸집인 주형에 부어서 만드는 주물 방식이며, 방짜는 구리와 주석을 섞어 고열에 녹인 뒤 두들겨서 만드는 방식이다. 형태의 다양성을 확보하기 어려운 방짜기술은 주로 놋대야나 놋요강 같은 큰 기물이나 징과 꽹과리 등의 악기를 만드는데 많이 쓰였다. 반면 붓배기는 촛대와 향로 같은 섬세하고 비교적 복잡한 형태를 가진 기물 제작에 유리했다. 안성 유기장들은 주로 붓배기로 유기제품을 만들면서 방짜 유기도 만들었다.

작업은 철저한 분업체제 아래 진행됐다.[12] 제조 규모와 기술 수준에 조응한 노동분업이 이뤄졌는데, 그 형태는 붓배기 유기와 방짜 유기가 달랐다. 붓배기는 유기 원료를 도가니에 넣고 녹이는 용해 작업, 갯벌 흙인 갯토로 주형틀을 만드는 작업, 쇳물을 주형에 흘려 넣는 성형 작업, 기물의 겉면을 깎아내고 다듬어 유기의 본색을 드러내는 가질 작업 등 크게 네 공정을 거쳤다. 붓배기 유기는 대개 5~6명으로 이뤄진 1개 작업반을 단위로 공정이 진행됐다. 대량 생산에 유리한 이 붓배기 제조법으로 안성 유기장들은 전국적인 유통망을 형성하고 제때에 물량을 공급할 수 있었다.

방짜는 크게 보면 용해 공정과 단조 공정, 가질 공정을 거치며, 세분하면 9단계의 공정으로 나뉘었다. 6명에서 많게는 11명으로 구성된 장인이 한 조를 이뤄 작업을 진행했으며, 여기에는 소탕·물판·풍구·가질대 등 10개의 기기가 필요했다. 18세기 후반에 49좌의 기기를 갖추고 유기점을 운영한 도경춘이 방짜기술로 제품을 만들었다면 4~5개 작업반에 많게는 55명의 장인이 필요했을 것이다. 방짜로 만든 유기는 좀 더 비싼 값으로 판매할 수 있었다.

안성의 유기 수공업자 중에는 생산한 제품을 시장에 내다 파는 상업 활동을 겸하는 자가 많았다. 안성 장시에 맞추어 서민용 유기제품을 대량 생산해 도매와 소매로 판매했는데, 이를 '전내기'나 '장내기'라 했다. 한편으론 왕실이나 서울의 양반가, 지방 부호의 주문을 받아 맞춤 유기를 제작했다. 소비자가 원하는 대로 만들어주는 주문생산 방식으로, 이를 '맞춤내기'라 했다. 이 맞춤내기로 만든 유기는 기교를 최대한 발휘하고 제작 기간 또한 오래 걸려 비싼 가격에 팔수 있었다.

규모를 갖춘 수공업장을 운영하는 안성의 유기장은 장인이자 상인이었으며 경영자이기도 했다. 18세기 이후 상인 역할을 겸하며 제조장을 운영하는 자영 유기수공업자가 점차 늘어났으며, 이들 중에는 수십 명의 장인을 고용해 유기 상품을 생산하고 판매해 이윤을 축적하는 이도 나타났다. 한편으론 유기제품 수요가 증가하면서 장인 출신이 아닌 일반 상인이나 하급 양반 신분의 인물이 유기 수공업장 운영에 뛰어들기도 했다. 도경춘에게서 수공업장을 인수한 생원 김중옥이 이러한 유형의 인물이라 할 수 있다.

일반 장인들은 지주에게 상기간 매여 부림을 받는 고공雇工과 달리 일용이나 월용 인부, 혹은 한 계절을 단위로 고용돼 일했다. 사전에 고용주인 점주와 노동 기간과 급료를 정하고 일을 하는 일종의 임금노동자 성격을 가진 장인으로, 이들은 임금인 품삯에 따라 수공업장을 옮겨 다니며 유기를 만들기도 했다. 이들이 유기 장인의 다수를 이루었다.

안성 유기제조업이 성황을 누리면서 유기장에 대한 대우도 이전보다 나아졌던 것으로 보인다. 생계가 보장되고 신분 또한 양인 출신이 많아 평민층 집안의 신랑감으로 꽤 인기가 있었던 것으로 짐작된다.[13]

하지만 안성 유기 장인들도 관료와 권세가의 수탈에서 자유로울 순 없었다. 실학자 유형원이 『반계수록』에서 지적했듯이 관아에서 강제로 불러다 과도한 부역을 맡겼으며, 권세를 가진 양반 또한 일을 시키고 제대로 보수를 주지 않을 때가 종종 있었다. 이런 실정에서 안성 유기장들 사이에서는 "유명해지면 망한다"는 경계의 말이 떠돌았다고 한다. 우수한 기술이 알려져 관료나 양반 권세가에게 불려가길 두려워했던 심정의 표현이자, 안성 유기장에 대한 관행화된 착취의 현실을 대변하는 말이기도 했다.

수탈 폐해는 갈수록 심해졌다. 관료의 부정부패가 극심하던 19세기 세도정치 하의 수탈 현실을 안성 유기장들도 피해가지 못했다. 예를 들면, 왕실이나 중앙 관청에서 유기 10벌을 제조해 올리라고 하면 관료들이 그 몇 곱절을 더 만들게 해 이득을 취했다. 횡포와 억압에 대응하기 위해 유기장을 비롯한 안성의 장인들은 수령이 부임하면 불망비不忘碑를 세워 과도한 수탈을 사전에 막으려 했다고 한다. 선정을 기려 그 은혜를 영구히 잊지 않겠다는 19세기에 세워진 한 영세불망비는 오히려 안성의 수공업 장인이 처했던 힘든 현실을 짐작하게 한다.

우리 군수는 참으로 청렴결백해 은혜를 입지 않은 자 누가 있으랴. 여러 문서가 토지를 위한 것이나 수공업 장인이 특히 큰 은혜를 입었도다.

– 「군수정후만교영세불망비郡守鄭候晩教永世不忘碑」

19세기를 전후한 시기에 경기도와 충청도의 읍 지역에서는 장인세匠人稅 내는 곳을 찾아볼 수 없는데 안성에서는 이를 정기적으로 납부해 오고 있었다. 다른 지역보다 수공업 제품을 그만큼 많이 만들어 높은 수익을 올렸다고 볼 수 있지만, 전국의 여느 세금과 마찬가지로 규정에 덧붙여 요구하는 뇌물이 더 큰 어려움이었다. 이런 처지에서 때로는 수령이나 그 아래 관료와 결탁해 수취와 억압을 덜어보려는 시도가 없지 않았을 것이다. 당시 전국의 점촌에 만연했던 것처럼, 관료와 짜고서 일정한 뇌물을 정기적으로 상납하고 각종 신역을 경감받거나 면제받는 계방촌 지정을 추진했을 수도 있었을 것이다. 안성 수공업촌 지역에는 19세기에 다수의 영세불망비가 세워지는데, 이들 불망비가 계방촌 지정을 염두에 두고 수령과의 원만한 관계를 형성하기 위한 목적에서 설치되었을 것이라 조심스레 추정하기도 한다.

농업경제에 기반을 둔 조선 사회에서 수공업은 제도와 정책 면에서 여러 가지 제한과 한계를 가질 수밖에 없었다. 농업 인구가 수공업 분야로 지나치게 흘러드는 걸 극히 경계했으며, 수공업 정책도 농업의 근간을 흩트리지 않는 선에서 입안되고 행해졌다. 전부는 아니지만, 안성을 비롯한 수공업촌의 번성에 심한 우려를 드러내는 국왕과 조정 대신들의 언행도 적지 않게 찾아볼 수 있다. 거기다 관료와 권세가의 수탈이 거의 관행처럼 행해져 수공업 장인의 미래를 옥죄었다. 이러한 요인들은 결국 조선의 수공업이 큰 이윤을 축적해 대규모 산업체제로 발전하는데 장애물로 작용했다.

이런 현실 여건에서도 안성의 유기장들은 안성맞춤이란 말을 전국의 백성들 입에 오르내리게 하며 조선의 수공업 진전을 이끌었다. 그들의 손과 발이 있어 백성의 생활이 그나마 조금은 더 윤택해질 수 있었다. 도구를 사용해 물건을 만드는 데 인간의 본질이 있으며, 거기서 동물과 인간이 차별된다고 하는 호모 파베르Homo Faber의 거침없는 후예이기도 했던 그들은 조선의 진정한 명장이었다.

8장

경기 상업을
진작하라
상인

동해안 어물을 확보하라
– 경기 상인과 서울 시전상인의 난투극

민간상인들, 조선의 특권 상인인 시전상인에 대항하다

장시 활성화와 조선의 상업 발전

경기 장시와 상업은 어떻게 번성할 수 있었나?

동해안 어물을 확보하라
– 경기 상인과 서울 시전상인의 난투극

추석을 열흘쯤 앞둔 1805년 8월 초순, 손도강은 수하의 상인 20여 명과 함께 동해안 원산에서 사들인 어물을 말에 싣고 서울로 향하고 있었다.[1] 손도강은 정부의 허가 없이도 큰 자본을 보유하고 전국적인 유통망을 갖추어 상업 활동을 하는 이른바 사상도고私商都賈에 속한 상인이었다. 경기도 광주의 삼전도(지금의 서울시 송파구 삼전동 지역)에 거주하며 수년 전부터 생산지에서 건어물을 매집해 서울과 인근 지역 민간상인에게 도매로 넘겨 큰 이윤을 남겨오고 있었다. 이번에 매집한 북어와 대구, 김은 평소보다 수요가 많이 늘어나는 추석 시장에 내놓을 물품이었다.

> 손도강은 원래 서울에 살던 부호였는데, 경강京江(한성부 관할 지역 내의 한강) 근처로 거주지를 옮겨 서울과 그 인근 경기지역을 드나들며 상거래를 해오고 있다. 양주와 광주에 사는 부호와 계약을 맺어 수천만 금을 마련한 뒤에 함경도 원산 지역의 어물 생산지에 가서 선박째 어물을 사들여 쌓아두고서 가격을 조절했다. 한편으론 양주와 포천 등의 중간유통 요지에서 북어를 매집해 자의로 난매하고 있다. (…) 손도강은 경기도 양주와 광주의 요로要路에서 난전亂廛하는 자들의 우두머리이다.
>
> – 『각전기사各廛記事』 인권人卷, 1804년 2월

조선 후기 서울과 경기지역에서 활발하게 활동한 상인은 크게 보아 시전市廛 상인과 사상私商으로 나뉜다. 국가에서 관리하는 상인 명부인 전안廛案에 등록 된 시전은 왕실과 관아에서 필요로 하는 물자를 조달하고 그 대신에 일정한 물품을 독점해서 매입하고 팔 수 있는 전매권을 부여받았다. 전안에 등록되지 않은 일반 민간상인은 사상私商이라 했다. 이들이 시전에만 매매를 허락한 물품을 사고팔 경우, 시전상인은 이를 난전으로 규정해 상행위를 금지할 수 있었다. 그뿐만 아니라 소유한 물품을 압수하고, 거래 물품에 대해 일정한 세금을 거둘 수도 있었다. 이를 금난전권禁亂廛權이라 했다. 물품 판매를 허가받지 않은 상인이 상거래 행위를 함으로써 시장질서를 문란하게 한다고 해서 이들 상인의 상행위나 가게를 난전이라 부르며 일정한 규제를 했던 것이다.

손도강은 서울과 가까운 양주 지역에 들어서면서 일행에게 짐을 실은 말 사이의 간격을 줄이고 주위를 잘 살피라는 지시를 재차 내렸다. 그 자신 어느 때보다 긴장된 모습이 역력했다. 아니나 다를까, 손도강 일행이 양주의 퇴계원 (지금의 경기도 남양주시 퇴계원면)에 이르렀을 때 건장한 장정들이 길을 막고 나섰다. 서울시전의 상인들로 어물전 상인이 대다수였다. 이들은 다짜고짜 달려들어, 시장에서 거래되는 값을 쳐줄 테니 자신들에게 어물을 모두 넘기라고 막무가내로 요구했다.

하지만 손도강은 단호하게 거래를 거부했다. 서울에 자리를 잡고 있는 중간상인과 매매 약속이 돼 있기도 했지만 손도강 입장에서는 이들 시전상인에게 물건을 넘겨야 할 법적인 의무도 없었다. 손도강이 상업 근거지로 적籍을 두고 있는 삼전도와 시전상인이 거래를 요구하는 이곳 퇴계원 지역은 한성부에서 관할하는 구역이 아니었다. 서울 시전의 금난전권을 혁파하는 1791년의 신해통공 뒤에도 생선을 매매하는 어물전과 명주를 취급하는 면주전綿紬廛, 종이를 파는 지전紙廛 등 예닐곱 곳의 대규모 시전은 여전히 금난전권을 보유하고 있었지만, 이 지역은 그 권한이 미치지 않는 곳이었다. 금난전권을 행사할 수 있는 지역은 도성 내와 그 바깥 10리 지역으로, 원칙적으로 한성부 관할 구역에 한정돼 있었다.

다급한 쪽은 서울 시전의 어물전 상인들이었다. 이들은 원산과 통천 등지의 동북부 지방 건어물이 제대로 반입되지 않아 추석 시장에 내놓을 건어물 물량을 확보하지 못하고 있었다. 이해 들어서도 경기지역의 민간상인들이 생산지와 인근 집산지에 가서 건어물을 대규모로 사들이거나, 생산지에서 중간상인이 가져오는 건어물을 양주와 포천 지역에서 매입해 시전을 통하지 않고 바로 서울의 민간상인에게 넘겨버렸기 때문이다. 어물전 상인들은 손도강이 건어물 매입에 나섰다는 정보를 입수하고 서울로 들어오는 유통로 길목인 퇴계원 지역을 둘러보다 이날 이들을 찾아냈고, 보자마자 대뜸 자신들에게 건어물을 판매하라고 몰아세웠던 것이다. 흥정 분위기가 처음부터 거칠었던 데는 물량 부족이 그만큼 심각했던 탓이 컸다. 손도강 일행이 이끄는 말에 실린 건어물이 무려 50여 바리에 달할 정도여서 더 흥분했는지도 모른다.

어물전 상인들은 자신들은 국가 공인을 받은 상인이고, 게다가 뒷배를 봐주는 권세가까지 두고 있다는 말을 넌지시 흘리며 윽박지르듯 매매를 재차 요구했다. 하지만 손도강은 처음부터 이들에게 건어물을 넘길 의사가 없어 보였다. 대치는 그리 오래가지 않았다. 말투가 거칠어지며 실랑이가 일었고, 흥정은 곧바로 폭력 사태로 치달았다. 무리의 수가 많고 무기까지 지닌 손도강 일행이 물리력 행사에서 우위일 수밖에 없었다.

무려 수십 명의 사람이 별다른 말도 없이 순식간에 둘러서서 마구 때렸습니다. 심지어 칼을 빼 들어 꾸짖으며 욕까지 해댔습니다. 이런 횡포에 못 이겨 도피한 적이 이번만이 아닙니다. 만약 이들의 상행위를 엄하게 금하지 않으면 시전상인은 제대로 장사할 수 없어 결국은 끼니조차 잇기 힘들 정도로 궁색해질 것입니다.

- 『각전기사各廛記事』 인권人卷, 1805년 8월

조선 후기 서울과 경기지역 상업계는 시전상인과 사상 간의 충돌이 잦아지면서 갈수록 그 경쟁 양상이 험해졌다. 서울 경강 유역과 경기도 광주와 양주 등 도성 바깥에 위치한 상권이 커지고, 이 지역에 자리 잡은 사상도고가 성장을 거듭하면서 시전은 이전의 영향력을 점차 잃어갔다. 특히 18세기 중반 이후엔 금난전권이 미치지 않으면서 서울과 인접한 송파와 누원 등 경기지역 사상의 성장이 두드러져 이들은 대규모 자본을 앞세운 매점매석으로 막대한 이득을 올리고 권력층과의 결탁을 통해 상권 다툼에서 유리한 입지를 확보해나갔다.[2]

삼전도와 인근 송파 장시를 근거지로 활동한 손도강이 그 대표적인 인물이었다. 그는 퇴계원 난투 사건 2년 전부터 난전을 몰래 행했다는 이유로 어물전 상인으로부터 여러 차례 한성부에 고발되었다. 하지만 그때마다 자신을 난전이 아니라 이리저리 돌아다니며 물건을 파는 행상行商이라 내세우며 석방되곤 했다.[3] 이러한 승소에는 조정의 고위관료나 권세가의 힘이 작용했음은 물론이다.

시전상인을 폭력으로 제압하고도 대규모 상행위를 거침없이 해나간 손도강의 영향력을 고려하면 이 시기 서울과 경기도의 상업 판도는 국가에서 특혜를 부여한 도성 내 시전상인이 아니라 도성 밖에 거점을 둔 경강과 경기지역 사상이 주도하고 있었음을 어렵지 않게 짐작할 수 있다. 시전 체제가 점차 와해하면서 사상도고가 장악한 새로운 유통체계가 수도와 경기도의 유통과 상업 전반을 좌우하는 시대로 이미 접어든 것이다. 서울과 인접한 경기지역 민간상인이 주도한 이 시기의 상업은 구매독점권과 판매독점권이라는 조정의 공식적인 지원 아래 가능했던 조선 초기 이래의 시전 체제와 그 성격을 달리했다. 이들은 자체 자본력과 조직력을 갖추고, 일정한 한계를 갖긴 했지만 상인 간 경쟁에 의한 이윤창출이라는 새로운 상업 판도를 조성했다.

민간상인들,
조선의 특권 상인인 시전상인에 대항하다

조선 초 조정에서는 서울 도심에 시전 행랑을 건설해 이를 상인에게 임대했다. 1412년에서 1414년에 걸쳐 진행된 시전 조성은 시장 구역과 가게 배치를 정비해 도성 내 상행위를 효율적으로 관리하려는 상업정책의 하나로 추진된 사업이었다. 그 이전 도심에는 여러 종류의 가게가 뒤섞여 혼잡했는데, 이를 정비해 종루와 그 주변 지역을 시전 구역으로 정하고 상품 종류별로 전廛을 배치했다.

이 시전에서는 주로 부유층이 필요로 하는 생필품과 사치품을 판매하며 일종의 상가 대여료인 공랑세와 영업세의 하나인 좌고세坐賈稅라는 세금을 냈다. 한편으론 왕실 관혼상제나 국가 행사에 필요한 물품을 충당했다. 때로는 국가 공역에 필요한 인력 동원에 나섰으며, 조공품과 중국 사신이 요구하는 물품 조달도 맡았다.

이런 부담에 대한 반대급부로 받은 전매권 규정에 따라 시전 각 상인에게는 독점 판매하는 물품이 지정돼 있었다. 비단을 파는 선전線廛이 있었고, 무명을 취급하는 면포전綿布廛이 있었다. 상전床廛에서는 잡화를 팔았으며, 목기전木器廛에서는 나무로 만든 그릇을 매매했다. 시목전柴木廛에서는 땔감을 판매했다.

이들 시전은 동업조합을 조직해 상권을 보호하고 이익을 꾀했으며, 가게 운영에 대한 세습권까지 인정받았다.

시전은 특혜와 보호를 받는 만큼 나라의 간섭과 통제 또한 받아들여야 했다.[4] 조정에서는 시전을 장악함으로써 국가 운영에 필요한 물품 조달은 물론 도성의 물가와 상품 유통에 관련된 실물경제를 의도대로 조정하려 했다. 나아가 서울 시전을 전국의 상업과 유통을 장악할 수 지렛대로 삼으로 했다. 경제 통제라는 국가권력의 통치전략과 안정적이고 지속적인 이윤을 추구하려는 상인의 이해가 맞아떨어지면서 시전은 성장을 거듭할 수 있었다. 시전에는 물품을 사고파는 사람의 이기만이 아니라 통제하고 질서 지우려는 권력의 욕망까지 간여하고 있었다.

하지만 상인들은 관료와 대등한 관계에 서서 상행위를 영위할 순 없었다. 조선 지배층은 상업을 무조건 억압해야 할 산업으로 취급하지는 않았지만, 사회 유지에 필요한 물품 유통이라는 선에서 상행위를 제한하고 규제하는 방책을 상업정책의 기본으로 삼았다. 농업을 산업의 근간으로 두고 이를 보완하는 한도 내에서 상업의 효용성을 인정했다. 이는 농업생산력에 기반을 둔 사士 중심의 신분질서 사회를 유지하려는 목적에서 나온 상업관이자 정책 방향이었다.[5] 상공업이 융성해 중인층과 평민층에서 큰 재산을 가진 다수의 자산가가 나오면, 이들이 보유한 부와 그에 따른 사회적 영향력은 정치적 힘으로 전환될 수 있었다. 이들이 경제력을 바탕으로 기존 지배층이 가진 권력을 좌우할 정도로 힘 있는 계층으로 성장하면 그때에는 양반 중심의 사회질서가 보장되리란 법이 없었다. 조선의 위정자들이 두려워 한 것은 바로 자본의 권력화였다. 이런 배경 아래, 조정에서는 상인의 성장과 자본축적을 일정 선에서 제한하기 위해 국가가 상품 생산과 유통을 통제하고 관리하는 정책을 펼쳤다. 결국 시전은 양반 우위의 신분제 사회를 유지하기 위한 통제정책의 산물이었던 셈이다.

이러한 상업정책의 근간은 상인 신분층에 대한 차별을 불러왔다. 상인은 벼슬자리에 오르지 못하게 했으며 일상생활에서도 여러 가지 제약을 가했다. 옷차림으로 신분을 드러내도록 하고 가죽신발 착용을 금지했다. 넓고 화려한 가옥과 네 사람이 메는 가마 같은 사치 생활도 엄하게 다스렸다.

신분 비하는 수탈과 횡포를 동반했다. 관청에서는 세금을 과도하게 징수해 착복했으며, 권력을 등에 업은 왕족과 양반관료가 터무니없는 가격으로 물품을 요구했다. 심지어 아예 물품값을 주지 않기도 했다.[6] 이러한 횡포에서 벗어나거나 더 큰 이득을 챙기기 위해 일부 상인은 뇌물을 바치며 권력층과 결탁했다.

> 승정원에서 임금에게 아뢰었다. "부유한 상인인 김득부가 (왕실에서 필요한 물품을 관장하는 제용감의 관료인) 김정광에게 뇌물을 주었습니다. 그 대가로 고급 포 대신에 굵은 포를 바쳤습니다. 그런데도 의금부에서는 잡아 가두지 않고 사건 자체를 덮어버리려 했습니다. 국문하도록 하소서."
>
> — 『성종실록』 6권, 성종 1년(1470) 7월 6일

15세기 후반에 시전이 확대됐지만 서울 주민이 필요로 하는 물품을 충당하기에는 여전히 무리였다. 수요가 있는 곳에 공급이 있기 마련이어서, 민간시장에는 다양한 계층의 사람들이 상업 활동을 펼쳤다. 골목이나 동네 어귀에 여항소시閭巷小市라는 소규모 시장이 열려, 생계가 어려운 주민이 채소나 수공업 제품을 팔았다. 서울 외곽에 거주하는 주민이 직접 기른 곡물과 채소, 과일을

팔았으며, 서울과 가까운 경기도 지역의 농민과 어민도 농산물과 어물을 들고 나와 난전을 벌였다. 제조한 물품을 직접 판매하는 수공업자가 늘어났으며, 훈련도감의 군인이 상거래에 뛰어들고 권세가의 하인이 난전을 펼쳤다. 시전 유통체계에서 중간상인 역할을 하는 중도아中都兒까지 직접 소비자에게 물품을 판매하며 난전에 가세했다.

17세기 후반에는 민간시장 자체가 크게 확장됐다. 남대문과 서소문 밖을 중심으로 미전米廛과 상전, 어물전 등이 조성돼 칠패시장이라 불리며 서민을 상대로 갖가지 생필품을 팔았다. 18세기 중반에는 서울 동쪽 지역에 이현시장이라 일컫는 정기시장이 형성된다. 곡물과 어물, 목재 등 전국의 물화가 몰려드는 서울지역 한강변은 물류 집산과 유통의 중심지로 발돋움한다. 선박으로 상업 활동을 펼치는 선상업船商業과 물화를 실어 나르는 운수업이 성장했으며, 이에 따라 물품을 취급하는 중개상인의 영향력이 커지고 미전과 어물전 등의 점포를 운영하는 상인이 늘어났다. 이들을 서울지역 한강을 뜻하는 경강에서 활동하는 상인이라 해 경강상인이라 했다.

이처럼 조선 후기에 난전이 성행하고 민간시장이 확대되자 조정에서는 시전에 금난전권을 부여해 이들 사상을 통제하려 했다. 금난전권이 출현한 17세기 초반 이후 시전상인은 한층 강화된 특권을 행사할 수 있었지만 이전 시기보다 더한 부담을 감수해야 했다. 공랑세와 좌고세를 내지 않는 대신에 사신 접대와 국가 제례, 궁궐 수리 등에 필요한 물자와 비용을 국역의 하나로 바쳐야 했다. 왕실 대소사와 조정 운영에 필요한 물품과 인력 충당도 강화됐는데, 이는 시장가격을 제대로 반영하지 않아 여전히 수탈 성격이 강했다. 그런데도 시전에서는 정치권에 매달릴 수밖에 없는 처지였다. 상권을 넓히고 세력을 확장해

가는 난전 상인과의 경쟁에서 우위를 지키려면 금난전권에 기대지 않을 수 없었다.

금난전권은 상층 지배층과 시전상인 외의 대다수 백성에게는 불편한 정책이었다. 전매품으로 인한 독점가격 책정이 공고화되면서 물가를 상승시켜 백성의 살림살이 형편을 어렵게 했다. 영세한 소상인과 난전이 영업하는 데 곤란을 겪었고, 민간 수공업자는 원료나 재료 구매에 지장을 받았다. 시전상인이 금난전권을 휘두를수록 그 외의 상인층과 소비자의 불만이 고조됐으며 저항도 거세졌다.

18세기 중엽에 이르면 갈등은 최고조에 이르고, 조정에서는 특단의 조치를 하지 않을 수 없는 상태에 이른다. 결국 18세기 말에는 육의전을 제외한 시전의 금난전권을 폐지한다. 이를 두고 상업 통제와 특권 부여라는 경제정책 운용이 크게 변모했다고 보기도 하지만, 일부 시전에는 여전히 전매권을 인정함으로써 정치권력과 금권의 결탁이라는 상업정책의 본질은 변화하지 않고 존속됐다. 육의전의 금난전권은 갑오개혁이 단행된 1894년에 가서야 폐지된다.

장시 활성화와 조선의 상업 발전

　　서울을 벗어난 전국 향촌의 상업 실상은 어떠했을까? 우선, 여러 곳을 드나들며 물품을 매매하는 행상行商의 활동을 들 수 있다. 이들 중에는 곡물과 어염魚鹽, 수공업 제품 등을 다량으로 확보해 지방을 돌아다니며 본격적인 거래를 하는 상인도 있었다.[7] 조정에서는 이들에게 상업세 성격의 세금을 거두었다.

　　행상에게는 통행증인 노인路引을 발급하고 세를 받는다. 육지로 다니는 장사치에게는 매달 종이돈 8장씩을 받고, 수로로 다니는 장사치 중에서 큰 배를 가진 자는 100장, 보통 배를 가진 자는 50장, 작은 배를 가진 자는 30장씩 받는다.

- 『경국대전』 2권, 호전 - 잡세雜稅

　　이들 행상은 호조에 등록하고, 관청에서 발급하는 일종의 영업허가증인 노인을 지참해야 합법적인 상업 활동을 펼 수 있었다. 조정에서는 행상의 상행위에 대해 기본적으로 통제 중심의 시책을 펼쳤으며, 향촌에서 정기적으로 열리는 장시場市에 대해서도 마찬가지 정책을 시행했다. 고려시대에 지방에 개시됐던 장시는 조선 개국 초의 강도 높은 억상정책抑商政策으로 소멸된 것으로 보는데, 15세기 후반에 이르면 흉년을 당한 전라도 무안과 나주 지역을 중심으로 장시가 개설된다.[8] 아니나 다를까, 조정에서는 "근본인 농사에 힘쓰고 말업末業인 상업을 억제한다"는 무본억말務本抑末을 내세워 전라도 지역에 열린 장시를 폐지한다.

> 호조에서 임금에게 아뢰었다. "전라도 관찰사 김지경이 이렇게 보고했습니다. '도내 여러 고을 백성이 장문場門이라 일컬으며 매월 두 차례 길거리에 무리 지어 모여 물건을 사고팝니다. 비록 자신이 가진 물건을 다른 사람의 물건과 바꾸는 정도의 거래라 하나, 이는 근본을 버리고 말末을 따르는 작태입니다. 게다가 장문이 열림으로써 물가가 올라 이익은 적고 해가 많으므로 모든 고을의 장문 개설을 금했습니다'. 이에 청하옵건대 관찰사에게 명을 내려 다시 엄중히 금단하도록 하소서." 그러자 임금이 이를 따랐다.
>
> — 『성종실록』 20권, 성종 3년(1472) 7월 27일

모든 관료가 장시 설치를 반대하는 건 아니었다. 흉년에는 구황에 유익하다며 기근이 든 시기에만 장시 설치를 허락하자는 의견을 내놓는 지방관도 있었다.[9] 이런 분위기에서 16세기 전반에 들면 삼남을 중심으로 향촌 곳곳에 장시가 하나둘 들어선다.

사실 장시 개설은 무조건 틀어막기에는 힘든 사회적 대세였다. 인구가 증가하고 농업생산력이 향상되면서 농촌 유통경제의 기반이 확대됐으며, 지주제의 진전으로 농촌을 이탈한 농민과 생계를 잃은 유민이 상업에 종사할 예비군을 이루고 있었다. 수공업 분야에서도 물품 생산이 증가해 상품거래의 필요성이 점차 높아졌다. 위정자의 의지와 금압 정책만으로는 사회 여러 분야의 변화에 따른 장시 증가 추세를 되돌릴 수 없는 현실이었다.

조정에서는 금압 일변도의 시책에서 한 발 물러나 장시와 행상의 규모를

일정한 한도 내에서 유지하는 규제 정책을 꺼내 든다. 지속적인 장시 확산과 행상의 증가를 틀어막겠다는 조치였다. 하지만 조정의 의도와 달리 17세기에 이르면 장시는 전국으로 확산했고, 한 장시에서 장이 서는 빈도가 높아져 오일장까지 늘어나는 추세였다.

> 사헌부에서 임금에게 아뢰었다. "각 고을에 장시가 적어도 서너 곳은 열립니다. 오늘은 이곳에 서고 내일은 이웃 지역에 서며 그다음 날에는 다른 지역에 열리니 한 달 동안 장이 서지 않는 날이 없습니다. 이로 인해 도덕과 의리는 내팽개치고 부정한 이익만을 취하려는 풍조가 심해지니 매우 염려됩니다. 그러니 해당 관아에서 규칙을 마련해 각 지방 관청에서 이를 기준으로 삼아 장시를 규제할 수 있도록 하소서. 큰 고을은 두 곳, 작은 고을은 한 곳에서 한 달에 세 번 열도록 하되, 모두 같은 날 개시하도록 하고 그 외는 모두 금지해 민심을 진정시키소서."
>
> - 『선조실록』 212권, 선조 40년(1607) 6월 24일

조정에서는 장시 증가 추세를 어느 정도 받아들이지만 규제와 통제라는 정책원칙은 거두지 않는다. 이후에도 고위 관료층에서는 시장이 농업을 위축시키고 물가를 높이며, 근면한 기강을 해치고 도적 무리를 들끓게 한다며 장시 규모를 줄일 것을 지속적으로 건의했다.[10] 그러면서도 한편으론 장시를 지방재정 수급의 한 방편으로 삼아, 장시를 출입하는 상인에게 장세場稅를 징수했다. 이는 장시 개설과 장시에서의 사사로운 거래행위를 공식적으로 인정하는 것과 다를 바 없는 조치였다.

조선시대의 장시는 고려시대의 주현州縣 관아 부근에 열린 정기시定期市와 달리, 읍치뿐 아니라 촌락과 산곡 지역에도 설립됐다. 다양한 상인층이 거래를

주도하고 거기에 농민과 수공업 장인까지 매매에 참여해 국가의 억압과 규제 조치를 견뎌낼 수 있는 인적 기반이 마련된 상태였다. 이런 요건에 힘입어 장시는 성장을 거듭했으며, 18세기 후반에 이르면 대부분 오일장으로 자리를 잡는다. 실학자 이익은 당시의 장시 현황을 이렇게 전한다.

> 지금 군현에는 저자가 점차 많아져 장시는 반드시 한 달에 여섯 번 개설된다. 무릇 20~30리 사이에 오일장이 하루도 비는 날이 없다.
>
> – 이익, 「인사문人事門 – 치도治道」『성호사설』

이 무렵 전국에는 1000여 곳에 달하는 장시가 개설돼 있었다. 시장 개설이 증가하면서, 한 지역에는 닷새에 한 번 장이 서지만 군현 단위에서 보면 거의 매일 장이 열리는 것과 마찬가지였다. 이 시기에 확립된 오일장 체제는 상설시장의 기능을 어느 정도 수행하고 있었던 셈이다.

장시의 확산은 물산 유통과 상업의 여러 측면을 크게 변화시켰다. 장시와 장시 사이에 연결망이 생기면서 여러 고을을 묶는 대규모 지역 시장권이 형성됐다. 유통되는 상품의 종류가 늘어나고 유통 범위가 전국에 걸쳤다. 선박을 이용한 상품 수송이 늘어나면서 포구가 상품 유통의 중심지로 떠올랐다. 상업 중심지에는 위탁매매와 보관업은 물론 금융업까지 겸하는 객주와 여각이 등장해 성장을 거듭했다. 금속화폐가 유통을 원활하게 하는 지불수단으로 비교적 널리 이용됐으며, 일부이긴 하지만 어음도 활용됐다.

경기 장시와 상업은 어떻게 번성할 수 있었나?

　　경기도는 삼남 지역과 비교해 장시 성립과 발전이 더딘 편이었다. 개국 이래 조정에서는 경기지역의 장시 설립을 다른 지방보다 한층 엄격하게 금지했다.[11] 수도 서울에 물자를 원활하게 반입하기 위해 이런 특별한 금압정책을 펼쳤는데, 소비도시인 서울은 외부에서 물자가 지속해서 유입되지 않으면 도시 유지가 불가능한 곳이었다. 경기지역에 장시가 열리면 지방의 물자가 이곳에서 활발하게 유통돼 서울로 반입되는 양이 줄어들 수밖에 없었으며, 이를 고려해 경기도 백성들은 생산품을 가지고 서울을 드나들며 물물교환이나 매매를 하도록 했다. 하지만 이런 금압 조치에도 불구하고 16세기 후반에는 곡물과 어염, 수공업 제품 거래를 중심으로 한 소규모 장시가 나타났으며, 1592년의 임진전쟁을 거친 뒤에는 부쩍 늘어나는 추세였다.

　　비변사에서 임금에게 아뢰었다. "경기도에 함부로 시장을 열지 못하도록 했는데, 이는 경기 백성이 토산물을 서울에 가져와 사고팔게 해, 물품 생산과 유통, 소비 면에서 서울과 경기가 서로 의지할 수 있도록 하려는 데 따른 조치였습니다. 그런데 근래 경기지역에 시장이 들어서고 그 수가 차츰 많아져 서울로 물자가 유통되는 길이 이전만큼 원활하지 않습니다. 그러니 경기 감사에게 명령을 내려 개성 이외의 경기지역에서 열리는 시장은 모두 폐쇄하도록 하는 것이 마땅할 듯합니다."

- 『선조실록』 129권, 선조 33년(1600) 9월 26일

하지만 금압과 규제로는 경기지역의 장시 증가 추세 또한 막을 수 없는 실정이었다. 18세기 중반에는 경기지역 각 고을에 걸쳐 100여 곳에 오일장이 개설되며, 이런 추세는 19세기에도 계속됐다.[12] 대규모 장시 면에서 보면, 이 시기 경기도는 다른 도와 비교해 오히려 한층 빠른 성장세를 보였다. 1808년에 편찬된 『만기요람』에는 인근 오일장을 묶으며 지역 상품 유통의 거점 역할을 하는 15곳의 대장大場을 소개하는데, 이중 4곳이 경기지역 장시였다. 광주의 송파장과 사평장, 안성의 읍내장, 교하의 공릉장이 그것으로, 이는 전국 대장의 거의 30%에 이르는 수치다. 경기도는 삼남 지역보다 장시 성립이 늦었지만 18세기 이후에는 급속한 발전을 이루었던 것이다.

당시 경기도 내의 몇몇 지역을 묶는 장시권의 평균 면적은 118제곱킬로미터로 장시 밀도가 높은 편이었다. 또한 장시권의 평균 반경은 주민들이 대부분 하루 내에 장을 볼 수 있는 거리여서 경기지역 전체에 걸쳐 다수의 장시망이 상당히 긴밀하고 촘촘하게 형성돼 있었다. 장시와 유통거점이 확장하고 상인층이 증가하면서 광주와 안성, 양주 등은 신흥 상업도시의 성격을 가진 고을로 성장했다.

경기도가 조선 후기에 상업 분야에서 이처럼 급속한 성장을 이룰 수 있었던 요인은 무엇일까? 우선, 물자유통의 요지라는 경기도의 입지를 살펴볼 수 있다. 경기지역은 육로뿐 아니라 수운 교통의 요지이기도 했다.

조선시대엔 수로가 발달해 남해안과 서해안을 통한 해운海運과 함께 한강·낙동강·금강·대동강 등 큰 강을 이용한 하운河運이 물품 수송로로 이용

됐다. 대규모 물품 운송에 유리한 수운은 각 수로의 요지마다 포구를 발달시켰으며, 이곳을 중심으로 점차 시장권이 형성됐다.

한강과 임진강이 흐르는 경기지역은 서울로 향하는 전국의 수운이 거쳐야 하는 수로 교통의 요지였다. 또한 경기만 일대의 수산물과 소금 생산 해역, 동북부 지역의 임산물 산지, 한강 연안과 평야지대의 곡물 생산지가 수로의 요지에 들어선 포구의 영향권 아래 놓여 있었다. 이런 요건 아래 경기도 내 포구가 상업의 중심지로 떠오른다. 서울과 인접한 한강 유역에 자리 잡은 광주의 송파와 사평, 남한강 유역에 위치한 여주 백애촌, 임진강 지역의 징파도와 고랑포가 대표적인 상업 포구라 할 수 있다.

이들 포구를 중심으로 장시가 개설되기도 하고, 한편으론 인접한 내륙의 장시에서 활동하는 상인들도 포구를 드나들며 상행위를 벌였다. 19세기 초반 경기도 내 장시를 해역과 유역 기준으로 살펴보면, 서해안을 따라 8곳의 장시가 자리 잡고 있었으며 진위·안성천 유역에도 8곳 정도의 장시가 들어서 있었다.[13] 임진강 유역에는 20여 곳, 한강 유역에는 50여 곳의 장시가 설치돼 활발한 상업 활동이 펼쳐졌다. 특히 한강 수로는 경기도 내 광주와 양주, 여주, 연천은 물론 충청도와 강원도의 일부 포구까지 하나의 상업권역으로 통합하고 있었다.

나라 안에서 한강이 가장 크며 그 근원이 멀어 조수潮水를 많이 받는다. 동남쪽으로 청풍의 황강·충주의 금천과 목계·원주의 흥원창·여주의 백애촌, 동북쪽으로는 춘천의 우두촌·낭천(지금의 화천 지역)의 원암촌, 정북쪽으로는 연천의 징파도에 배편이 서로 통한다. 이곳에서는 장삿배가 외상거래를 한다. 오직 한양이 좌우로 바닷가의 배편과 통하고, 동쪽과 서쪽에 있는 강으로 온

나라의 물자를 수운하는 배들이 모여드는 이로움이 있다. 그리하여 이익을 얻어 부자가 된 사람이 많으니 이곳이 으뜸이다.

- 이중환, 「복거총론卜居總論 - 생리生利」『택리지』

경기도 내 한강 유역에 자리 잡은 포구는 3도에 걸쳐 형성된 한강 상업권역의 요충지로 물산의 집산지였다. 게다가 수도 서울을 배후시장으로 두어 상품매매까지 활발하게 펼칠 수 있어 18세기 이후 신흥 상업지대로 급속한 발전을 이룰 수 있었다.

수운 요지와 일부분 조응하는 경기도의 육로 요충지는 어떨까? 18세기 후반에 편찬한 『도로고道路考』에서 서울을 기점으로 하는 6개의 육로를 언급하는데, 이 모든 교통로가 경기도를 경유한다. 경기지역은 삼남과 경기 이북지역의 물산이 집산하는 길목을 두고 있으며, 이 교통로의 요지에 장시와 유통거점이 들어서면서 상업이 번성할 수 있었다.

평안도 의주에서 서울을 잇는 대로에는 개성과 고량포가 상업지역으로 두각을 나타냈다.[14] 개성은 고려에 이어 조선시대 들어서도 전국 유통망을 가진 상업의 근거지이자 국제무역의 중심지이기도 했다. 장단의 고량포는 임진강 유역에 자리한 포구 상업의 중심지로, 파주·적성·연천·장단·마전 등 경기 북부 지역의 농수산물과 임산물 대다수가 집하되는 물류 집산지였다. 서해안이나 한강을 거친 상선이 드나들며 물품을 실어날랐고, 소금과 어물, 잡화를 공급하는 시장으로도 호황을 누렸다.

함경도 경흥에서 덕원부를 거쳐 서울에 이르는 대로에는 양주의 누원(다락원)과 포천의 송우(솔모루)가 자리 잡고 있었다. 덕원부의 원산에 집산된 동해안의 어물은 서울에 반입되기 전에 송우와 누원을 거치게 돼 있었다. 이런 입지 여건 아래, 어물상을 비롯한 여러 상인이 모여들면서 송우와 누원은 동북지방 어물 유통의 거점으로 떠올랐다. 송우장은 읍내인 포천장보다 장세가 컸으며, 어물뿐 아니라 소시장으로도 유명했다. 누원의 상인들은 광주의 송파상인과 연계해 상행위를 펼치기도 했으며, 18세기 후반에는 도성 내의 어물상권을 위협하는 상인세력으로 부상했다.

> 비변사에서 임금에게 글을 올렸다. "양주의 누원 점막은 어물을 매매하는 상인이 왕래하는 요충지입니다. 이 양주 점막에 속한 소위 점한이라 일컫는 자들이 도성으로 들어오는 어물을 모조리 도거리로 매집합니다. 도성 안으로는 중도아와 체결하고 밖으로는 송파장과 결탁해 거래함으로써 누원을 어물 유통의 거점으로 만들고 그 이문을 독차지합니다."
>
> — 『비변사등록』 165책, 정조 6년(1782) 8월 7일

강원도 평해(지금의 경상북도 울진 지역)에서 삼척과 강릉을 거쳐 서울에 이르는 육로에는 당시 광주부에 속한 양수리의 마현이 주목된다. 북한강과 남한강이 만나는 곳에 자리한 마현은 물화의 집산처였다. 북한강 일대의 생산물이 화천과 춘천, 가평을 경유해 집하됐으며, 남한강 지역의 생산물은 충주와 원주, 여주를 거쳐 이곳에 닿았다. 이 일대에는 양수리장과 경안장, 우천장이 개설돼 상인과 구매자를 끌어모았다. 특히, 도자기 생산지인 분원리와 인접한 우천장은 도자기 제작과 관련한 운송업으로 장시 활성화를 이끌었다.

경상도 동래(지금의 부산 지역)에서 충청도와 경기도를 거쳐 서울에 닿는 대로에는 송파장과 안성장이 번성했다. 서울과 가까운 송파는 충청도와 강원도의 어느 곳에서나 왕래할 수 있는 교통의 요지였다. 한강 상류에서 내려오는 물

화의 집산지로, 상품 유통의 지역거점인 큰 장시가 형성돼 있었다. 이곳에는 경강상인뿐 아니라 도성 내 상인과 중개상인이 모여들어 한창 번성할 때는 무려 300여 곳에 이르는 객주가 호황을 누렸다. 전국의 지방을 오가는 행상들까지 모여들어 송파장은 매일 상거래가 이뤄지는 상설시장이나 다름없었다.

삼남으로 통하는 요충로에 위치한 안성은 조선 후기에 "한강 이남의 도회를 이루었다"고 할 정도로 상업도시로서 번성을 누렸던 곳이다. 유기와 제지, 피혁제품 등 다양한 수공업품을 생산하는 전국 제일의 점촌이 형성돼 있어 상인뿐 아니라 수공업자와 행상의 발길이 끊이지 않았다. 안성은 읍내장을 중심으로 양성의 현내장과 평택의 관문장 등 인근 군현의 6개 장시를 묶는 대규모 시장권을 형성하며 경기 남부지역의 상업경제를 주도했다. 1794년 무렵 안성장에서 거두는 장세場稅가 720냥에 달했는데, 이는 당시 경기도 32개 군현 가운데 가장 많은 액수였다.[15] 세금 액수로 보면 18세기 후반 경기도에서 가장 큰 시장이었다고 할 수 있다. 도성 내에 있는 시장보다 크다는 말이 공공연히 떠돌았으며, "안성에는 서울보다 두 가지 상품이 더 많이 판매된다"는 말이 회자할 정도로 거래되는 물화의 양이 대단했다고 한다.

전라도 해남과 서울을 잇는 대로에는 안산 일대의 포구와 수원 장시가 돋보였다. 수원은 18세기 말에 정조가 새 읍치를 건설하고 화성華城을 쌓아 계획도시를 조성하면서 경기 이남의 주요 상업지대로 부상했다. 새 읍치 내에 서울과 개성에 설치된 시전과 유사한 상설시장을 개설했으며, 도시기반시설을 조성하고 거주민 확대를 위한 지원책으로 인구가 늘어나면서 상업 활성화의 기반이 마련됐다. 상업 진흥을 위해 이주비용과 자금을 제공하고 일정 기간 세금을 면제하기도 했다. 서울에서 수원까지의 도로망까지 확충되면서 유동인구가 증가하고 유통되는 물화의 양이 증대하면서 수원은 점차 상업도시로서의 면모를 갖추어나갔다. 수원 새 읍치에는 상설시장 외에도 북문외장과 남문외장이라는 장시가 열렸으며, 인근 지역에는 오산장과 세람장 등 모두 7곳에 오일장이 열렸다. 수원 시장은 삼남에서 안성을 거쳐 서울로 이어지는 상품 유통로의 기착지 역할을 맡기도 했다.

안산 지역에는 당시 광주부에 어물과 소금을 공급하던 성곶리가 포구 상업지로 발전했다.

> 수리산에서 남쪽으로 나온 맥이 서남쪽으로 가다가 광주부 성곶리에 이르러 그치니, 이곳은 생선과 소금이 생산되는 갯마을이 되었다. 근해의 장삿배가 제법 모여들고, 주민은 생선 판매를 업으로 삼아 부유하게 산다.
>
> – 이중환, 「팔도총론八道總論 – 경기」『택리지』

강화도에서 서울에 이르는 대로에는 한강 하류의 수로를 낀 통진과 김포, 양천 등에 포구가 발달했다. 또한 이곳 포구와 연계된 부평과 강화 지역이 비교적 상업이 번성한 곳이었다.

경기도의 상업 융성을 이끈 근간은 무엇보다 수운과 육운이라는 교통망이었다. 수운을 낀 포구와 전국으로 통하는 대로 인근에 개설된 장시가 물산의 집산지로 떠오르면서 상인이 모여들고 물품 매매가 활발하게 이뤄졌다. 이를 기반으로, 인근 여러 장시를 묶으며 대규모 시장권역으로 발돋움한 읍은 상업도시로 성장해나갈 수 있었다.

이 지역에는 인구가 늘어나고 생산물 거래의 수요가 증가하면서 채소와 과일뿐 아니라 담배와 고추 같은 상업 농작물 재배까지 성행했다.[16] 18세기 후반엔 개성과 용인, 강화 등에서 인삼이 재배돼 국내 장시 거래는 물론 청나라에 수출되기에 이른다. 이와 함께 인삼과 담배, 마포 등 상업적 농업을 전업으로 삼는 농가가 점차 늘어났다. 상업의 발달이 농작물 재배의 활성화로 이어져 농업의 진전까지 이끌었던 것이다. 장시 활성화는 수공업 발전을 이끄는 요인이기도 했다. 안성의 유기와 광주의 도자기, 강화의 화문석, 고양의 세면포 등이 경기지역 장시와 연결돼 유통되면서 수공업 제품 생산이 늘어났다. 이렇게 증가한 수공업 제품과 상업 농작물은 이번엔 상품거래를 늘리고 유통경제를 활성화해 상업 발달을 뒷받침하는 요인이 됐다. 상업과 수공업, 농업이 서로 영향을 끼치며 함께 발전해나가는 생산적 순환고리가 형성된 것이다.

경기지역 상품거래를 활성화하고 지역 내 장시를 전국 유통망과 연계해 상업 발전을 이끈 다수의 상인은 경기도 곳곳에 근거지를 두고 활동한 보부상들이었다. 조선 전기에는 단순히 '행상'이라 불렸던 이들은 일정 권역 내의 오일장을 돌며 생산자와 소비자를 이어주고 물품을 유통한 장본인이었다. 상인조합을 결성해 조직을 갖추고 엄격한 규율 아래 상업 활동을 펼쳐나갔으며, 일부는 전국 장시를 무대로 상행위를 펼치기도 했다. 그 행로에서 지름길을 찾아내 새로운 교통로 개설에 일조했으며, 고을 사정과 정보를 전하는 문화전파자 역할도 맡았다.

경기지역 상업 발달에서, 삼전도와 송파 장시를 본거지로 활동한 손도강 같은 사상도고의 역할을 무시할 순 없을 것이다. 그렇다 하더라도 발품을 팔고 입담을 풀며 저잣거리에 나섰던 영세한 보통 상인들에게 더 많은 몫을 돌려야 하리라. 이고 지고 상품을 날랐던 보부상의 발길, 수공업 제품을 들고 장거리에 나앉았던 장인의 손길, 농작물이나 어물을 팔기 위해 저잣거리를 찾았던 가난한 백성의 하루하루가 있어, 끝내 모두 풀리지는 않았던 상업 천시 풍조와 규제와 통제라는 상업정책 아래서도 경기 상업의 진전이 이뤄질 수 있었다.

9장

경기도의
상인세력과 정치권력
상인

개성상인 김중재 표류 사건의 전말

영조 28년(1752) 2월 20일, 상선商船이 충청도 은진현의 강경포구에 닿았다. 개성의 예성상 포구를 출발한 지 이레 만이었다.[1] 승선자는 모두 13명으로 중간 규모의 상선이었다. 상선의 선장이자 상단을 이끄는 김중재는 선원들에게 잠시 휴식을 취하라 이른 뒤, 곡물을 거래하는 중개상을 만났다.

수운을 통한 이번 행상은 이곳 강경포에서 쌀을 매집해 동해안의 포구로 가서 매매한 뒤, 그곳 생산지의 어물을 사들여 10월에 개성으로 돌아가는 여정이었다. 자본은 충분했다. 개성의 부상富商인 김진철이 물주로 나서 2200냥을 출자했고, 선박은 개성에 거주하며 균역청 일을 보는 김칠봉이 내놓았다. 개성 남면에 거주하는 김중재는 이번 상단의 현지 관리자로 모든 물품 거래를 책임졌다. 수하에는 노 젓기와 하역작업에 갖가지 잡일까지 맡은 선원 12명을 두었다. 이렇게 상단을 꾸리고 여러 포구를 드나들며 산물을 매입해 다른 지역에 팔아 이익을 남기고자 했다. 김중재는 선상船商이자, 개성에 상업 본거지를 두고 전국을 무대로 행상을 벌이는 이른바 개성상인에 속한 인물이었다. 개성상인은 중국과 일본을 연결하는 중개무역으로도 부를 쌓아 국제적인 명성을 얻은 상인세력이었다.

김중재는 강경포에서 쌀 540석을 구매한 뒤, 5월 초에 경상도 영일현 포항에 입항했다. 우선 매입한 쌀 일부를 명태 50동同과 교환해 식주인食主人인 박수돌에게 맡겨두었다. 박수돌은 개성 상단의 지점 격인 상방商房을 관리하는 고용인이기도 했다.[2] 이후 김중재는 미역 340동을 구입해 윤9월 중순에 강원도 삼척을 향해 돛을 올렸다. 삼척에서는 미역을 팔아 1500냥을 남기는 한편 여러가지 잡어雜魚를 매입했다.

미역과 잡어를 실은 그해 10월 1일, 김중재는 뱃머리를 돌려 개성으로 향했다. 예성강 하구에서 상선을 띄운 지 7개월 10일 만이었다. 하지만 이번 행상의 운은 여기까지였다. 김중재 일행은 귀향 항해를 시작한 지 닷새째 되는 날, 경상도 장기 앞바다에서 광풍을 만나게 된다.

> 10월 1일에 개성을 향해 출항했다. 그런데 10월 5일 장기 앞바다에 이르자 돌연 광풍이 일었다. 야밤이라 배를 통제하기조차 힘들어 실은 짐을 모두 바다에 던졌다. 그 와중에 앞뒤 돛대가 부러졌는데, 강진 출신의 선원 김대단이 그만 그 돛바람에 휩쓸려 바다에 떨어져 죽었다. 시신이 어디 있는지조차 알지 못할 정도로 위급했다. 가까스로 뭍에 닿을 때까지 대양을 표류했다.
> — 『전객사일기典客司日記』 11권, 1753년 6월 21일

불시에 닥친 재난이었다. 수개월 동안 고생해 마련한 어물을 포기해야 했고 선원까지 목숨을 잃는 불상사가 겹쳤다. 귀향과 이문은커녕 당장의 연명이 문제였다. 하지만 김중재의 '일생의 운'이 모두 바닥나지는 않았던 모양이다. 조선 후기 외교 관련 업무를 기록한 『전객사일기』는 이들의 생존 사실을 전한다. 김중재 일행은 망망대해에서 표류하다 일본까지 떠내려갔고, 거기서 구출돼 이듬해 경상도 동래부로 송환된다. 관원이 저간의 사정과 표류 사실을 조사해 기

록함으로써 후대에까지 개성상인 김중재의 행상 행적이 알려질 수 있었다.

　이 시기 김중재의 행적은 조선 후기 상업에 대해 두 가지 사실을 전한다. 그가 보여준 경기도와 충청도, 경상도, 강원도를 잇는 선상 행로는 18세기 중반에 이미 전국 규모의 시장권이 형성돼 있었음을 알려준다.[3] 다른 하나는 개성상인의 주요 활동 영역이 기존에 알려진 것보다 더 넓었다는 사실이다. 흔히 개성상인의 주요 활동무대를 평안도 의주와 경상도 동래를 연결하는 국제무역 시장과 육로를 통한 전국 장시 시장권에 두는데, 18세기 중반 개성상인 일부는 수운을 이용한 전국의 포구 시장권까지 진출해 있었다. 경강상인이 포구 시장권을 장악한 주된 상인이고, 개성상인은 주로 육로를 통해 장시 시장권에서 강력한 영향력을 행사했다는 그간의 단선적인 이해를 재고하게 한다.

개성주민은 왜 상업에 치중했나?

     경기도의 개성상인은 다른 지역의 상인과 달리 팔도에 지점이나 유통거점을 두고 활동하는 전국 규모의 상인집단이었다. 장시와 포구는 물론 일본과 무역거래를 하는 동래부의 왜관, 청나라와 교역하는 북방 국경지대를 아우르고 중국까지 넘나드는 드넓은 무대에서 활약한 상인세력이었다. 활동 분야도 금융과 농업, 제조업에까지 미쳤다. 개성에서는 17세기 후반 상평통보가 발행되기 이전부터 화폐를 사용했으며, 조선 후기에는 신용화폐의 일종인 환換과 어음을 거래에 활용했다. 중개인을 매개로 담보 없이 신용에 바탕을 둔 금융 대부까지 가능했다. 인삼재배업과 홍삼제조업에 뛰어들었으며 광산개발에 투자하기도 했다.

     개성상인에 대한 조정 대신들의 태도와 개성지역에 대한 경제정책 방향도 남달랐다. 상업억제정책을 유지한 조선 왕조에서 개성지역만은 개국 초를 제외하고는 상업 활동을 비교적 폭넓게 용인했다. 개성주민들 또한 말리末利라며 천시하는 상업이윤을 드러내놓고 추구했다. 농업을 근본으로 삼고 상업을 말업이라 규정해 상행위를 철저하게 통제한 조선 사회에서 어떻게 개성지역만은 이 무본억말의 정책 기조에서 어느 정도 벗어날 수 있었던 것일까? 개성주민 대부분이 상업에 종사하며 활동 영역을 넓혀갈 수 있었던 사회적 배경과 요인은 무엇일까?[4]

조선을 건국한 태조는 개국 후인 1394년에 수도를 옮기면서 고려의 도읍지였던 개성(개경)에 거주하는 주민을 서울로 이주시킨다. 이 천도와 개성주민 이주사업은 지난 왕조의 기반을 무너뜨리고 새 나라의 토대를 마련하기 위한 정치적 결단이자 국가 규모의 정책사업이었다. 고려 지배층이었던 권문세족의 인맥은 개성을 중심으로 얽혀 있었으며, 개성은 이들의 재력과 권력 행사를 뒷받침하는 사회적 기반으로 작용했다. 태조는 지난 왕조의 수도를 버림으로써 기득권 세력을 지탱하는 한 축을 허물어뜨리고자 했다.

개성의 상업세력은 고려 지배층의 권력 행사를 지지하는 가장 강력한 토대였다. 고려시대 개성은 수십만의 인구가 정주하는 수도이자, 국내상업은 물론 중국 송나라와 일본, 아라비아 국가와 교역하며 무역으로도 번성을 구가한 큰 도시였다. 개성 중심부 도로 좌우에는 조정에서 설치한 1008칸(間)에 이르는 시전 행랑이 조성돼 상업 활동을 이끌었다. 상인들은 일정한 세금을 내고 시전 건물을 빌려 쓰며, 개성주민이 쓸 생활용품을 판매하고 관부에서 필요로 하는 수요품을 조달했다. 국내상업과 대외무역이 연계되면서 교환경제가 발전을 거듭하는 가운데 왕실과 권문세족이 상업에 개입하고, 이 특권층과 연계된 상인이 유통계를 장악하고 있었다. 고려 후기에는 일부 상인이 관직에 진출해 사회적 지위를 높이고, 이를 바탕으로 세력을 확대하기도 했다. 개성은 상업과 무역의 중심지였으며, 권력층과 결탁한 개성의 상인세력은 전국의 상권을 지배하며 고려 상업의 중추를 이루고 있었다.

그런데 이제 새로운 정치세력이 상인을 포함한 개성주민을 강제로 서울에 이주시키면서 개성의 상인세력은 그 영향력을 잃어갔다. 천도 5년이 지난 1399년에 개성으로 수도를 다시 옮기면서 이전 왕조의 경제기반을 무너뜨리기 위한 이주정책이 주춤하지만, 그 6년 뒤인 1405년에 태종이 서울로 재천도를 단행하면서 개성의 상권은 다시 쇠퇴의 길로 내몰린다. 태종 또한 개성주민을 서울로 이주시키는 정책을 펼쳤는데, 관원을 제외한 일반 주민과 상인에게는 힘으로 강제하지 않고 유인책을 통해 이주를 촉진하는 방책을 썼다. 개성에 시장을 열지 못하게 해 상인의 생계 터전을 없애고 주민의 생필품 구매를 어렵게 함으로써 개성주민의 서울 이주를 유도했다. 시장 개설 금지정책은 상당한 효과를 보았는데, 4년 뒤인 1409년에 개성의 인구가 크게 줄어들자 비로소 시장 개설을 허용한다.

> 개성유후사(개성부)에서 임금에게 글을 올렸다. "옛 도읍지(개성)에서는 수공업 장인과 장사치가 섞여 살면서 그 있고 없는 것을 서로 교환했는데, 도읍을 옮긴 이후로 시장 개설을 금지했습니다. 이로 인해 곡식으로 잡물을 사고 파는 일은 없는데 부유한 상인과 노회한 장사치가 돈과 곡식을 많이 쌓아두고 물가를 조절합니다. 때로는 뒷거래로 매매를 하기도 합니다. 쌀값이 뛰어오르고 귀해져 인구가 날마다 줄어드니 민가가 호젓하고 쓸쓸할 정도입니다. 중국 사신이 오가는 곳인데 보기에도 좋지 않습니다. 그러니 부유한 상인과 큰 장사치 가운데 이사하려 하지 않는 자는 새 도읍으로 강제로 이주시키고, 이제는 시장을 열게 해 나머지 주민이 편하게 물품을 거래할 수 있도록 하소서." 그러자 임금이 그대로 따랐다.
>
> - 『태종실록』 17권, 태종 9년(1409) 3월 3일

조정에서는, 주민 이주로 정상적인 상거래 관행이 무너지면서 개성의 상업기반이 눈에 띄게 약화하자 그제야 민생을 위한다며 시장을 열게 했는데, 그나마 개성에 남아 있는 부유한 상인을 강제로 이주시킨다는 조건을 붙인 허용

이었다. 이는 앞으로의 개성상권 확장과 상인세력의 성장을 막기 위한 보완 조처였다. 주민의 생활을 위한 적절한 선에서의 상업만 허용하고, 고려 지배층의 물질적 기반을 제공했던 상업세력이 발흥해 다시 사회에 큰 영향력을 미치는 사태를 사전에 철저히 막고자 했다.

그런데도 일부 상인은 개성에 잔류하며 조선 조정의 상업정책에 동조하지 않는 행보를 보였다. 관리 출신자와 학자 등 지배계층으로 분류될 수 있는 개성 사람 모두가 조선 개국세력의 이주정책에 참여한 것도 아니었다. 조정에서는 이주정책에 호응하지 않는 개성주민을 새 왕조에 충성하지 않는 자로 지목해 이들에게 과전科田 혜택을 부여하지 않는 불이익을 주기도 했다. 이에 개성의 상층 주민들은 과거 응시를 기피하며 나름의 저항 의식을 드러냈는데, 이러한 불응은 개성지역 출신자들의 관직 진출을 막는 한 요인이 됐다.

이제 잔류한 개성주민들은 농사를 짓거나 장사를 하며 생계를 유지해야 했다. 그런데 개성은 다른 지역과 비교해 농경지가 상대적으로 적어 다수의 개성주민은 상업에 종사할 수밖에 없는 실정이었다.

> 개성부 유수留守 김영유가 임금에게 아뢰었다. "흉년이 들어 여러 도道에서 상거래를 일절 금했습니다. 개성부는 백성은 많은데 논밭이 적어서 풍년이 들어도 상업이 아니면 생활해 나가기 힘든 실정입니다. 거래되는 물품은 주로 겨울옷과 면포, 농구 등으로 모두 민간에 절실하게 쓰이는 것들입니다. 본부(개성부)에는 보유한 곡식이 적어 빈민을 구제하기가 매우 어려우니, 상거래를 허락하소서."
>
> - 『성종실록』 181권, 성종 16년(1485) 7월 26일

개성은 고려시대부터 상인과 수공업자가 주민의 다수를 차지하는 상공업 도시로서의 면모를 갖춘 곳이었다. 개성상인들은 고려 때 조성된 도로와 건물, 포구 등 상업 기반시설을 이용해 나름의 상행위를 이어갈 수 있었다.

조선시대 개성에 문을 연 시전은 고려의 시전을 물려받아 상설점포로 운영됐다. 조선 초에 행한 시장 폐쇄 조치로 고려 때보다 규모는 상당히 축소됐지만, 상인들은 시전을 운영하며 개성지역의 상업 활성화를 꾀했다. 이들 시전상인은 도매상과 좌상坐商을 겸한 부유한 상인층으로, 개성부에 상업세의 일종인 상고세商賈稅를 내고 그 대가로 금난전권을 행사했다. 이처럼 조선 개창에 참여하지 않은 상업세력 일부는 고려의 상업전통을 이으며 개성의 상업경제를 이끄는 주축으로 차츰 성장해나갔다.

한편으론, 조선 초기 개성상인 중에는 소외당한 고려 왕조의 사대부를 비롯한 지식인 계층 출신의 인물이 일부 포함돼 있었다. 지식과 견문을 갖춘 이들은 합리적인 경영체제로 상단을 운영하고 상술 개발에 주력하며 개성 상업의 진흥에 한몫했다.

> 개성은 고려의 옛 서울로 한양과 가깝고, 서쪽으로 중국과 물화를 교역해 화려한 것을 숭상하는 풍속이 있으니, 아직도 고려의 유풍이 남아 있다 하겠다. 왕조 개창 뒤 개성의 유민들이 복종하지 않자 나라에서 이들을 포기하고 관직에 등용하지 않았다. 이런 연유로 고려 사대부의 후예들이 학문을 포기하고 상인이 되어 몸을 숨겼다.
>
> ─ 이익, 「인사문人事門 ─ 생재生財」 『성호사설』 8권

개성주민 중에는 행상을 업으로 삼은 사람이 많았다. 대체로 시전이나 가

게를 운영하지 못하는 개성상인들이 행상에 나섰는데, 부자가 자금을 대고 이들 가난한 상인은 이 자본을 바탕으로 지방을 돌아다니며 물품을 거래했다. 이들은 전국을 활동무대로 삼았으며, 초기에는 육로를 이용한 장시 유통에 치중했으나 이후에는 수로를 통한 포구유통에도 힘을 쏟음으로써 점차 활동반경을 넓히고 유통 장악력을 강화해나갔다. 개성의 상인 남성들은 대부분 겨울철을 제외하고는 개성지역을 떠나 있어, 관아에서는 규정된 군사훈련조차 제때 행하지 못하는 형편이었다.

> 한성판윤 남태제가 임금에게 아뢰었다. "농사는 흉작이 아닙니다. 그런데 군졸을 맡은 송도(개성)의 주민은 농사에 힘쓰지 않고 오로지 장사를 직업으로 삼아 매년 초봄이 되면 팔도로 흩어져 행상을 나가니 징발하려면 몇 달이 걸립니다. 군졸로 징발하더라도 생업을 잃게 되는 주민이 많아 어려움이 있습니다. 그래서 개성 유수영에서는 이런 폐단을 염려해 이전부터 군사훈련을 5~6년에 한 번 행해왔습니다."
>
> – 『비변사등록』 140책, 영조 37년(1761) 2월 2일

개성주민 다수는 고려시대의 상업 기반시설과 전통을 이어받아 조선 초부터 전국을 활동무대로 삼아 상행위를 펼치며 생계를 유지했다. 하지만 큰 자본을 축적하고 전국의 상품 유통과 국제무역의 주도권을 장악해 명실공히 조선의 대표적인 상인세력으로 거듭난 시기는 17세기 후반 이후였다. 대체로 물주가 자본을 대고, 행상은 지방에 장기간 체류하며 대규모 상거래에 나서는 방식이었다. 이들은 소나 말을 소유하고 상단을 조직해 활동했는데, 많을 때는 1만여 명에 이를 정도였다고 한다.

개성상인이 조선 후기 들어서까지 상업을 지속하고, 나아가 획기적인 성장을 이루는 데는 이 지역에 행한 특별한 재정정책도 한몫했다. 조정에서는 여타 지역과 달리 개성지역에는 화폐경제를 기반으로 한 재정정책을 운용했다.[5] 대부분의 군현에서는 농민이 내는 토지세와 군역과 공납, 요역 등의 명목으로 거두는 조세로 재정을 꾸렸지만, 개성은 농경지와 농민이 적어 이들 세원으로는 재정을 충당할 수 없었다. 이런 여건 때문에 상인에게 거두는 세금을 재정의 기초로 삼지 않을 수 없었다.

　　조선 전기 개성부에서는 주민들 가운데 부자를 선정해 부거안富居案이라는 장부를 만들고, 이들 부유한 상인에게서 세금을 거두어 관청 경비는 물론 사신 행차 때의 비용을 조달했다. 상업이윤의 일부를 징수해 재정 수입원으로 삼는 이 부거안은, 공평성에 어긋난다며 부상들이 계속 문제를 제기하자 17세기 중반에는 모든 주민에게 세금을 거두는 방식으로 전환한다. 주민을 빈부에 따라 18등급으로 구분하고 매월 호구戶口(식구)를 계산해, 재산 규모에 따라 등급을 나누어 쌀을 거두도록 했다. 이 방식은 경작지 보유 규모에 따라 세금을 거두는 여타 지방과는 다른 수취제도였다.

　　18세기 전반엔 금전대부를 통한 이자를 재정 수입원의 하나로 삼았다. 관아에서 주민에게 돈을 거두어 자금을 조성한 뒤, 이를 상인에게 대출해 그 이자로 재정을 보충하는 방식이었다. 이자율은 연 2할이 일반적이었고, 18세기 말에 이르면 자금이 30만 냥에 달할 정도로 규모가 커진다. 재정 충당이 목적이긴 했지만, 개성상인을 대상으로 금융업을 행해 결과적으로 국가기관인 관아에서 개성의 상업 활동을 진작한 셈이었다.

　　이처럼 개성부에서는 주민의 생업은 물론 관청의 재정운영까지 상업적 이

해관계를 토대로 운영됐다. 이 때문에 개성부에서는 상업억제정책 일변도가 아니라 상업을 용인하고 때로는 권장하지 않을 수 없었으며, 한편으론 주민들이 상업이윤을 숨기지 않고 추구할 수 있는 사회적 분위기까지 조성될 수 있었다. 조선 후기 농업과 수공업 분야의 생산력이 증대하고 상업 전반이 발전하는 추세에서 개성의 상업도 발전을 거듭할 수 있었지만, 개성지역의 상업을 진흥시킬 수밖에 없었던 사회적 여건도 개성상인을 전국적 상인세력으로 성장시키는 요인으로 작용했다.

개성상인의 상술
– 상품을 매점하고 관료와 결탁하라

    순조 10년⁽¹⁸¹⁰⁾ 가을, 개성상인 김계현은 원산에 머물며 삼베를 사들이고 있었다.[6] 원산은 동해 북부 해역에서 잡히는 어물의 집산지일 뿐 아니라 함경도에서 생산되는 삼베가 모이는 곳이기도 했다. 김계현은 특히 경흥과 은성, 회령 등 함경도 북부 지방에서 만든 올이 가늘고 고운 북포北布를 다량으로 구매했다. 유통상인을 거쳐 서울 시전의 포전布廛 상인이 매입하기 전에 미리 도매로 사들여 물량을 확보하려는 매집이었다. 서울 포전은 육의전의 하나로 여전히 금난전권을 보유하며 삼베 거래에서 독점적 권리를 행사하고 있었다. 김계현은 이런 포전에 맞서 생산지나 집산지에서 물품을 먼저 사모아 전국의 유통망을 통해 판매함으로써 큰 이득을 올리고 있었다.

    비변사에서 임금에게 아뢰었다. "포전 상인이 이렇게 말했습니다. '개성상인 김계현은 작년⁽¹⁸¹⁰⁾에 원산에 일시 거주하면서 같은 무리인 손인숙, 김윤감과 함께 북쪽에서 온 상인에게서 삼베를 도매로 사들여 소매 시장에 내다 팔았습니다. 김계현 등을 상품을 매점하고 독점한 도고都賈의 죄로 엄히 징계하소서'. 이처럼 개성상인들이 물품을 매점해 매매를 마음대로 조정하니 온갖 물품의 값이 오릅니다. 관청에서 이를 시정하도록 명을 내린 일이 한두 번이 아니었는데, 이번에 포전 상인의 청원을 들어보니 이들이 또 난만하게 도고를 저질렀음이 분명합니다."

- 『비변사등록』 201책, 순조 11년(1811) 3월 19일

김계현이 삼베 매점으로 물의를 빚은 그해 1월엔 개성상인들이 양태를 매점해 분란을 일으켰다.[7] 갓의 챙에 해당하는 양태는 제주 특산물로서, 그동안 중간상인이 생산지에서 매집해 서울 시전인 양대전涼臺廛에 넘기는 유통경로를 밟아왔다. 그런데 개성상인들이 제주에서 서울로 오는 길목인 해남과 강진에서 양태를 매점해 시전을 거치지 않는 새로운 유통경로를 만들어버렸다. 양태를 독점한 개성상인들은 자체 상단을 이용해 서울을 제외한 전국 읍과 향촌에 판매해 막대한 이득을 올렸지만, 서울에는 양태가 제대로 반입되지 않아 품귀현상이 일어나기도 했다.

생산품을 매점해 독점 판매하는 도고는 개성상인만의 상행위는 아니었다. 조선 후기에 서울의 상품유통을 장악한 경강상인, 중국을 상대로 무역 활동에 치중했던 의주의 만상灣商, 경기도 양주에 본거지를 두고 활약한 누원상인 등 규모를 갖춘 사상私商 대부분이 이 도고 상술로 부를 축적했다.

그런데 개성상인을 비롯한 사상의 독점은 시전상인의 독점과는 그 성격과 양상이 달랐다. 시전상인은 국가에서 부여한 전매권과 금난전권을 행사하며 다른 상인과의 경쟁이 봉쇄된 상태에서 비교적 안정적으로 독점 혜택을 누렸다.[8] 이와 달리 사상은 시전상인은 물론 다른 상인과의 경쟁에서 우위를 확보한 뒤에야 누릴 수 있는 독점이었다.

개성상인은 자체적으로 조성한 탄탄한 자본력과 탁월한 조직력에 힘입어

일부 지역이 아닌 전국을 활동무대로 삼아 매점 능력을 발휘하며 도고 상업을 전개해나갈 수 있었다. 전국의 주요 상업 중심지에 지점에 해당하는 상방을 차려놓고 상업 업무는 물론 지역 생산물을 매입하고 판매하는 근거지로 삼았다.[9] 이 상방은 개성상인을 뜻하는 송상松商의 상방이라 해 송방松房이라 불렸는데, 이곳에는 차인差人을 파견해 그 지역의 상품유통을 담당하게 했다. 차인은 물주, 곧 상업자본가를 대신해 영업과 관련된 상행위를 실질적으로 수행하는 사용인이었다. 차인은 물주의 지도 아래 상업에 종사하며 정기적으로 보수를 받거나, 물주에게서 자본을 융통해 독자적인 행상을 펼친 뒤 이익을 나눴다. 장기 앞바다를 지나다 표류했던 김중재도 이 차인에 속한 개성상인이었으며, 그가 50동의 명태를 보관한 포항의 숙박소는 송방에 해당하는 상업사무소였다.

개성상인은 일종의 유통망에 해당하는 이 송방을 운영하며 변화하는 상업 환경에 대응하고 지역 유통시장의 주도권을 잡아갈 수 있었다. 송방을 통해 현지 생산자와 중간상인은 물론 지방 관료와도 친밀한 관계를 맺었으며, 상품 흐름과 가격 동향에 대한 정확한 정보를 빠르게 입수했다. 특히 풍흉에 따라 공급량이 변하는 농산품 현황을 파악해 자금을 투입할 수 있어 이를 선점하는 데 매우 유리했다. 예를 들면, 1817년 면화 농사가 흉년이 들었을 때 개성상인은 황해도와 평안도의 면화를 독점해 상당한 시세차익을 올릴 수 있었다.

우의정 남공철이 임금에게 아뢰었다. "면화 농사가 해를 이어 흉년이 들었으나 다행히 양서兩西(황해도와 평안도)는 나은 편이었습니다. 그런데 부유한 상인들이 이 이익을 독차지하는 폐단이 발생했습니다. (…) 값이 오르길 기다렸다가 농간을 부리는 폐단은 개성상인과 서울의 상인이 더욱 심합니다."
— 『비변사등록』 206책, 순조 17년(1817) 11월 11일

개성상인은 미리 물품값을 지불하고 상품을 확보하는 선대제先貸制 거래에서도 다른 상인보다 발 빠른 움직임을 보였다. 송방 인력을 가동해 물품 생산 현황을 파악하고 생산업자와의 관계를 개선한 뒤에 선금을 주고 필요한 물량을 독점해 판매하는 방식이었다. 개성상인이 행한 선대제 상거래의 예로는 고급 종이인 방물지方物紙 매점을 들 수 있다. 1787년 무렵 개성상인들은 방물지를 생산하는 삼남 지역의 제지 수공업자에게 선금을 주고 이를 독점해 판매했다. 중국에 바치는 공물貢物의 하나인 방물지는 그동안 중앙관청에서 필요로 하는 물품을 납부하던 공인貢人이 매입해 조달해왔는데, 개성상인이 미리 선점해 몰래 거래하면서 공급 부족 사태까지 불러왔다.

> 비변사에서 임금에게 아뢰었다. "삼남의 방물지계方物紙契 공인이 이렇게 청원했습니다. '근래 들어 종이를 만들 승려가 줄어들어 떠낸 종이가 얼마 되지 않습니다. 그런데도 각 도의 군영과 고을 관아의 승역僧役은 해마다 증가해서 방물로 바치는 종이를 군영과 고을 관아에서 먼저 실어갑니다. 이러니 저희가 납품할 방물지가 부족할 수밖에 없고, 정해진 물량을 제때 대지 못해 매맞거나 유배당하는 공인이 한둘이 아닙니다. (…) 더구나 개성상인들이 여러 사찰에 출입하며 은밀히 방물지를 사들이고는 (청나라와 밀무역을 하는 국경지대의) 책문柵門으로 계속 실어날라 거래하니, 그곳에 일종의 시장이 형성되었습니다.'"
>
> - 『비변사등록』 170책, 정조 11년(1787) 1월 1일

종이 밀무역은 생산자와의 선매 약속만으론 실행하기 힘든 상거래였다. 결탁에 따른 관료의 암묵적 묵인이나 동조가 없으면 지속적인 잠매는 불가능했다.

개성상인 가운데는 대외무역을 통해 자본을 확대해 대상인으로 거듭난 이들이 많았다. 중국 상인과의 밀무역은 조선 초기부터 행해져 후기까지 계속됐는데, 인삼의 경우 많을 땐 그 이익이 100배에 이를 정도였다고 한다.[10] 개성상인들은 주로 피혁과 종이를 매점해 중국 상인에게 팔고, 모자와 말총, 바늘 등을 수입해 전국 곳곳에 개설된 송방을 판매 거점으로 삼아 큰 이윤을 남겼다.

개성상인은 정부가 주도하는 공무역에도 진출해 상거래 영역을 확장했다. 숙종 7년(1681) 들어 조정에서는 사신 행차 비용과 군수품 조달을 목적으로 부유한 상인을 무판별장貿販別將에 임명함으로써 사상의 대외무역 참여를 인정했다. 개성상인은 무역 대행권을 가진 이 무판별장을 독점해 청나라와의 무역에서 주도권을 장악한다.

> 사역원司譯院 관원이 도제조都提調와 제조의 뜻을 임금에게 아뢰었다. "사신 행차가 북경에 들어갈 때 개성과 해서(황해도), 평안 병영 등 운향運餉 5처의 별장을 종전에는 토착인 중에서 임명해 보냈으나 근래에는 개성의 장사꾼들이 다섯 곳의 군영에 돈을 내고 자신들이 도맡았습니다. 이들은 나라의 인삼을 싹쓸이해 왜관에 넘겨 왜인의 은화를 받아내어 사신 일행으로 북경에 가서는 이익을 독점합니다. 왜국과 중국을 잇는 이런 거래가 계속돼 인삼과 은화가 나라 안에서는 유통되지 못할 지경에 이르렀습니다. 게다가 막대한 은화로 암거래까지 저질러 그 간교와 탐욕, 천함이 사신 행차 길에 낭자하니 여러모로 나라를 해치고 백성을 병들게 합니다."
>
> – 『비변사등록』 78책, 영조 1년(1725) 10월 2일

17세기 중반 무렵 중국과 일본의 직접 교역이 단절되자 개성상인들은 그동안 축적된 대외교역 경험을 바탕으로 두 나라를 잇는 중개무역에 본격적으

로 뛰어들었다. 일본에 인삼을 수출해 그 값으로 일본의 은銀을 들여오고, 이 은으로 이번엔 중국산 비단이나 약재를 구매해 국내시장과 일본에 판매해 막대한 이윤을 남겼다. 당시 개성상인의 중개무역은 그 규모가 매우 커, 국내시장에는 인삼과 은화가 제대로 유통되지 않을 정도였다. "약재로 쓰려 해도 구하기 힘들다"는 탄식과 원망이 나돌았다고 한다.

개성상인들이 중개무역으로 국제교역 시장을 선도할 수 있었던 결정적 요인은 국내 인삼유통권 장악에 있었다. 인삼유통 허가권을 가진 개성부에서 개성상인에게 인삼유통권을 부여해, 개성상인들은 18세기 중반 개성에서 인삼이 본격적으로 재배되기 이전부터 국내 인삼유통의 주도권을 장악할 수 있었다.

인삼 재배지역이 확산하고 가공기술이 발전하면서 개성상인의 인삼무역 이익은 나날이 증가했다. 국제상품으로서의 인삼의 가치가 높아지자 1797년 들어 조정에서는 그동안 사신 경비로 쓰던 은 대신에 쪄서 말린 인삼인 홍삼을 경비 조달을 위한 교역품으로 지정한다. 1810년 들어선 이 홍삼 무역권이 만상에게 넘어가는데, 개성상인은 이들과 손잡고 홍삼과 인삼의 유통뿐 아니라 생산과 제조 분야까지 장악해 국제무역 시장을 확장하고 그 주도권을 강화해나갔다.

한편으론, 개성상인은 일본 공무역에도 참가해 상업자본을 축적했다. 일본과의 공무역은 경상도 동래부 관할 지역인 왜관에서 이뤄졌는데, 여기에는 정부에서 허가한 상인들만 참여할 수 있었다. 주로 동래상인이 담당했던 이 왜관무역에 18세기 전반 들어 개성상인이 그 일원으로 진출하게 된다. 과장된 어법이긴 하지만 "동래상인 모두가 개성상인이다"라는 말이 나돌 정도로 왜관 무역에서도 영향력을 높여나갔다.

개성상인은 대외무역에서 확보한 자본을 국내시장에 투자하며 내륙 장시 유통권 장악은 물론 수운을 통한 포구상업까지 활발하게 펼쳐나갔다. 성장을 거듭한 개성상인은 19세기에 이르면 조선의 가장 큰 상인세력이라 할 수 있는 서울지역 상인과도 맞서나갈 수 있는 자본과 조직력을 확보한다.

흔히 개성상인이 조선 후기 조선의 대표적인 상업세력으로 성장할 수 있었던 주된 요인을 막대한 자본력과 송방이라는 전국적인 조직 네트워크, 물주와 차인으로 대표되는 인력의 효율적 운용과 합리적 경영방식, 복식부기 방식의 송도사개치부와 같은 탁월한 회계기술 등을 꼽는다. 이들 요인을 결코 과소평가할 수 없지만, 유통 장악의 선결 과제 중 하나였던 매점과 이를 가능하게 했던 관청의 특혜 또한 가볍게 넘길 수는 없다. 개성상인의 성장 한편으로 조정 대신에서 지방의 하급 관속에 이르는 관료와의 결탁이라는 그늘이 드리워져 있음도 부인할 수 없다.

금력과 권력 - 송파상인, 시전상인, 그리고 관료

조선 후기 사상이 성장하면서 상인세력과 정치세력의 결탁은 공공연한 비밀이었다. 경기 남부지역 상권을 아우르는 사상으로 발돋움해 서울의 사상은 물론 전국 지방의 민간상인과 연계하며 시전에 맞서나간 송파상인의 사례로 조선시대 금권과 권력의 결탁 실상을 들여다보자.

19세기 초 송파 장시는 전국 15대 장시의 하나로 꼽혔다. "임금께 진상하는 꿀단지도 송파를 거친다"는 말이 나올 정도로 전국 각지의 물화가 송파장에 모이고 팔려나갔다. 270~300곳 전후의 객주가 문을 열고 외지 상인의 발길이 끊이지 않아 거의 매일 시장이 열린다 해도 과언이 아니었다. 서울을 위시한 전국 상품 유통의 중심지 중 하나로 부상하면서 인구도 크게 늘어, 송파장이 자리잡은 광주부 중대면中垈面의 인구가 18세기 후반에 이미 726호에 3040여 명에 달했다.[11] 이는 당시 소규모 군현의 전체 인구수와 맞먹는 규모였으며, 전국 고을의 읍내 인구수가 대체로 2000~2500명 정도임을 고려하면 송파지역의 인구 밀집도가 대단히 높았음을 알 수 있다.

송파장에는 크게 보아 세 부류의 상인이 드나들며 물품을 거래했다. 인근에 거주하며 직접 재배한 채소나 과일, 곡물을 들고나온 농부가 장사치로 목소리를 높였으며, 옹기와 농구 등의 제품을 처분하려는 영세 수공업자가 좌판을 벌였다. 이들은 생산자이면서 상인이기도 했다.

상품 생산자의 물건을 받아 서울로 가져가 판매하는 소상인들의 발길도 끊이지 않았다. 영세 상인에 속하는 이들은 시전 상인에 의해 종종 난전의 대상으로 지목돼 단속당하는 처지에 놓인 상인들이었다. 전국 지방을 돌며 물건을 파는 행상도 송파장을 드나들었다.

송파에 근거지를 둔 사상도고는 송파장을 전국적 장시로 성장시킨 주역으로, 송파 상인이라 하면 흔히 이들을 일렀다. 송파상인은 주로 시기와 지역 간 가격 차이를 이용한 매점매석으로 큰 이윤을 남겼다. 삼남과 동북부 지방에서 생산되는 어물과 곡물, 담배, 목면 등을 사서 모은 뒤 가격이 오를 때 이를 판매했다.

> 비변사에서 임금에게 아뢰었다. "내외內外 어물전을 운영하는 시전상인들에 따르면, 파주와 송파, 삼전도 상인들이 조정의 금지를 무시하고 도성으로 들어오는 어물을 모두 도거리해서 가격을 조종하고 있다 합니다. 그러니 법에 따라 이런 부당한 상행위를 금지해달라고 청했습니다."
> — 『비변사등록』 198책, 순조 7년(1807년) 1월 23일

송파상인들은 생산지나 향촌 장시까지 발품을 팔아 물품을 대량으로 구입해 처분하기도 했다. 이들은 수도권 지역 사상들과 일정한 상거래 네트워크를 조성했다. 서울의 칠패시장과 이현시장 상인, 양주의 누원점 상인, 포천의 송우점 상인과 연계해 유통망과 판매망을 구축하고, 때로는 담합을 통해 물량을 조절하고 가격 조정을 꾀했다. 송파상인들은 이 연계망을 바탕으로 세력을 확장하며 서울의 시전상인을 압박해 상품 유통과 판매에서 점차 우위를 점해갔다.

19세기 들어 송파장은 마침내, 서울을 거치지 않고 삼남과 동북 지역의 물자가 거래되는 전국 규모의 시장으로 입지를 굳힐 수 있었다.

하지만 송파 상인세력이 사상도고로 입지를 굳히기까지 탄탄대로만을 걸은 건 아니었다. 영조(재위 1724~1776) 시기인 18세기 중반 한때는 시장이 폐쇄 위기에 처하기도 했다. 송파장은 비교적 늦은 18세기를 전후한 시기에 개설됐지만, 이후 급속한 발전을 보여 1750년대에 이르면 서울 시전을 위협하는 상권으로 부상했다. 이에 일부 조정 대신은 송파장이 시장질서를 어지럽힌다며 혁파를 수장하고 나섰다.[12]

> 병조판서 홍상한이 임금에게 아뢰었다. "송파에 근거지를 둔 상인들은 서울과 지방의 중도아中都兒(거간꾼) 무리는 물론 난전을 벌이는 장사치들과 짜고 삼남과 북도北道의 상인을 유인해 모두 송파장으로 끌어들입니다. 난전으로 장사하는 서울 상인도 단속을 피해 송파장을 드나듭니다. 또한 명목으로는 한 달에 여섯 차례 장이 선다고 하지만 실제로는 서울 시전에서 취급하는 물종을 비롯한 각종 물품을 쌓아두고 매일 매매합니다. 이런 실정이니 서울에 있는 시장은 계속 손실을 보고 있습니다. 송파장을 혁파하지 않으면 서울 시장에서는 장사할 방도가 없을 것입니다."
>
> – 『비변사등록』 128책, 영조 31년(1755) 1월 16일

혁파를 주장하는 고위관료들은 송파장이 이름만 오일장이지 상설시장과 다를 바 없어 서울 상인의 피해가 매우 심하다는 점을 폐쇄의 이유로 제시했다. 이들은 서울 시전을 드러내놓고 감싸지는 않았다. 시전만이 아니라 서울에 있는 모든 시장이 손실을 보고 있다고 함으로써 좀 더 넓고 일반적인 명분을 확보하려 했다. 서울의 물화 유통을 원활하게 하기 위해 개국 초부터 서울과 가까운 경기

지방에는 장시 설치를 금했다는 원칙론을 내세우기도 했다. 이들 혁파론자 중에는 시전 운영을 관장하는 평시서平市署의 책임자를 겸한 전·현직 관료가 많았는데, 이들의 주장은 결국 시전상인의 속내를 대변하는 것이나 다름없었다.

송파장을 존치시켜야 한다는 의견도 만만치 않았다. 시장 개설을 찬성하는 관료는 송파를 관할하는 광주유수를 비롯해 군영에 속한 관료가 대부분이었다. 이들 중 한 관료는 송파진松坡津은 서울 방위의 요지인데, 장시를 혁파하면 생계 터전을 잃은 주민이 모두 흩어져 군사와 창고 유지 등 송파진 운영에 어려움이 있다는 점을 이유의 하나로 들었다. 찬성론자의 의견은 대체로 형평성과 공정성 문제로 집약됐다. 국가라는 큰 틀에서 보면 서울의 시전상인이나 송파 장시의 장사꾼 모두 같은 백성인데, 어떻게 서울 백성이 이익의 일부를 잃는다는 이유로 시골 백성의 생업을 금지할 수 있느냐는 논리였다.

> 사직司直 한익모가 임금에게 아뢰었다. "조정에서 서울 시전을 위해 난전을 금하고 있으나 가난한 백성은 이 때문에 생업을 잃으니, 이러한 금지가 끝내 좋은 일인지는 모르겠습니다. 송파장에 나온 상품은 모두 전국의 지방에서 올라온 물품입니다. 이제 시전의 이익이 줄어든다는 이유로 송파장을 혁파하려 한다면 도성 주위 100리 안에서 물품을 매매하는 자 모두에게 이 규례를 적용해 상거래를 못하도록 해야 할 것입니다. 사단은 장시 백성의 전매로 인한 폐단이었지만 서울과 지방을 똑같이 대한다는 도리로 보면 송파장 폐쇄가 반드시 타당하다고 할 수 없습니다."
>
> ─『비변사등록』 128책, 영조 31년(1755) 1월 16일

팽팽하게 맞섰던 송파장 존폐논쟁은 국왕 영조가 민생 명분론에서 앞선 존치론자의 손을 들어줌으로써 일단락 맺는다. 하지만 이후에도 시전상인들은 송파장 폐지라는 자신들의 의지를 굽히지 않았는데, 3년 뒤인 1758년엔 국왕에게 직접 호소하기도 했다. 이번에는 송파장은 문을 닫되, 지금 자리에서 남동쪽으로 10리 정도 안쪽으로 들어간 곳에 새 장시를 개설해주자는 주장이었다. 한강 수로는 물론 육로교통의 요지에 자리 잡은 지금의 장터를 없애 송파장의 영향력을 약화하겠다는 의도였다.

조정에서는 찬반 양측으로 나뉘어 다시 논쟁이 불붙었다. 양측 주장의 이유와 근거는 이전과 거의 동일했는데, 영조는 또 한 번 존치론자의 손을 들어준다. 송파는 군사 요충지의 배후지로 중요하며, 서울과 지방을 막론하고 모두 한 나라의 백성이니 장시 폐지는 백성을 한결같이 대하는 도리가 아니라는 주장이 다시 한번 우위를 차지한 것이다.

송파장 존폐논쟁은 명분에서 앞선 존치론자의 승리로 끝을 맺었지만, 그들의 주장이 참으로 다수 백성을 위한 민생 차원에서 우러나온 것인지는 곰곰 되짚어볼 일이다. "백성을 대하는 형평과 공평의 도리"를 읊조리는 위정자들의 그 언설 너머에는 부를 가진 상인세력과의 결탁으로 이익을 취하려는 내심이 더 강하게 자리 잡고 있지 않은지 되돌아보아야 한다.

사상의 상업 활동은 시전상인과 마찬가지로 고위관료나 권세가와 밀착돼 있었다.[13] 정치권력은 상거래에 부당하게 개입해 정상적인 시장질서를 어지럽힐 때가 많았다. 위정자와 권세가의 침탈은 자본축적을 제약했고 정당하고 합리적인 상거래를 방해했다. 이로 인한 결과는 백성의 피해로 돌아왔으니, 이 또한 수탈과 다름없었다.

송파상인과 시전상인을 대리한 조정 대신들 간의 존폐논쟁을 거치면서 송파장은 성장을 거듭했다. 송파상인은 시전상인의 상권을 약화하는 도고 세력의 주역으로 떠올랐으며, 자본을 확장하고 유통 기반을 넓혀 경기 북부의 개성상인에 필적할만한 상업세력으로 변모를 거듭했다. 하지만 송파상인과 개성상인을 비롯한 조선 후기 사상세력의 성장 가도 뒤편엔 지우기 힘든 어두운 그림자가 놓여 있음도 사실이다.

사상도고에게 부를 안겨준 매점매석은 빛과 그늘을 동시에 던진다. 매점매석은 사상의 성장을 이끌었지만 물가를 불안정하게 했으며 물자의 순조로운 공급을 막았다. 정상적인 상품 흐름이 막히면서 때로는 사회 혼란을 일으켰으며, 그 폐해는 고스란히 백성에게 돌아갔다. 더구나 매점매석으로 획득한 이윤의 대부분은 대상인인 사상도고가 차지했다. 소상인과 행상이 일한 만큼의 이득을 가졌는지는 의심스럽다. 물자를 생산한 농부와 어부, 수공업자에게도 제대로 몫이 돌아갔는지 따져볼 일이다. 사상은 시전상인의 독점에 저항하며 상권 투쟁을 벌여나갔지만, 그들 또한 세력을 잡자 과도한 이윤을 취하기 위해 또 다른 독점 체제를 계속 유지하려 했다.

사상과 정치세력의 결탁은 공고했던 시전 체계를 흔들었지만 사상의 자생력을 약화하는 요인이기도 했다. 근면과 남다른 상술로 거부가 되었다는 대상인의 행적 이면에는 권력층과의 결탁이라는 떳떳하지 못한 이력 흔적이 놓여 있을 때가 많다. 그럴 경우 그 남다른 상술은 권력과 적절한 관계를 맺는 능력이나 술수 이상은 아니게 된다. 정치권력에 의존해 성장 가도를 달려온 상인세력은 외부의 위협이 닥치면 또다시 정치권력을 먼저 찾게 된다. 자체 역량을 발휘해야 할 때조차 우선은 권력층에 기웃대며 생존을 모색하게 하고, 당장은 달

콤한 이 금권金權과의 밀실 거래는 정치권력층이 상업정책 운용에서 해야 할 실제 임무를 멀리하게 한다. 개항 이후 외국 상품과 자본이 밀려들어 왔을 때 조선의 상인세력과 정치권이 보여준 미숙한 대처와 그로 인한 혼란상이 이를 증명한다.

개성상인과 송파상인을 비롯한 사상도고가 이룬 업적을 결코 무시할 수는 없다. 생산에서 소비에 이르는 상품유통의 모든 과정에 뛰어들어 전국 규모의 유통망을 창출해 통제정책 아래서도 상업을 진전시켰으며, 산업 전반의 성장을 이끄는데도 큰 영향을 미쳤다. 상인들 간 경쟁은 상행위의 효율성을 높였고, 한때는 국내시장과 해외시장을 연결하는 국제 상업 네트워크를 형성해 국부를 증진하기도 했다.

하지만 정치권력과 만나 빚어낸 어두운 행로 또한 이들이 책임져야 할 몫이었다. 그 행로를 드러내는 작업은 조선 상업의 실상을 올곧게 밝히는 일이자, 상인의 대다수를 차지했던 행상과 소상인이 한 실제 역할을 제대로 평가하기 위한 선행 작업이기도 하다. 그들의 어깨와 발품이 있어 물자가 흐르고 사회 곳곳이 맞물려 앞으로 나아갈 수 있었다. 그들의 땀과 눈물이 있어 개성상인과 송파상인을 비롯한 사상도고의 화려하고 거침없는 행보가 가능할 수 있었다.

10장

우리도 조선의
백성이다
노비

사족과 경기지역 노비들

영조(재위 1724~1776) 후반인 18세기 중엽, 서울 남부 낙선방(지금의 서울시 중구 인현동 일대) 지역에 거주하는 이목형은 관직을 갖지 않은 유학幼學 신분이었지만 탄탄한 경제력을 바탕으로 상류층 생활을 영위하고 있었다.[1] 경제력의 토대는 경기지역에 있는 토지와 노비였으며, 더구나 노비는 경상도와 함경도를 제외한 전국에 걸쳐 있었다. 이 시기 이목형 집안은 서울에 주거를 두면서도 경기지역의 세거지를 오가며 가문을 일구어나가던 경기 사족의 한 전형을 보여준다.

이목형 집안은 18세기 초까지만 해도 경기도 안산군 초산면(지금의 시흥시 산현동)의 세거지에서만 생활하던 재지사족이었다. 이목형의 증조인 이상기(1631~1686)가 1683년에 효자로 선정돼 정려문이 내려지고 통정대부 이조참의에 추증되면서 안산 지역민의 신망을 받아오던 가문이기도 했다. 서울에 거주지를 마련한 시기는 명확하게 밝혀지지 않았지만 조부인 이민호(1668~1743) 대代인 1730년을 전후한 시기로 보여진다. 과거 합격으로 벼슬길에 나아갔던 이민호는 1728(영조 4)에 일어난 이인좌의 난을 진압하는 데 공을 세우고 이후 내외 관직을 두루 역임하는데, 이 시기에 서울에 주거지를 마련하고 '도성 내에 대대로 거주하는 명문 가문'인 경화사족으로 거듭나려 했던 것으로 짐작된다.

하지만 이민호의 아들에 이어 손자인 이목형 대에서도 관직에 진출하지 못하면서 권세를 가진 경화사족으로는 성장하지 못했다. 결국 후손들은 19세기 전반에 서울 생활을 접고 세거지인 안산으로 낙향하는데, 이 시기엔 이미 가세가 크게 기울어진 상태였다. 이후 이목형 집안은 향촌 사족으로 머물며 양반 가문의 명맥을 이어나갔다.

18~19세기에 이르는 이목형 가문의 성쇠는 이 집안에서 소유한 노비 규모를 통해서도 짐작할 수 있다. 서울에 터전을 잡고 관원 생활을 했던 이민호 대의 영향력이 남아 있던 1760년대와 1770년대엔 170명 정도의 노비를 두고 있었다.[2] 서울 주거지에 10여 명의 노비가 있었고, 안산·인천·교하·이천·양성(지금의 안성시 양성면 일대) 등 경기도 지역에 거주하는 노비가 55명 정도였다. 그 외는 충청도와 전라도, 황해도, 평안도, 강원도에 걸쳐 있었다. 서울과 가까운 안산과 인천, 교하에 거주하는 노비는 주인집을 드나들며 노동력을 제공하는 입역노비이거나 노동력 대신 포布나 쌀 등 현물을 바치는 납공노비였으며, 그 외 전국에 산재한 노비는 모두 납공노비에 속했던 것으로 파악된다. 그런데 1790년대에 이르면 전체 노비가 120여 명으로 줄어들고, 낙향하는 19세기 전반 이후에는 2~5명 선으로 급격하게 감소한다.

조선시대 경화사족의 경제 기반은 전국에 산재한 토지와 노비였다. 서울에 주거를 두고 경기지역 세거지에 전답을 마련했던 해주 오씨吳氏 추탄공파 집안은 1760년대와 1770년대에 전답이 소재한 광주와 용인 지역에 80~90명 정도의 노비를 두고 있었다.[3] 이 집안은 서울 본가와 광주와 용인 등 인근 경기지역에 마련한 촌가를 오가며 세거지를 관리하고 그곳에서 얻은 수입원으로 서울 생활을 유지하고 가문의 세勢를 과시했다.

조선 전기부터 토지와 함께 노비는 양반 가문이 위세를 부리고 영향력을 행사할 수 있는 물적 토대로 작용했다. 15세기 후반 홍문관 부제학을 지낸 이맹현(1436~1487) 집안은 한양과 경기도뿐 아니라 함경도와 전라도 등 전국 군현에 걸쳐 모두 750여 명의 노비를 보유했다. 이황(1501~1570)의 장남은 360여 명의 노비를 거느렸고, 윤선도(1587~1671) 집안에는 700여 명의 노비가 있었다. 17세기 중반에 제주도에 표류했다가 13년 동안 조선에 억류됐던 하멜(1630~1692)은 조선의 풍속을 소개하면서 당시 최고위 관직자의 노비 소유 실상을 이렇게 전한다.

대신大臣들은 그들의 경지와 노비로부터 수입을 얻습니다. 우리는 2000~3000명의 노비를 소유한 대신을 본 적이 있습니다.

– 하멜, 『하멜 표류기』

하멜의 기록이 다소 과장되었을 수 있지만, 실제로 1000명이 넘는 노비를 가진 양반과 지배세력 가문이 없지 않았다. 18세기 서울에 거주한 홍씨 가문에서는 경기도 안성과 이천, 경상도 예천 등지에 1000여 명의 노비를 두었으며, 선조의 맏아들인 임해군(1574~1609)은 전국에 걸쳐 수천 명의 노비를 거느렸다고 한다. 15세기에서 17세기에 고위 관직에 진출한 양반은 대개 500~600명의 노비를 보유했으며, 중앙의 하급 관직 이력을 가진 양반 중에서도 200~300명의 노비를 둔 이들이 많았다고 한다. 지방에 거주하는 양반은 60~80명의 노비를 부려야 세력가로 행세할 수 있었다.

인력과 재정을 확보하라 – 양반을 위한 일꾼

노비 없이는 양반으로서의 가세와 명성을 유지할 수 없었으며, 노비 관리는 양반 가문의 보존과 직결되는 문제였다. 농업국가인 조선 사회에서 양반 가문의 재산은 대부분 토지와 노비였다. 농지확보와 노동력 공급을 위한 노비 보유에 가문의 성쇠가 달려 있었다고 해도 과언이 아니다.

더구나 조선 전기에는 토지보다 노비의 재산 가치를 더 크게 취급했는데, 이는 이 시기엔 노비 노동력의 활용 폭이 비교적 컸기 때문이다. 한 예로 토지 개간에 투입한 노비를 들 수 있다. 15~16세기는 전국의 유력한 양반 가문이 개간사업을 활발히 벌여, 이 시기를 개발의 시대라 이르기도 한다. 이들 양반 집안은 인력을 동원해 산간지대의 거친 땅이나 해안지대를 개간해 자신들의 소유 농지로 만들고 이를 부의 원천으로 삼았다. 가용 가능한 노비를 개간 현장으로 내보냈으며, 때로는 관아의 협조를 끌어내 군인을 일꾼으로 동원했다. 예를 들면, 해남 윤씨 가문의 입향조인 윤효정(1476~1543)은 해안을 막아 농토를 일구는 개간사업으로 가문의 번성을 뒷받침할 경제 토대를 쌓았으며, 후손인 윤선도 또한 진도의 갯벌을 개간해 집안의 부를 더했다. 그가 바다를 메워 만든 땅이 자그마치 약 60만 평(약 198만 세곱미터)으로 서울 여의도 면적의 3분의 2쯤 되는 규모였다고 한다.

경기지역 양반들은 일찍부터 개간사업에 뛰어들었다. 성리학을 도입한 안향(1243~1306)의 후손은 고려 말에 경기도 파주의 들을 개간해, 조선 초 안원(1346~1411) 대에는 수만 결에 달하는 농장을 운영한다.[4] 안씨 가문의 이 대규모 농지는 이전까지의 권문세족 농장과는 성격이 달랐다. 나라에서 공로의 대가로 지급하고 거기서 나는 곡식에 대한 소유를 인정하는 수조지收租地로 이뤄진 농장이 아니라 엄연히 개인 소유의 농장이었다. 노비 노동력이 농장을 개발하고 운영하는 데 있어 필수 요건이었음은 물론이다. 이 안씨 가문의 파주 농장은 15~16세기에 확산하는, 노비 노동력에 기반을 두어 조성하고 운영한 대규모 농장의 선구를 이룬다.

해안지대 개간에도 나섰다. 조선 초기의 문신으로 영의정을 지내고 네 차례나 공신 반열에 올랐던 신숙주(1417~1475) 가문의 후손은 16세기 당시 경기도 양성현(지금의 평택시 청북읍 지역)에 속했던 해안 지역으로 이주하면서 개간사업을 벌인다. 남양만으로 흘러드는 개천에 제방을 쌓아 농토를 확보하고, 이를 가문 번성을 위한 경제적 기반으로 삼았다.

조선 지배층인 양반 가문의 위세를 뒷받침한 대규모 토지 확보와 농장 경영은 노비의 노동력이 아니고서는 거의 불가능한 일이었다. 조선 전기 양반들은 부모에게서 물려받는 토지보다 대규모 농지를 개간하고 경작을 가능하게 하는 노비 확보에 더 큰 관심을 쏟았을 정도로 노비의 재산 가치가 높았다.

조선의 노비는 양반 우위의 신분질서를 유지하고 양반의 품위를 지키기 위한 초석이기도 했다. 노비의 노동으로 인해 양반은 생산현장에 직접 뛰어들지 않을 수 있었다. 노비가 있어 매일 글을 읽고 수양에 힘쓰고, 예로서 사람을 맞고 조상을 기리고, 가족을 돌보고 치국을 논할 수 있는 시간적 여유와 경제적 기반을 확보할 수 있었다. 가사와 일상의 잡다한 일도 대부분 노비가 맡아 노비는 양반의 수족이라는 말이 있을 정도였다. 노비 없이는 양반 행세하기가 힘들었다. 출타할 때에도 노비를 대동해 위신을 세웠으니, 노비 소유는 양반 신분의 상징이기도 했다. 노비 없는 양반은 사실상 양반으로 대접받기 힘든 사회 풍토가 조성돼 있었다. 지배층의 사회적 권위와 예와 명분의 양반문화는 노비제도 없이는 존속이 불가능했다.

> 대사헌 양성지가 임금에게 글을 올렸다. "무릇 대가세족大家世族이 다시 대가세족이 되는 것은 노비를 소유했기 때문입니다. 이로써 내외內外와 상하上下의 분별이 있고 예의와 염치가 길러집니다. 기력氣力이 이루어지고, 우러러 따르는 명성과 덕망이 나타나는 것입니다."
>
> ─ 『세조실록』 43권, 세조 13년(1467) 8월 6일

> 사신史臣은 논한다. 이 나라가 개국한 뒤, 사천私賤의 소생으로서 사대부의 자녀가 아니면 몸값을 치르고 양민이 되는 것을 허용하지 않는 법을 제정했다. 이는 천인이 양민이 되는 길을 막은 것이니, 그 뜻이 어찌 없다고 하겠는가. 이 나라가 유지되고 귀천貴賤의 질서가 문란하지 않은 것은 이 자그마한 명분名分 때문이다.
>
> ─ 『명종실록』 12권, 명종 6년(1551) 9월 28일

관료제도 또한 노비 없이는 제대로 운용되기 힘들었다. 공노비는 중앙과 지방의 국가 기관에 예속돼 잡일을 하고 관리를 수발했다. 일정 기간 차출돼 노역을 담당한 공노비를 선상노비選上奴婢라 했다. 왕실 재산을 관장하는 내수사內需司에서 일하는 내노비內奴婢가 있었고 중앙 관청에 소속된 시노비寺奴婢가 있

었다. 지방 각 관아에도 읍노邑奴와 기생, 의녀 등 관노가 배속돼 온갖 궂은일을 처리했다. 이들 관노 없이는 관아의 행정이 원만하게 굴러가지 않았다. 수령이 집무를 보는 동헌과 좌수가 근무하는 향청에 관노들이 배치돼 수시로 심부름을 하고 명령을 전달했다. 수령의 가족이 머무는 내아에는 방자라는 종이 딸려 있었다. 또한 관노들은 관아를 드나드는 양반이 타고 온 말을 마구간으로 안내하고, 수령과 내방객에게 올릴 밥을 짓고 음식을 차려냈다. 교통시설인 역참에도 역노驛奴가 배치돼 말을 돌보고 문서와 짐을 운송했으며, 성균관과 향교와 같은 교육기관에는 교노校奴라 부르는 관노를 두어 유생과 관료의 수발을 들게 했다.

이뿐만 아니라 공노비는 국가의 각종 잡직雜職에도 종사했다. 종이·서적·문방구·화폐·무기 등의 제조업과 토목공사에 투입돼 생산 인력으로 활용됐다. 때로는 특수 생산업에 차출돼 국가 산업정책 실행을 위한 일꾼으로 나서기도 했다. 한 예로 명주실을 뽑기 위해 누에를 키우는 양잠업을 들 수 있다. 조선 초 조정에서는 양잠업을 권장하기 위해 양잠을 지도하고 관장할 잠실蠶室을 설치했는데, 본격적인 정책 시행에 앞서 경기도가 시범지역으로 선정돼 가평과 양근에서 먼저 잠실 운영에 들어갔다.[5] 이 잠실에 노비들이 배치돼 뽕잎을 따고 누에 기르는 일을 맡았다.

> 가평의 조종과 양근의 미원에 잠실을 새로 설치했다. 여기에 누에 치는 일을 맡은 잠모蠶母 10명, 계집종 10명, 사내종 20명을 각각 소속시켰다.
>
> ─『태종실록』31권, 태종 16년(1416) 2월 24일

시범사업이 성공하면서 이듬해 가평과 양근, 개성 등 경기지역은 물론 청

풍과 태인, 의성 등 충청도와 경상도 지역에도 잠실을 설치하고, 세종 대에는 강원도와 평안도, 함경도까지 잠실을 확장한다. 그러면서 잠실에서 누에를 키우는 일은 해당 지역 관노비가 담당하는 작업으로 굳어진다.

> 각 도道에서 뽕나무가 잘 되는 지역에 (근거지로 삼을 수 있는) 도회都會 양
> 잠실을 설치한다. 대장臺帳을 만들어 본조(호조)와 도, 고을에 보관하는 동시에
> 누에를 치고 실을 뽑아 바치게 한다. 관찰사는 양잠실이 있는 고을이나 그 부
> 근 고을의 관노비 중에서 양잠 일을 할 인부를 뽑고, 차출된 이 노비들의 신
> 공身貢은 면제해 준다.
>
> - 『경국대전』, 호전戶典 - 잠실蠶室

몸으로 부림을 당하는 사역에 동원되지 않는 공노비는 쌀이나 면포를 신공으로 납부해야 했다. 이들을 납공노비納貢奴婢라 했으며, 15세기 후반에 완성된 조선의 기본법전인 『경국대전』에 따르면 남자 종인 노는 면포 2필, 여자 종인 비는 면포 1필 반 정도를 바쳤다. 그해 풍흉에 따라 가격 변동이 있지만 보통 면포 1필은 쌀 40~50되에 해당했다. 여기에 소속 관청에서 필요로 하는 음식물인 공궤供饋를 부담하고, 신공의 운반비인 수전가輸轉價와 문서를 작성하는데 드는 종잇값인 작지作紙까지 납부해야 했다. 이처럼 납공노비와 입역노비를 막론하고 실제로 공노비가 떠안아야 하는 부담은 양인의 그것보다 2배 정도 무거웠다. 노비는 언제든 동원할 수 있는 인력이자 국가재정의 한 원천이기도 했던 것이다.

노비는 양반지배층의 일상생활과 예와 명분의 유교가치 수호는 물론 관료제 유지와 국가재정과 정책 운용에 이르는 조선 사회 전반의 제도를 떠받친

계층이었다. 결국 조선이라는 나라는 노비에 의해 그 기반이 다져지고 사회체제가 유지된 사회였다고 해도 과언이 아니다.

신분질서의 밑바닥을 떠받치다

경기도 광주(지금의 남양주시 조안면 지역) 출신의 실학자 정약용(1762~1836)은 조선 후기에 정치와 제도, 경제와 생업, 문화와 교육 등 사회 전반의 문제점을 파악하고 이에 대한 해결책을 모색한 학자였다. 관료계의 부정부패를 비판하고 과거제도 개혁안을 제시했으며, 토지를 균등하게 배분해 부의 집중을 막고 상공업 활성화를 통해 국부를 증대하자고 했다. 인정仁政의 회복에 바탕을 둔, 조선 사회에 적합한 왕도정치의 방향을 제시하고 왕조의 사회질서를 바로잡아 묵은 나라를 새롭게 하자고 역설했다.

이러한 그의 사상을 두고, 개혁을 향한 열정과 함께 빈곤과 착취에 시달리는 백성에 대한 애정이 묻어난다는 평가를 하기도 한다. 그런데 정약용은 신분 간의 위계질서는 어느 정도 필요한 것으로 보았다. 그는 조선시대 대부분의 유학자와 마찬가지로 양반 사족의 지도나 통솔 없이는 나라가 유지될 수 없다는 신분관을 가졌으며, 이런 맥락에서 노비제도가 존속돼야 한다고 했다. 더구나, 아버지가 노비여도 어머니가 양인良人이면 그 자녀를 양인으로 삼는 노비종모법奴婢從母法을 비판하며 부모 중 한 사람이 노비면 그 자식도 노비로 삼는 이전의 일천즉천一賤則賤 노비제로 회귀하자고 주장했다. 당시 조선 사회는 노비종모법을 실시한 1731년(영조 7) 이래 노비가 점차 감소하는 추세였다. 외침이나 민란 등 국가 위기 시에 전투인력을 충분히 확보하려면 노비가 있어야 하는데, 종모법 시행으로 노비가 줄어들어 국난이 일어나면 군대 편성에 어려움이 있다는 게 노비종모법을 비판한 한 이유였다.

> 신해년(1731)에 노비법을 고친 뒤부터 귀족은 날로 쇠퇴하고 미천한 무리는 갈수록 방자하여 상하上下의 질서가 문란하고 교화가 행해지지 않고 있다. 그러니 만약 변란이 생긴다면 나라의 근본이 여지없이 무너져내리는 형세를 막을 수 없게 될 것이다. 서울이 멀어 임금의 감화가 미치지 않는데 수령마저 임시로 머무는 실정이니, 마을과 이웃의 어리석은 백성을 통솔할 사람이 없다면 이 백성이 국법과 질서를 어지럽히는 난민亂民이 되지 않고 무엇이 될 것인가. 또한 어떻게 이 백성의 난동을 누를 수 있겠는가. 그러니 노비법을 복구하지 않고서는 어지럽게 망하는 사태를 막을 수 없을 것으로 여겨진다.
>
> – 정약용, 「예전禮典 – 변등辨等」 『목민심서』

정약용은 실제 국난을 당했을 때의 노비 동원 사례를 들어 노비종모법이 문제가 있다고 구체적으로 지적한다. 1592년 임진전쟁 때는 의병을 일으킨 양반이 모두 집안의 종 수백 명으로 군대를 편성했는데, 1812년 홍경래의 난(평안도 백성의 봉기) 때에는 의병을 일으키려 했지만 이름난 가문에서조차 노비 구하기가 어려웠다고 토로한다.[6] 그러면서 노비를 감소시키는 종모법은 잘못된 제도이며, 조선이라는 나라를 제대로 유지하려면 적정한 규모의 노비를 확보해야 한다는 취지로 결론을 맺는다.

정약용의 지적처럼, 조선 사회에서 노비는 사회 혼란과 국가 존립에 위해를 가하는 변란이나 전쟁이 일어나면 동원하는 군사 인력이기도 했다. 노비는 양반의 수족이자 국가 노동력의 주축이었을 뿐만 아니라 지배질서 유지를 위한 수호군이기도 했던 것이다. 조선이라는 나라는 이 노비제가 잘 작동될 때 양반 우위의 신분제와 특권에 의한 지배질서가 견고하게 자리를 잡을 수 있었던 사회였다.

지배 신분으로서의 양반층은 15세기와 16세기를 거치면서 확고한 위치를 확보했다.[7] 조선 초기에 크게 양인과 천민으로 구분된 양천제良賤制 신분제도가 지배층인 양반과 피지배층인 상민常民 간의 차별을 강화하는 반상제班常制로 변모했다. 상위 계층인 양반을 정점으로 그 아래 양반관료를 보좌하는 중인층, 세금을 내고 국역을 담당하는 일반 백성인 상민, 노비·광대·백정 등 최하층인 천민으로 이뤄지는 계층적 신분제가 성립됐다. 법제적으론 여전히 양천제가 유지됐지만, 실제론 양반과 비양반 간의 지배와 피지배가 강화되고 영속화되는 반상제 사회로 변화했다.

그러면서 조선은 신분에 따른 차별과 억압이 정상으로 통용되는 위계적 사회로 존속해나갔다. 직업과 제도, 문자생활에서 의식주 일상생활에 이르기까지 사회의 거의 모든 분야에 차별이 일상화돼 있었다. 조선은 지배층이 될 수 있는 자원인 관직·과거제도·교육·토지·이념·도덕 등이 사실상 양반층에 독점된, 세습적 성격이 짙고 배타성이 강한 신분제 사회였다. 양반은 문무 관직 진출을 독점했으며, 대규모 토지를 소유해 경제를 좌우했다. 군역軍役이 면제됐으며 형벌에서도 특권을 누려, 같은 사안이라도 다른 신분층보다 처벌이 약했다. 사실상 교육 혜택을 독점해 유교가치에 바탕을 둔 사상과 이념을 창출하고 확산했다. 양반은 조선 사회의 선택받은 계층이었다.

그래서 조선의 백성은 너나없이 양반이 되고 싶어 했다. 신분제도의 장벽 때문에 원한다고 누구나 양반이 될 수는 없는 현실이었지만 가난하고 힘없는 백성 모두의 마음 한편에는 양반 신분으로 상승하고자 하는 갈망이 자리를 잡고 있었다고 해도 과언이 아니다. 이러한 '양반 되기' 열망은 조선 후기 판소리계 소설인 『흥부전』을 통해서도 충분히 짐작할 수 있다. 제비를 살려준 보상으로 흥부는 집과 세간, 오곡과 금은보화와 같은 온갖 재물을 얻게 되는데, 그중엔 흥부를 모실 종과 첩도 들어 있었다. 마음씨 착한 흥부에 대한 보상으로 주어진 이 종과 첩은 조선 양반의 신분을 상징하는 존재였다. 당시 권세 있는 양반은 누구나 종과 첩을 거느렸으며, 이는 신분적 특권으로 당연시되고 있었다.

누구나 양반 신분으로 오르고자 했고, 그런 만큼 조선 사회에서 양반은 특별한 존재였다. 조선 후기엔 양반가의 분뇨까지 비싼 가격에 거래되었다고 한다. 잘 먹으니 분뇨에도 영양분이 많을 것이고, 귀한 몸이니 그 배설물 또한 좋을 것이란 짐작에서였다. 상하질서에 의한 신분제와 지배층으로서의 양반의 특권 행사는 조선이 멸망할 때까지 계속됐다.

> 조선은 귀족과 미천한 집안의 구분이 오늘날에 이르기까지 여전히 매우 엄격하다. 이른바 '양반'이라는 자들이 나라의 정치 · 사회 · 생계상의 세력을 모두 농단했다. 양반이 아니면 관리가 될 수 없고, 양반이 아니면 학업에 종사할 수 없으며, 양반이 아니면 사유재산도 안전하게 지킬 수 없다. 사실상 조선국 내에서 자유의지를 가진 자, 독립 인격을 가진 자는 오직 양반뿐이다.
> – 량치차오梁啓超, 『량치차오, 조선의 망국을 기록하다』

양반은 관료제를 이끌고 권력을 휘두르는 정치적 지배세력이었다. 농업사회의 최대 경제자원인 토지와 노비를 가진 금권세력이었으며, 유교 이념과 도덕 헤게모니를 장악한 문화지배자이기도 했다. 이를 기반으로 양반은 온갖 특혜를 누렸으며, 이러한 특혜는 다시 양반 중심의 신분질서를 유지하고 강화하는 수단이 됐다. 위계 사회의 밑바닥에 자리한 노비는 이러한 조선의 신분질서를 떠받치는 핵심 토대였다.

매매되고 폭압 당하다

　　노비는 개인이나 왕실과 관아 등 국가기관에 신분적으로 예속된 존재였다. 타인의 지배 아래 행동과 의사의 자유기 제한되거나 속박된 계층이었다. 구속하는 타인은 대다수가 왕족과 양반이었으며, 노비 자신의 의지만으론 그 예속의 굴레에서 벗어날 수 없었다. 노비주奴婢主가 허용하거나 국가기관에서 규정한 면천의 과정을 거쳐야 노비 신분에서 벗어날 수 있었다. 이런 종속 상태에서, 노비주는 노비를 사고팔 수 있었으며 자손에게 상속하거나 증여할 수도 있었다. 양반 집안 상속문서의 상단을 차지한 조항이 토지에 앞선 노비의 이름이었다. 노비는 상품처럼 거래하고 금품처럼 물려줄 수 있는 일종의 자산이었던 셈이다. 이 노비 거래에 관한 규정은 나라를 다스리는 기준이 된 최고 법전인 『경국대전』에서 토지와 가옥, 우마牛馬의 매매 기한을 정한 조항과 함께 다루어졌다. 조선시대 지배층이 노비를 재물로 취급했기에 가능한 일이었다.

　　토지와 가옥의 매매는 15일이 지나면 변경하지 못하며, 모두 매매가 있은 뒤 100일 이내에 관청에 신고하여 관에서 발급하는 증서(입안立案)를 받아야 한다. 노비의 매매도 마찬가지다. 소나 말은 5일이 지나면 매매를 변경하지 못한다.

- 『경국대전』, 호전戶典 - 매매의 기한買賣限

『경국대전』에 규정된 노비의 매매가격은 15살 이하와 51살 이상은 저화楮貨 3000장이었으며, 16살 이상에서 50살 이하는 저화 4000장이었다.[8] 상등급 말의 가격이 대체로 저화 4000장이었으니 노동력을 제대로 갖춘 노비의 몸값은 말 1필의 가격이었던 셈이다. "저화 1장은 쌀 1되에 상당한다"고 한 『경국대전』의 규정을 적용하면 저화 4000장은 쌀 40석(약 80가마니)에 해당한다. 이는 대략 논 20마지기의 소출이고, 당시 노비의 하루 평균 임금을 저화 6장으로 보면 약 666일 동안 일한 임금이다. 이처럼 이 시기 나라에서 정한 노비의 몸값은 개국 초인 14세기 말의 실제 거래가격보다 3배 정도 높았으며, 고려시대에 정한 노비가격과 비교하면 5~6배나 오른 수치였다.

하지만 실제 거래는 대체로 규정 가격보다 낮은 선에서 이뤄졌으며, 조선 후기에는 더 낮은 가격에 거래됐다. 조선 후기의 노비 거래가격을 조사한 한 연구에 따르면, 17세기 후반부터 19세기까지 거래된 노비 151명 중 100명이 5~20냥에 매매됐다.[9] 이를 쌀로 환산하면 18세기 전반에는 3.5~13.5석(7~27가마니), 18세기 후반에는 3~11석, 19세기 전반에는 2.5~9.5석에 해당하는 금액이다. 시간이 갈수록 노비의 실제 가격이 계속 하락했음을 알 수 있다. 이처럼 노비는 사람이되 시장에서 거래되는 상품이었고, 주인의 부를 높여주는 토지와 소, 말과 같은 재산이었다. 흔히 한 개인의 지적知的·정적情的·의지적 특징 등을 포괄하는 정신의 특성을 인격이라 하는데, 매매 면에서 보면 조선시대 노비의 인격은 물품이나 가축 수준에서 취급됐다고 할 수 있다.

노비를 사람으로 대하지 않는 사회 분위기가 팽배하면서 노비들은 주인이 가하는 폭력과 관료의 과도한 형벌에 거의 무방비 상태로 노출돼 있었다. 노비의 생사여탈을 주인이 쥐고 있다고 해도 과언이 아닐 정도여서, 주인의 가혹한 폭행으로 죽어간 노비를 조선시대 사료에서 어렵지 않게 찾아볼 수 있다.

세종 시기인 1440년 6월, 경기도 고양 인근의 홍제원 길거리에서 젊은 여자의 시체가 발견됐다. 조사가 진행되면서, 버려진 시체는 이조판서와 대사헌, 좌찬성 등 고위 관직을 두루 역임한 이맹균 집안의 여종으로 드러났다. 이 여종을 이맹균의 부인이 죽였다는 사실까지 밝혀졌다.[10] 이맹균이 여종을 가까이하자 머리털을 자르고 수하의 노비와 함께 폭행해 죽음에 이르게 했던 것이다.

18세기 후반에 형조판서와 판중추부사 등 고위 관직에 올랐던 이서구 또한 자신의 노비를 사사로이 죽인 인물로 전해온다. 그는 집에서 일하는 노비가 술주정을 부리고 자신을 이름을 부르며 욕을 했다는 이유로 다른 노비를 시켜 도성 밖으로 끌고 나가 죽이라고 지시한다.

> 이서구가 단호하게 명령했다. "저놈을 수구문 밖으로 끌고 가서 때려죽여라." (…) 해가 질 무렵이 되자 우두머리 노비가 돌아왔다. "때려죽였습니다." 그러자 이서구가 이렇게 말했다. "그는 죄를 지었으니 죽어 마땅하다. 다만 우리 집안에 대대로 내려오는 물건이니 장례는 후하게 치러주어라."
>
> – 서유영, 『금계필담錦溪筆談』

조선시대에 주인을 모독한 노비는 교수형에 처했다. 그렇지만 노비가 주인을 욕했다고 해서 법적 절차 없이 함부로 죽일 수는 없었다. 관청에 신고해 나라에서 법 집행을 하도록 했는데, 이러한 절차 없이 노비를 죽였을 때는 장형杖刑과 같은 처벌을 받도록 했다. 하지만 현실에서는 이러한 규정이 제대로 지켜지지 않았다. '이서구 노비살인사건'의 경우도 형조에서 하급관리를 보내 사정을 파악하는 선에서 그치고 주인인 이서구에게는 어떤 죄도 묻지 않았다.

관리의 형벌 남용도 심각했는데 가장 만만한 대상이 노비를 비롯한 천민이었다. 『경국대전』에는 관료가 법에 따르지 않고 함부로 형벌을 가하는 남형濫刑을 저지르면 장형杖刑 100대에 도형徒刑 3년에 처하고, 과도한 형벌로 사람을 죽였을 때는 영구히 관리로 등용하지 않는다는 처벌까지 더했지만 남형은 쉬 줄어들지 않았다.

> 비변사에서 아뢰었다. "지방에 나가 근무하는 무신들은 오로지 위엄과 사나움만을 앞세웁니다. 두 손아귀에 가득 차는 큰 곤장을 만들어 소금물에 담그고 겉을 빨갛게 칠하여 군령장軍令杖이라 일컫습니다. 그리고는 하인이 응대하는데 실수하거나 뇌물이 풍성하지 않으면 곧 이 곤장으로 두들깁니다. 불과 몇 대만에 시체로 끌려나가기도 하니, 이는 율문律文에 실린 태형과 장형의 규정이 폐지된 것이나 마찬가지입니다."
>
> — 『선조실록』 48권, 선조 27년(1594) 2월 14일

가난하고 힘없는 노비들은 하소연조차 제대로 할 수 없는 처지였다. 관아에 잡혀가 형벌 규정과 상관없거나 규정을 넘어선 매질을 당해도 그저 참는 수밖에 없었다. 남형으로 목숨을 잃어도 그냥 넘어가는 경우가 다반사였다. 특별한 계기가 없으면 이런 가혹 행위가 법적으로 문제가 되는 경우가 적었으며, 억울한 노비의 사연이 세상에 널리 알려지기도 힘들었다. 15세기 중반 경기도 파주에서 일어난 노비 금록의 원통한 죽음은 수령의 조세 수탈과 재정 횡령, 거기에 권한 남용까지 더해지면서 그나마 조정에 알려질 수 있었다. 수령인 목사牧使의 남형으로 노비가 죽었는데, 이를 목매어 죽은 자살로 위장하려 한 사건이었다.

의금부에서 임금에게 아뢰었다. "전 파주 목사 윤훈이 파주에 사는 사노私奴 금록을 형틀에 매어 가두어 두고는 날마다 형벌을 가해 죽음에 이르게 했습니다. 사노 금록은 억울한 형벌을 받았습니다. 윤훈은 매를 때려서 죽인 일을 덮으려고 주민에게 베를 거두어 금록의 아내에게 중국산 면포 10필을 주고, 금록의 주인 이열에게는 면포 2필 외에 말 1필과 소 1필을 주었습니다. 주민 김계증의 어망을 받았고, 의창 곡식을 거두면서 감고 김황을 시켜 벼 1곡斛마다 1두斗를 더 받게 했으며, 벼 1곡마다 2두를 덜고서 쌀 1두를 거두기도 했습니다. 또한 형인 윤증의 집을 짓기 위해 관아의 재목을 가져다 쓰고, 관아에 소속된 목공木工까지 일꾼으로 부렸습니다."

- 『세조실록』 39권, 세조 12년(1466) 8월 11일

조선시대 노비의 죽음은 때론 사람의 죽음이 아니었다. 노비는 매매 가능한 사유물이었고 권세를 가진 양반관료에겐 마음만 먹으면 언제나 폐기될 수 있는 물건으로 취급되기도 했다.

노비는 생산물 확보를 위한 인력이자 관료제도 유지에 없어서는 안 될 수족이지만 정작 나라의 정책 대상에서는 맨 마지막에 위치했다. 흉년이나 유행병이 돌아 백성을 진휼할 때 구휼미가 충분하지 않으면 노비 계층이 먼저 진휼 대상에서 밀려났다. 특히 외거노비들은 아예 진휼 대상에서 제외될 때가 있었다. 지방관의 진휼정책 소홀로 경기도 고양에 거주하는 노비 3명이 아사하는 일이 일어나 조정에서 문제가 되기도 했다.

임금이 승정원을 통해 사헌부에 왕명서王命書를 내렸다. "고양 소산리에 사는 이계근의 처가妻家 노비 3명이 설을 쇠기 전에 굶어 죽었다. 또한, 이즈음 여종 4명이 부종에 걸렸는데, 경기 관찰사 손순효와 고양 군수 이문병이 진휼하

지 아니하였다. 호조의 관리들도 미리 이런 사정을 살피지 않았다. 아울러 추
국하여 아뢰도록 하라."

-『성종실록』 137권, 성종 13년(1482) 1월 30일

사람인가 물건인가? - 아량과 억압 사이에서

조선의 양반관료층은 가혹한 형벌로 노비를 죽이고, 진휼 대상에서조차 제외해 노비를 하찮은 존재로 취급하기도 했지만 한편으론 노비에게 상을 내리는 아량을 보이기도 했다.

> 의금부에서 임금에게 아뢰었다. "(통역 관리를 죽인) 이득시가 머리를 깎고 중이 되어 경기도 광주의 외곽지대로 숨어다녔는데, 사노 원만과 부존·두언·금록 등이 잡았습니다. 청하옵건대 원만에게는 면포 120필을, 부존에게는 40필을, 두언과 금록에게는 각기 20필을 상으로 주도록 하소서." 이에 임금이 이들에게 상을 내렸다.
>
> – 『세종실록』 44권, 세종 11년(1429) 5월 17일

물론 조선 지배층의 이런 너그러움과 베풂은 지배질서 유지와 유교가치 함양에 도움이 될 때 내리는 은전이었다. 1787년에 국왕 정조는 경기도 금천에 사는 두 종에게 특별히 은전을 베풀었다. 사연은 이러했다. 양반 신분의 주인이 장마로 불어난 강물에 빠져 허우적대자 두 종이 급히 뛰어들어 구하고자 했다. 세찬 물결에 휩쓸려 모두가 거의 죽을 지경에 처했는데도 두 종은 끝내 주인을 부둥켜안고 놓지 않았으며, 마침 지나던 배가 있어 모두 살아날 수 있었다.

관찰사가 이 일을 임금에게 아뢰자 임금이 이렇게 명을 내렸다. "주인을 위하는 신실한 마음이 죽음을 무릅쓸 정도였다. 그러니 나라에서 널리 장려해야 하는 행실이라는 취지에서 보면 비록 천민 신분의 백성이 행한 일일지라도 대대로 알려야 한다. 사노 술이동逃而同 등에게 특별히 부역과 세금을 면제하는 상을 베풀도록 하라."

- 『정조실록』 정조 11년(1787) 7월 4일

천시하고 무시했지만 양반 중심의 지배질서를 유지하기 위해선 노비는 없어서는 안 될 존재였다. 이를 잘 알고 있었던 조선 지배층은 억압과 배제의 시선 한편으로 베풂과 은전의 언행을 보인 것이다. 이런 배경 아래, 조선의 노비는 이중적 성격을 가진 예속인으로 나름의 생활을 영위해나갔다.

조선의 노비제도는 지배층이 그토록 떠받들던 중국 사회에는 없던 세습성을 강하게 가져, 같은 땅에서 태어나 같은 말을 쓰는 사람을 대를 이어 노비로 만들었다. 그러면서도 신분 상승의 길을 원천적으로 차단하지는 않아 전쟁이나 국가 위기 시에 공功을 세우면 천인 신분에서 벗어날 기회를 주었고, 몸값을 받고 노비 신분을 풀어주는 속량贖良 제도를 두었다. 이름조차 도야지(돼지)와 망오지(망아지) 등 동물에 빗대어 천하게 부르면서 다른 신분의 사람과 결혼할 수 있었다. 소유주에 의해 상속되고 매매돼 물품처럼 취급됐지만, 일정한 소송권을 보장받고 일부 노비는 재산을 가질 수 있었다는 점에선 천민 이외의 모든 사람을 이르는 양인良人의 성격을 가지기도 했다.

재산권과 가족구성 면에서 보면, 조선의 노비는 가족을 꾸려 농업생산에 참여하고 제한적인 토지소유권을 가졌던 중세 유럽의 농노와 유사한 성격을 보이며, 같은 예속인이지만 재산권이 없고 가족을 가질 수 없었던 로마제국의 노예와는 일정한 차이를 드러낸다. 노예 상징 측면에서도 조선의 노비는 노예와는 일정한 거리를 둔다. 대개 노예는 일반인과 확연히 구별되는 복장과 두발을 갖추게 하고 심하면 문신을 새겨 예속인이라는 낙인을 찍는데, 이런 노예 상징이 조선 노비에게는 그리 강하지 않았다. 죄인의 얼굴이나 팔뚝에 먹물로 죄명을 찍어 넣는 자자刺字라는 형벌이 있었지만, 조선 지배층은 노비의 몸에 문신으로 낙인을 찍지는 않았다. 또한 복장이나 머리 모양에서 평민인 상민과 그다지 차별이 없었다. 11세기에서 16세기에 이르는 시기의 일본 게닌下人은 천민 신분의 상징으로 머리에 검은 두건을 써야 했는데, 조선 노비는 이에 비하면 예속 상징의 정도가 약했다고 볼 수 있다.

이처럼, 조선의 노비는 재물로 취급됐지만 한편으로는 제한된 인격성이 허용된 인간이기도 했다. 부분적인 자유와 권리를 가진 조선 노비는 '물화物化된 존재나 다름없는 노예'와 동일한 예속인이 아니었고, 그렇다고 일반적인 인간으로 취급받는 온전한 존재도 아니었다. 일치되지 않고 혼란스러워 보이기조차 하는 이러한 조선의 노비제도는 적절한 규모의 노비를 유지해 양반층의 이익을 채우면서도 국가를 운영하고 사회체제를 지속시키려는 지배전략의 산물이기도 했다. 이런 통제정책 아래, 노비들은 국왕이 베푸는 은전을 받기도 했지만, 더 많은 날을 수탈과 억압을 견디며 보내야 했다.

농사 작황이 매우 좋지 못한 경기지역 여러 고을에 거주하는 노비에게 관아에 바치는 신공身貢을 면제해 주었다.

－『태종실록』 31권, 태종 16년(1416) 3월 9일

집의執義 이익, 장령掌令 김징 등이 임금에게 아뢰었다. "내수사 노비 1인이 내야 하는 원래의 신공은 쌀 10두斗(100되)밖에 안되니, 본디 그렇게 무거운 신역이 아닙니다. 그런데 내수사 소임을 맡은 무리가 중간에 온갖 방법으로 수탈해 10두보다 더 받아들이니 거의 30두에 이릅니다. 그러니 한 가구 내에 여러 명의 식구가 동거하는 자들은 어떻게 이를 마련해낼 수 있겠습니까. 쌀을 받아들이는 이 한 가지 일이 이런 지경이고 보면, 노비에 관한 그 이외의 일이 어떠하리라는 건 미루어 알 수 있습니다."

－『현종개수실록』 16권, 현종 7년(1666) 12월 11일

조선의 위정자들이 내세운 정책의 명분과 그 실행의 현실이 일치하지 않을 때가 많았듯이 법전의 조세 규정과 삶터에서의 수취 현실은 어긋날 때가 다반사였다. 노비로서 져야 할 부담은 법정 기준의 몇 배를 넘어서기 일쑤였고 통제와 규제의 짓누름 또한 가중되기 마련이었다. 경기지역 노비들 또한 그런 모진 세월과 속박의 굴레를 감내하며 조선의 지배질서를 유지하는 한 축으로 존재했다.

11장

복종과 저항 사이에서
노비

18세기 후반 경기 사족 집안의 노비,
여전히 일천즉천의 세습제 굴레에 갇히다

노비 확대의 비결 – 일천즉천과 양천교혼

노비와 양인의 균형을 맞추라

노비를 통제하라 – 은위병행恩威竝行

저항하는 경기 노비들, 양반사회에 균열을 내다

18세기 후반 경기 사족 집안의 노비,
여전히 일천즉천의 세습제 굴레에 갇히다

　　1731년에 시행한 노비종모법은 흔히 노비 자녀의 신분을 상승시키고 양인 계층을 늘린 획기적인 정책으로 평가받는다. 하지만 노비 인구를 감소시켰다는 이 노비종모법은 시행 후 정착되기까지 상당한 시일이 걸렸다. 아버지가 노비 신분이라도 어머니가 양인이면 자식은 노비가 아니라 양인으로 삼는다는 규정을 법 조항으로 명기했지만, 이 법안이 현실에서 제대로 지켜지기까지는 수십 년의 세월이 필요했다. 노비종모법에 대한 양반층의 저항이 만만치 않았던 것이다. 시행 후 거의 90년이 지난 1818년 무렵에 개혁 지향의 실학자 정약용이 노비종모법으로 인한 노비 감소를 국가의 위기라며 우려를 나타냈으니, 노비종모법은 대체로 18세기 후반 이후에 실제적인 효력을 나타냈던 것으로 보인다.[1]

　　이러한 점은 경기도 안산에 세거지를 두고 서울 주거지를 오가며 생활했던 이목형 집안 노비들의 신분 세습 실상을 미루어 알 수 있다. 이목형 집안이 1762년에 발급받은 준호구準戶口에는 사망 노비까지 포함한 185명의 노비가 실려 있는데, 이중 어머니가 천민인 노비가 127명이며 어머니가 양인인 노비가 32명, 어머니의 신분이 기재되지 않은 경우가 26명이었다.[2] 노비종모법 규정에 따라 어머니가 양인이면 자식은 노비가 아니어야 하는데도 불구하고, 이목형 집안 노비의 20퍼센트 가까이 이르는 32명이 국가에서 관리하는 문서인 호적에까지 버젓이 올라 천민으로 살아가야 하는 게 당시의 현실이었다.

한편 부모 중 한쪽을 양인으로 둔 노비, 곧 양천교혼良賤交婚으로 출생한 노비는 38명으로 전체 노비 185명의 21퍼센트에 달했다.[3] 부모 모두가 천민인 노비는 30명으로 15퍼센트를 약간 넘는 수준이었다. 양천교혼인지 천민들 간의 신분내혼身分內婚인지 파악이 불가능한 부모를 둔 노비가 117명인데, 이를 제외하면 천민들 간의 혼인보다 양천교혼이 더 많았음을 알 수 있다. 더구나 신분에 따른 부모의 결혼 형태가 파악되지 않는 경우 중 상당수는 양인 아버지를 호적에 기재하지 않아 일어난 것으로 보여, 양천교혼으로 태어난 노비는 호적상의 기록보다 더 늘어날 것으로 파악된다. 공식적인 혼인 관계를 갖지 않은 양인 신분의 남성은 자신이 '태어난 노비의 아버지'라는 사실이 공개되는 것을 꺼려 호적에 기재하지 않는 경우가 자주 있었다. 특히 양반 신분의 남성일 경우엔 핏줄로는 아버지이지만 호적의 부父 기재란에는 '부지不知'로 표기하거나 아예 아무것도 기재하지 않을 때가 많았다.

일반적으로 양천교혼 비율은 16~17세기에는 매우 높았으나 18세기 전반에 노비종모법이 실시되면서 감소하는 것으로 알려져 왔는데, 경기지역 사족인 이목형 집안의 노비 실상은 18세기에도 양천교혼이 상당했다는 사실을 보여준다. 부모 한쪽이 노비이면 자식이 노비가 되는 일천즉천의 노비 세습제와 그에 따른 양천교혼 관행의 뿌리가 그만큼 깊고 질겼다는 뜻이기도 하다. 이 시기 조선 사회 전체의 노비 규모는 감소 추세였지만 대를 이어 노비를 양산하는 일천즉천의 노비 세습제는 여전히 작동하고 있었다.

노비 확대의 비결 – 일천즉천과 양천교혼

　　조선 사회의 노비 전체 규모는 시기에 따라 차이가 있지만 15세기에서 17세기 무렵엔 인구의 30~40%까지 달했다. 양반사회의 최전성기라는 이 시기에 노비 비율이 가장 높았다는 사실은 우연이 아닐 것이다. 1467년에 이뤄진 인구조사에 의하면 전국의 공사公私 노비는 모두 350만 명으로 추정된다. 이는 당시 전체 인구 900만 명의 39%에 이르는 수치다.[4] 일부 지역에서는 이보다 웃돌기도 했는데, 17세기 한양 북부의 성 밖 지역에는 노비 가구가 마을 전체의 절반을 넘기도 했다.

　　고려시대 노비는 대체로 인구의 4~5% 정도였으며, 노비가 증가한 시기라도 10%를 넘지 않았다고 한다. 13세기 말에서 14세기 초의 노비는 인구의 10%에 조금 못 미쳤는데, 14세기 중반부터 규모가 늘어나기 시작한다. 이어 왕조 교체기를 거치고 15세기를 지나면서 급속히 증가해 이후 최고조에 이른다. 이러한 노비 증가 추세는 공노비 조사에서도 드러난다. 1392년에 8만 명이던 공노비는 1467년 인구조사 때는 45만 명에 이를 정도로 증가했다.

　　노비세습제가 조선시대 노비 인구 팽창의 가장 큰 요인 중 하나였다. 이는 같은 문명권인 중국 사회에는 없던 제도였다. 중국은 노비 신분을 당대로 제한했으며, 명나라(1368~1644) 시대에는 일종의 머슴제도로 전환하는 정책을 펴기까지 했다. 하지만 조선은 이전부터 시행돼온 노비세습제를 그대로 받아들이고 한편으론 강화하기까지 했다.[5] 고려 전기의 노비 신분 세습은 부계父系와는 관계없이 모계母系 신분을 물려받는 천자수모법賤子隨母法을 따랐는데, 고려 후기 들어 일천즉천의 원칙이 통용된다. 조선 지배세력은 이러한 노비세전법을 받아들여 『경국대전』에 법 조항으로 명시한다. 조선의 노비세습제가 얼마나 강고했는지, 16세기 후반에 일어난 안타깝고도 참담한 한 사건을 통해 그 실상을 살펴보자.

선조 16년인 1583년, 경상도 주민 500여 명이 함경도 국경지대로 잡혀가는 초유의 사태가 발생했다.[6] 함경도 최북단인 경원부로 쇄환되는 이 무리에는 천인과 평민은 물론 양반 신분의 남녀까지 포함돼 있었다. 이들은 경원부 관아에 예속되었던 한 관비官婢의 자손과 그 친족이었다. 110여 년 전에 옥비라는 관비가 무관의 첩이 되어 경상도 진주로 내려가 신분을 감추고 살면서 후손을 이었는데, 이 해 들어 옥비의 정체가 탄로 나면서 후손 모두가 하루아침에 노비 신세가 된 것이다. 원적지를 이탈한 관비와 그 자손은 쇄환하는 것이 원칙이었다.

> 경원부의 속공 노비인 옥비가 도망해 영남에서 살다 죽은 지가 이미 80년이 지났다. 그렇지만 법으로 따지면 아직 경원부 관비에 소속돼 있었다. 대신들이 "이 법은 조금도 늦출 수가 없다. 그 자손을 모두 경원부로 되돌려 보내야 한다"고 의논하였다. 옥비는 남의 첩이 되어 양인으로 행세한 지가 이미 오래였으며 자손은 모두 사족士族에게 출가했다. 그 수가 무려 수백여 명에 달했다.
> ─『선조수정실록』17권, 선조 16년(1583) 4월 1일

『경국대전』에는 관비를 속량하지 않은 채 첩으로 삼았다가 발각되면 그 관비는 원적지로 쇄환해 도로 천인으로 삼는다는 규정이 있었다. 또한 일천즉천의 노비세습제가 적용되기에 그 자손들 역시 관노비로서 경원부에 소속됨이 법제상으론 당연했다. '500여 명 쇄환'이라는 이 사태는 결국 노비세습제가 만들어낸 비극이었다.

> 김위가 임무를 대신해 조사하니 관련자가 500여 명이었다. 자손 외에도 아내가 되어 남편을 따라가기도 하고 남편이 되어 아내를 따라가기도 했다. (…) 여자 한 사람에 남편 두 사람이 연좌되기도 하고 첩 때문에 본처까지 연루되기도 했는데, 그중에는 사족들도 많이 끼어 있었다. 걷거나 말을 타고 가는 이가 있었으며 수레를 타거나 업혀 가는 자도 있었다. 통곡 소리가 길에 가득해 지켜보는 사람들이 모두 눈물을 흘렸다. 걷다가 결국은 길에서 쓰러져 죽은 이도 적지 않았다.
>
> – 우성전禹性傳, 『계갑일록癸甲日錄』 1584년 5월 17일

가혹한 노비세습제에 더해, 고려시대에는 금지됐던 양인과 천인의 결혼까지 실질적으로 허용되면서 노비 증가가 가속화됐다. 노비 주인은 사내종과 양인 여자, 여종과 양인 남자 간의 혼인을 통해 이전보다 훨씬 쉽고 빠르게 노비를 늘려나갈 수 있었다. 16세기 중반 경상도 성주에 거주했던 이문건 집안에서도 이런 양천교혼 사례가 발견된다. 여종 춘비는 양인 신분의 남자와 혼인했는데 아들을 낳은 뒤 출산 휴유증으로 사망한다.[7] 그러자 이번엔 다른 여종인 눌질개를 춘비의 남편과 혼인하게 한다. 여종 남편은 양인 신분이라도 혼인관계가 유지되는 동안 아내 주인집의 잡일에 무상으로 동원됐는데, 주인 입장에서는 노비의 확대 재생산은 물론 인력까지 확보하는 셈이었다. 이러한 양천교혼

은 특정 지역에서 일어나는 일시적인 현상이 아니었다.

우의정 윤은보가 임금에게 의견을 올렸다. "의령의 토호들이 향리와 서원書員을 위협해 여종의 남편으로 삼고 구차하게 요역을 면하였습니다. 이런 폐단이 고질화하여 출생한 자식들은 다 사노비가 되니 현읍縣邑이 텅 비는 지경에 되어 거의 지탱할 수 없게 되었습니다."

- 『중종실록』81권, 중종 31년(1536) 1월 7일

특히 노비 소유주들은 사내종과 양인 여자의 양천교혼을 권장했다. 반면 사내종이 타인의 여종과 혼인하면 벌을 내리거나 불이익을 주었다. 서로 다른 주인을 둔 사내종과 여종이 혼인해 낳은 자식의 소유권은 여종의 주인에게 있었기 때문이다. 노비 주인들은 관권을 동원하고 위력을 행사해 양인 여자를 사내종의 아내로 만들기도 했다.

삼정승三政丞이 임금에게 아뢰었다. "엄귀손은 일찍이 양인의 여식을 취하여 아름다우면 첩으로 들이고 아름답지 않으면 종의 아내로 삼았습니다."

- 『연산군일기』 39권, 연산 6년(1500) 11월 6일

사신史臣은 논한다. 관찰사를 지낸 심전은 전주 부윤이었을 때에 양민의 여식을 뽑아 관아로 들어오게 했다. 그리고는 자기의 사내종과 혼인시켰다.

- 『명종실록』 33권, 명종 21년(1566) 10월 5일

영부사領府事 송시열이 임금에게 아뢰었다. "양인 신분으로 사내종에게 시집간 여자가 지아비가 죽어 수절하고자 했습니다. 그런데 사내종의 주인이 노비 자식을 얻고자 억지로 개가시켰다고 하니, 놀랄 따름입니다."

- 『숙종실록』 11권, 숙종 7년(1681) 1월 16일

양천교혼은 15세기 후반부터 증가해 16세기에 접어들면서 점차 그 비율이 높아진다. 16세기 초 경주 손씨 가문의 상속문서에 따르면, 이 집안 노비의 양천교혼 비율이 약 31퍼센트로 나타난다. 16세기 중반 화순 최씨 한 집안의 노비 양천교혼 비율은 무려 58퍼센트에 이른다. 이러한 추세는 17세기에도 이어져 1609년 울산 지역 사노비의 경우 양천교혼 비율이 절반을 넘었다.

노비 증식 방안은 매우 적극적이고 치밀했다. 주인들은 노비를 양인과 결혼하도록 강요하는 한편 자식을 많이 낳는 노비에게 상을 내리며 노비 증식을 꾀하기노 했다. 생산력뿐 아니라 국가재원 확보와 직결되는 인구 규모가 곧 국가경쟁력이었기에 다산 장려는 양반 가문뿐 아니라 나라에서도 중시하는 정책이었다. 조정에서는 상민은 물론 노비의 증식을 유도하기 위해 여종이나, 사내종과 혼인한 양녀가 셋 이상의 다둥이를 한 번에 낳으면 쌀과 콩 10석(1000되)을 내렸다. 이는 당시 종9품 관료의 연봉에 해당하는 지원액이었다. 경기지역 노비에게도 다산을 염두에 둔 이런 은전을 베풀었다는 기록을 『조선왕조실록』에서 어렵지 않게 찾아볼 수 있다.

> 임금이 개성부에 사는 사비私婢 승가﨑加가 한 번에 세 남자아이를 낳았으므로 쌀과 콩 10석을 주라고 명하였다.
>
> ─『세종실록』 23권, 세종 6년(1424) 3월 15일

> 예조에서 임금에게 아뢰었다. "경기 금천에 사는 사노私奴 복만의 아내인 양녀良女 춘덕과 충청도 한산에 사는 선군船軍(수군) 최중의 아내인 양녀 귀비가 한꺼번에 아들 셋을 낳았습니다. 청컨대 전례에 따라 두 여인에게 쌀과 콩 10석을 내려 주게 하소서." 임금이 이를 따랐다.
>
> ─『성종실록』 73권, 성종 7년(1476) 11월 18일

노비와 양인의 균형을 맞추라

    세습이 아니라 범죄를 저질러 노비가 되는 경우도 있었다. 모반죄와 강도죄를 범한 자의 가족은 주로 관노비나 고관대작의 노비로 삼았다.[8]

    하층 양인 백성의 몰락도 노비 증가에 한몫했다. 고리대를 갚지 못하는 채무불이행이나 경제 파탄으로 노비로 전락하는 자가 있었다. 16세기를 전후해선 가혹한 세금과 군역을 감당치 못한 양인 농민이 양반관료나 지주 집안에 의탁하는 경우가 늘어났다. 이들은 세력가의 힘에 기대거나 양반 집의 노비가 되어 국역을 피하고자 했다. 감당하기 힘든 국역을 짊어지고 관리에게 시달리느니 차라리 천역賤役을 택한 경우였다. 수탈과 가난이 노비를 증식시킨 것이다.

> 권예가 임금에게 아뢰었다. "이즈음은 양인이 국역에 몹시 시달려 오히려 천인이 되기를 원합니다. 불법으로 양인을 천인으로 만들어 국역에서 빼내면 이를 처벌할 수 있지만 스스로 의탁하는 백성에게는 그 법을 적용할 수가 없습니다."
>
>   -『중종실록』 75권, 중종 28년(1533) 7월 14일

    양반 관료나 지주에 의탁한다고 해서 반드시 노비가 되는 것은 아니었다. 하지만 노비가 되지 않는 이들은 대부분 의탁한 뒤에 그 집안의 노비와 혼인관

계를 맺음으로써 노비와 다름없는 처지가 됐다. 때로는 세력가에 의탁하기 위해 자의로 노비와 혼인하기도 했다. 이런 상태에서 노비 소유주들은 강압에 의한 양천교혼이 아니더라도 자신의 노비를 늘려나갈 수 있었다.

> 사헌부에서 상소했다. "양인이 유독 생활이 어려워 이들은 권세가나 지주에 투탁해 살아가려 합니다. 남자는 그 집 여종의 남편이 되고 여자는 사내종의 아내가 되어 시간이 지나면 노비로 전락합니다. 이들의 열악한 상태를 틈타 강제로 노비로 삼기도 합니다."
>
> ― 『중종실록』 22권, 중종 10년(1515) 6월 23일

세습과 가난, 범죄 등 여러 요인으로 노비가 증가한 결과, 16세기에 한때는 양인보다 노비가 많아지는 기현상이 일어나기도 했다. 노비 소유주에게는 이런 상황이 이득이었지만 국가 전체로 보면 재정 위기를 초래하고 국가운영 자체를 불안하게 하는 사태였다. 양인이 감소하고 노비가 늘어나면 군역을 비롯한 국역 의무자가 줄어들고 세금을 거둘 수세원이 축소되니, 과도한 노비 증가는 결국 국가와 사회의 존립 자체를 위협하는 요소였다.

> 아침 경연에서 지사知事 신용개가 임금에게 아뢰었다. "함경도의 군사 시설과 장비가 매우 허술하고 양곡 또한 모자라니 만일 갑작스러운 변고가 생기면 무엇으로 방비하겠습니까? 대체로 보아 공사천公私賤의 남녀가 혼인하여 낳은 자식은 모두 천인이 되니, 이로 인하여 양인이 점점 적어집니다. 지금부터라도 아비를 따르든가 어미를 따르든가 일정한 법을 제정해 양인 남녀의 자식은 모두 천인이 되지 않도록 함이 어떻겠습니까?"
>
> ― 『중종실록』 21권, 중종 10년(1515) 2월 12일

노비 증가와 양인 감소가 한계치에 이르자 조정에서는 양인 증가정책을 시도했다. 아버지가 노비일 경우에만 노비 신분을 세습하게 하자는 종부법從父 法을 잠시 시행하고, 양인과 노비가 결혼하는 것을 일시 금지하기도 했지만 현실에서는 제대로 지켜지지 않았다. 이처럼 양인 증가정책과 노비 증가정책을 수차례 번복하다 영조 시기인 1731년에 종모법從母法으로 귀착됐다. 이 시기엔 양인 여자와 천인 남자가 결혼하는 경우가 많았는데, 어머니를 따라 그 자녀도 양인이 되도록 해 양인 규모를 확대하려 했던 것이다. 경기지역 사족인 이목형 집안 노비의 실태에서 보았듯이 제대로 정착되기에는 오랜 시일이 걸렸지만 말이다.

이런 면에서 보면, 조선의 노비정책은 양인을 적정 규모로 늘려 국가재정을 튼튼히 하려는 왕권과 개인 소유의 노비를 늘려 영향력을 키우려는 신권臣權이 부딪쳐 갈등하고 타협하던 다툼과 조정의 정치결과물이었다. 지배질서를 유지하고 기존 체제가 지속 가능할 정도로 양인과 노비의 규모를 맞추는 것, 이것이 조선 사회 신분정책의 최대 관건이었다. 양반층은 왕권을 견제하고, 때로는 왕과 협력해 이 균형추를 맞추어나갔고 그 토대 위에서 조선의 지배체제와 신분질서는 수백 년 동안 지속할 수 있었다.

노비를 통제하라 – 은위병행恩威竝行

전국을 유람하며 많은 기행奇行을 남긴 토정 이지함(1517~1578)은 한때는 뛰어난 행정가의 자질을 보인 문신이기도 했다. 1574년 무렵 경기도 포천 현감으로 재직할 때 어업과 광업을 활성화해 국가경영에 활용하고 백성의 생업 기반을 탄탄히 하자고 주장했으며, 임진강의 범람을 미리 알고 방책을 마련해 주민의 목숨을 구했다는 일화를 남겼다. 이후 아산 현감으로 있으면서 걸인청乞人廳을 설치해 빈민 구호에 힘썼으며 과도한 군역 부담을 줄이자는 상소를 올리기도 했다.

민생 안정을 위해 산업진흥을 추진하고 백성의 고통을 줄이고자 힘썼던 이지함은 노비제에 대해서는 어떤 견해를 가졌을까? 노비 활용을 두고 당대 최고의 유학자인 이이와 나누었다는 일화는 이지함이 가졌던 노비관을 짐작하게 한다. 그는 좋은 노비를 구하고자 하면 마음만 수고로울 뿐이니 노비를 잘 부리는 방법을 구하는 게 더 낫다는 의견을 이이에게 피력했다고 한다. 주인에게 노비의 가치는 실제로 그 노비의 노동력을 얼마나 잘 활용하느냐에 달려 있는데, 이지함의 의견은 노비를 최대한 활용하려면 노비에 대한 효과적인 통제와 다스림이 뒷받침돼야 한다는 전제를 둔 견해였다. 빈민과 어울리고, 상인과 서얼뿐 아니라 노비 신분의 인물까지 문인으로 받아들인 이지함이지만 노비제도에 기반을 둔 신분질서의 테두리를 벗어나지는 못했던 것이다.

조선 사회에서 노비 통제는 가장 중요시되는 국가정책 중 하나였다. 노비를 예속 상태로 묶어두기 위해서는 여러 가지 통치전략이 필요했다. 조선시대 양반들은 은위병행을 노비 통제의 모범 답안으로 여겼다.[9] 노비가 주인에게 충성을 바치려는 마음을 가지도록 은혜를 베풀되, 상전을 두려운 존재로 대하도록 위엄을 함께 갖추어야 한다고 보았다. '당근과 채찍', '포상과 처벌'을 적절히 구사해야 한다는 뜻이기도 하다.

조선의 위정자들은 노비 관리를 노비주奴婢主 개인에게만 맡겨 두지 않았다. 국가 차원의 노비 관리와 통제 정책을 실시하기 위한 법과 제도를 마련했다. 우선, 신분 관계를 드러내고 신분에 관한 사항을 기록한 호적에 "노비"를 명기해 위계와 직역을 분명히 했다.

노비가 주인에게 함부로 대항하지 못하도록 하는 법률을 만들고, 이 법을 어길 경우에 집행할 형벌을 제도화했다. 세종 초인 1422년에 노비는 모반이나 대역죄를 제외하고는 주인의 범법 행위를 관아에 고발할 수 없다는 법 규정을 두었다. 이를 어기고 노비가 주인을 고소하면 교수형에 처하도록 했으며, 노비의 배우자가 대신 신고해도 곤장 100대에 처하거나 유배형을 내릴 수 있었다. 주인이 바뀌어도 이전의 주인을 고소할 수 없도록 했다. 이러한 법률 제정으로, 물리력으로 신체를 구속할 수 있는 국가권력이 주인의 편임을 노비에게 분명하게 인지시켰으며, 이는 노비 소유주가 노비를 효과적으로 통제할 수 있는 강력한 수단이 되었다. 노비는 주인이 혹독한 형벌을 가하거나 심지어 자신의 부모 형제를 죽여도 이 법 조항에 따라 원칙적으로 관아에 호소할 길이 없었다. 고려시대에는 주인이 법을 어기면 노비가 고소할 수 있었지만 조선시대 들어 노비는 주인에게 생사여탈권까지 장악당하는 처지가 됐다.

조선 사회는 신분에 따라 법 적용의 기준을 다르게 하고 형벌을 차별하는 철저한 노비통제정책을 폈다. 노비가 죄를 지으면 일반인이 죄를 짓는 경우보다 훨씬 무거운 형을 과했다. 예를 들어, 주인이나 가까운 친족이 노비를 구타해도 죽지만 않으면 벌을 받지 않았지만 노비가 주인이나 주인의 친족을 구타했을 때는 사형에 처할 수 있었다. 노비가 주인에게 욕을 하는 모욕죄도 폭행과 같은 처벌기준이 적용됐다. 같은 신분을 가진 사람 사이에서 이 모욕죄가 성립하면, 가해자에게 작은 형장荊杖으로 볼기를 치는 태笞 10대의 처벌을 내렸다. 하지만 노비가 주인을 욕하면 교수형에 처할 수 있었으며, 노비가 주인의 가까운 친족을 욕하면 큰 형장인 장杖으로 80대를 치고 2년 동안 중노동을 시키는 형벌을 내렸다. 주인에 대한 노비의 대항 행위에는 교수형 이상의 무거운 형벌을 내려 더 가혹하게 처벌하도록 했다. 조선시대 노비는 주인에게 지배당하면서 공권력에 의해 제대로 보호받지 못하는 존재였다.

이런 상황에서 노비에 대한 사사로운 처벌이 당연시되었고, 그 수위 또한 정도를 넘어설 때가 많았다. 15세기 중반에 여종을 때려 숨지게 한 이맹균 부인의 폭압과, 18세기 후반에 자신에게 욕을 했다고 노비를 죽인 이서구의 행위는 이 같은 형벌 체제 아래에서 가능했던 것이다.

노비주의 사사로운 처벌은 법적으로 허용된 권리였다. 그렇지만 노비가 저지른 모든 일탈과 범법 행위를 처벌할 권한까지 부여하지는 않았으며, 사사로운 처벌은 노비가 주인에 대해 저지른 잘못에 대해서만 적용하는 게 원칙이었다. 하지만 이 규정 또한 현실에서는 제대로 지켜지지 않았으니, 실제로 주인에게는 노비의 언행을 비롯한 일거수일투족을 억압할 수 있는 막강한 힘이 부여돼 있었다. 대부분의 노비주들은 이 처벌 권한을 남용하며 위계질서를 세우고 한편으론 노비의 일상생활과 노동을 통제해나갔다.

> 사내종을 데리고 말을 타고서 여러 밭을 돌아보다 종들이 제초작업을 하는 밭에 갔다. 오전에 해야 할 작업은 다 끝냈지만 아직 5, 6 이랑이 남아 있었다. 그런데도 모두 냇가의 나무 그늘에 누워 자고 있었다. (…) 내가 와서 볼 줄은 요량하지 못하고 이전 버릇을 되풀이하니 그 태만함이 실로 매우 심했다. 분한 마음이 들어 즉시 두 여종의 머리채를 쥐어 끌어내게 한 뒤에 채찍으로 정강이를 40여 차례 매질했다.
>
> – 오희문, 『쇄미록』 1598년 7월 13일

노비 통제를 순조롭게 하고 이를 지속하려면 법과 형벌, 체벌과 징계로 노비를 누르는 한편 아량을 보이고 물질을 베풀어 노비의 마음을 얻어야 했다. 스스로 복종하고 순응하는 노비를 만드는 게 노비를 다스리는 데는 오히려 더 효과적일 수 있었다. 충직한 노비를 수하에 두기 위해서는 무엇보다 최소한의 생활 안정을 보장해야 했다. 의식주에 대한 지원은 물론 질병을 치료해 주고, 외부의 다른 사람으로부터 침해를 받으면 보호자 역할도 맡아야 했다. 때로는 실수나 잘못을 너그럽게 받아들이는 관용도 베풀어야 한다.

노비의 장례와 제사 등 의례 면에서도 일정한 배려가 필요했다. 종의 장례식 때 관과 제물을 마련해 나름 후하게 장사를 지내주는 주인이 없지 않았으며, 대를 이을 자식 없이 죽은 노비를 위해 제사를 지내주는 주인도 있었다. 장례와 제사에 대한 관심은 상전으로서의 덕을 드러내고 환심을 사는 꽤 효과적인 노비 관리방안이었다. 조선 후기의 문신이자 서화가인 이인상(1710~1760) 집안의 사내종이었던 유공有功의 장례에서 이런 점을 엿볼 수 있었다. 1756년 11월 중순, 유공은 충성스럽고 부지런한 행실을 인정받아 경기도 양주에 있는 주인 집안의 선영 인근에 묻혔다.[10]

> 지난달 너(유공)는 양주로 가서 새끼를 꼬고 이엉을 엮어 모정茅汀(이인상의 형)의 집을 다 지은 뒤 종강(지금의 서울시 명동 지역)으로 돌아왔는데 얼굴에 굶주린 기색이 완연했었네. 죽기 하루 전에도 깨진 시루를 고쳤는데, 회칠하고 빨래하며 능히 해낼 수 있다고 말했었지. 얼마 지나지 않아 너는 저승에 있으니, 너무도 부지런히 일했건만 의복과 음식이 풍족하지 못했구나. 아아! 선친의 제사에 횃불 들 종이 없구나. 너는 묻히매 돌아갈 곳이 있으니 선친의 묘소 곁이라네. 우리 형제는 해마다 네 무덤에 찾아갈 것이네. 백중과 한식에는 무덤에 난 풀을 베어줄 것이네.
>
> – 이인상, 「제노복유공문祭老僕有功文」『뇌상관고雷象觀藁』

물론 노비의 장례와 제사에 대한 주인의 배려가 다른 노비의 충성을 끌어내기 위한 의도적 목적에서만 행해지지는 않았을 것이다. 오랜 기간 함께 생활하면서 쌓인 인간적 유대감이 작용했을 수도 있다. 더구나 유공의 주인은 제문까지 지어 마음을 보였으며, 제문에는 좋은 소임을 다했지만 주인인 자신은 종을 풍족하게 해주지 못했다는 자책감까지 묻어난다. 그런데도 주인의 이런 배려는 충직한 노비가 되면 받을 수 있는 대우의 한 표본이 되어 다른 노비들에게 영향을 미칠 수밖에 없었다. 주인의 배려와 대우는 크게 보면, 은위병행의 통제 방안에서 본 '당근'이 되고 '포상'이 되는 셈이다.

노비 다스림을 위한 포상은 노비주의 집안에서만 일어나는 일이 아니라 국가 차원의 통치 방안이기도 했다. 위정자들은 노비의 자발적인 복종을 유도하기 위해 양면정책을 실시해, 노비에게 가혹한 형벌을 집행하면서 한편으론 충직하고 말 잘 듣는 노비를 선정해 은전을 베풀거나 정문旌門을 세워 기념했으며, 때로는 노비 신분에서 벗어나게 하는 면천이라는 상을 내렸다.

경기지역 사례로, 나라에서 행한 노비 포상정책의 일단을 들여다보자. 조선시대 당시 경기도 양주에 속했던 도봉산 무수골에는 16세기를 전후한 시기에 생존했던 한 사내종의 무덤이 지금도 전해온다. 자신의 목숨까지 내던져 주인을 처형에서 구해낸 금동金洞의 묘이다.

> 금동은 강녕부정江寧副正인 이기李祺의 종이다. 폐주廢主(연산군) 때 흥청興淸에 소속된 세은가이가 왕의 지극한 총애를 받았다. 그의 아비가 이런 권세를 믿고 이기의 집을 빼앗고도 부족해 소실小室까지 취하려 했다. 이를 목적으로 이기가 능욕을 했다고 거짓말로 고소하니, 폐주가 크게 노하여 이기와 금동을 잡아 가두고 죽이려 했다. 이때 금동이 나서서 이렇게 진술했다. "그 일은 종이 한 짓이요, 주인은 알지 못하는 일입니다." 금동은 여섯 차례나 고문을 받았으나 끝내 그 의지가 조금도 변함이 없었다. 금동은 스스로 극형을 당하고 주인의 죽음을 면하게 했다.
>
> — 『중종실록』 5권, 중종 3년(1508) 4월 5일

조정에서는 금동을 "의로운 노비義奴의노"라 칭하며 표창을 하고 가족의 요역을 면제해주었다. 충직을 기리는 정문까지 세워 금동의 충의를 후세에까지 알리도록 했으니, 주인을 위해 목숨을 바친 노비의 결단은 강상綱常의 한 표본이자 모두가 본받아야 할 윤리적 행위로 오랫동안 선전되었다.

조선의 위정자들은 주인과 노비의 관계를 사람이 지켜야 할 근본 도리인 강상의 차원에서 보고자 했으며, 그 관계를 삼강三綱의 하나인 군위신강君爲臣綱

에 준하는 것으로 규정했다.[11] 신하가 임금을 섬김이 당연하듯이 노비가 주인을 모심이 당연한 이치라는 논리였다. 그래서 이들은 "주인과 노비 사이는 군신君臣의 분별과 같다"거나, "주인과 노비 사이는 군신의 의義와 같다"는 말을 하며 이를 끊임없이 백성에게 주입했다.

> 사헌부에서 아뢰었다. "무릇 주인과 노비의 분계分界는 바로 군신의 의리와 같습니다. 이 분계가 없으면 의리가 없어지고 삼강도 없어지게 되는데, 삼강이 없으면 무엇으로 나라를 다스리겠습니까?"
>
> – 『광해군일기』 148권, 광해 12년(1620) 1월 11일

위정자들은 위력에 기반을 둔 강압과 예속의 관계를 인륜과 도리의 차원으로 옮겨놓음으로써 지배와 피지배라는 주노主奴 관계의 근본 성격을 감추고 노비의 자발적 복종을 유도하려 했다. 노비를 소유의 대상으로 보아 재물과 같이 취급했지만 주인 자신들과의 관계에서는 노비에게도 인간으로서 마땅히 지켜야 할 도리가 있다고 했다. 그 도리란 주인에 대한 복종이었다. 무엇보다 노비가 '자신은 주인에게 복종해야 하는 종속된 존재'라는 의식을 가질 때 주인이 노비를 가장 손쉽게 다룰 수 있었다. 노비가 자신이 노비임을 스스로 인정해 몸뿐 아니라 마음마저 스스로 예속될 때 노비는 주인의 온전한 소유물이 될 수 있을 터였다. 주인과 노비의 관계가 강상 차원에서 다루어지면서 결국은 주노 사이의 상하질서에 따른 위계와, 존귀함과 비천함이라는 차별마저 당연한 것으로 받아들여지게 되었다.

삼강의 논리를 앞세운 위정자들의 포상과 교화 정책은 유교윤리 전 분야에 걸쳐 이뤄졌다. 효행을 다하고 정절을 지킨 노비에게도 상을 내리거나 집 앞

에 정문을 세워주어 충忠 · 효孝 · 정貞의 유교가치를 확산하고 노비층의 지배질
서 순응을 이끌고자 했다.

> 예조의 청에 따라, (경기도) 고양현에 접한 곳에 사는 노인 김연과 그 며느리
> 인 사비 내은장에게 옷과 양식을 주도록 명하였다. 내은장이 104세 되는 시아
> 버지를 마음을 다해 봉양하였기 때문이다.
>
> - 『태종실록』 34권, 태종 17년(1417) 10월 16일

> 예조에서 임금에게 아뢰었다. "경기도 광주에 거주하는 사비私婢 내은이는 그
> 아비가 강도가 쏜 화살에 맞을 뻔했는데 자기 몸으로 보호해 구했습니다. 이
> 는 참으로 칭찬할 만한 효행이니 『경국대전』의 규정에 따라 정문을 세우고
> 부역을 면제해주도록 하소서." 임금이 이를 따랐다.
>
> - 『성종실록』 254권, 성종 22년(1491) 6월 21일

> 임금이 (경기도) 양성에 사는 사인士人 권두용의 아내 이씨李氏와 (경기도) 광
> 주에 거주하는 사비 천분은 열녀이니 정문을 세워 세상에 널리 알리라고 명
> 하였다.
>
> - 『순조실록』 12권, 순조 9년(1809) 3월 14일

저항하는 경기 노비들, 양반사회에 균열을 내다

인륜 차원에서 규정한 주인과 노비의 관계는 애초에 노비의 동의에 기반을 두고 이뤄진 게 아니라 시배층의 일방적인 선택에 따른 결과일 뿐이었다. 은위병행으로 노비를 관리하고 통제해 나갔지만 어느 시대 어느 곳에서든 일어나는 반항과 저항 행위를 모두 막아낼 수는 없었다.

형조에서 임금에게 아뢰었다. "함양에 사는 여종 소비는 15살입니다. 주인인 이숙번이 억지로 범하려 하자 이를 꺼리어 칼날로 주인의 이마를 찔러 상하게 했습니다. (…) 주인인 김종혁이 노비 천외의 머리끄덩이를 부여잡고 작대기로 때렸습니다. 그러자 천외가 빠져나가려고 차고 있던 칼을 빼서 김종혁의 손가락과 이마, 볼을 찔러서 피를 흘리게 하고 옷을 여러 군데 찢었습니다. 다섯 차례 문초하면서 몽둥이로 때리고 압슬형을 가했는데도 빠져나가려고 그리 했을 뿐 살해할 의사가 없었다고 말했습니다."

- 『세종실록』 61권, 세종 15년(1433) 9월 17일

형조에서 임금에게 아뢰었다. "사비私婢 한양이 그의 지아비 옥석과 아들인 태백, 범동과 함께 상전인 변소邊詔의 아들 변세신을 구타해 죽였습니다."

- 『명종실록』 24권, 명종 13년(1558) 11월 19일

주인의 부당한 처사에 대한 노비의 대항은 모욕과 구타, 방화, 납치, 살해 등 일탈과 범죄에 걸쳐 다양하게 나타났다. 소수지만 경기지역 노비들도 주인의 폭압과 침탈에 때론 목숨을 걸고 대응했다.

사헌부에서 임금에게 아뢰었다. "경기도 과천에 거주하는 종 백동은 주인을 구타한 죄로 인천 관아 감옥에 가두고 2년 동안 국문했지만 그 실정을 밝히지 못했습니다."

－『세종실록』 30권, 세종 7년(1425) 10월 15일

경기도 광주에 사는 사비 풍개 등이 주인 조겸을 비롯한 4명을 살해했다. 죄인 중 2명은 끝까지 버티며 죄를 인정하지 않았으므로 압송해다가 형조와 사헌부, 사간원이 합동으로 심문한 뒤 형벌을 내려 처형했다.

－『선조실록』 24권, 선조 23년(1509) 3월 26일

외부의 힘을 빌려 주인을 살해한 노비들이 있었으며, 주인과 함께 그 집안의 노비 수십 명을 한꺼번에 죽인 사건도 있었다.

의금부에서, 강도를 불러다 주인을 죽인 경기도 이천에 사는 사내종 학련과 어금, 여종 학비 등을 능지처사하도록 했다. 공모한 수부水夫 출신의 중보적重甫赤 등은 즉시 처형하도록 했다.

－『선조실록』 6권, 선조 5년(1572) 10월 12일

경기 광주에 사는 김대뢰의 종인 영만이 저주하여 김대뢰와 그 노비 30여 명을 죽였다. 그러자 김대뢰의 종인 세적이 주인과 부모의 원수를 갚는다며 영만을 살해하고 자수했다.

－『영조실록』 38권, 영조 10년(1734) 5월 5일

일부 외거노비는 의무로 부과된 신공 납부를 지연하거나 아예 거부하며 신분질서에 순종하지 않는 태도를 보였다. 좀 더 나은 조건에서 노비 생활을 하기 위해 다른 상전 밑으로 들어가는 투속을 선택하는 노비도 있었다.[12] 권세가를 찾거나 궁가나 내수사에 의탁해 주인의 추쇄를 피하고 노비로서의 부담을 조금이라도 줄이려는 일종의 생존전략이었다. 노비를 숨겨두고 부린 자는 매질을 하는 장형杖刑과 강제 노역을 시키는 도형徒刑에 처하고, 내수사에 투속하는 노비는 변경 지역의 관비로 삼는다는 처벌 규정이 있었지만, 현실의 더 큰 위세 앞에선 대체로 무용지물이었다.

> 사헌부에서 임금에게 아뢰었다. "주인을 배반한 노비들이 내수사 노비와 연결해 이름을 고쳐 투속합니다. 고아나 과부 같은 주인들은 소유권을 내세우지 못하고 앉아서 빼앗기는 처지라 그 억울함이 극에 달해 있습니다. 얼마 전엔 경기도 이천에 사는 사노 막동이 주인인 유학幼學 유완을 배반하고 내수사에 투속했습니다."
>
> - 『명종실록』 15권, 명종 8년(1553) 11월 10일

투탁은 노비 상태가 계속된다는 점에서 일정한 한계를 가진 행위였다. 그렇지만 더 나은 조건과 환경을 노비 자신이 선택했다는 점을 고려하면 문제가 달리 보인다. 노비가 자신의 의사에 따라 주인을 바꿀 수 있다는 사실은 노비의 자유의지를 일부나마 인정한 셈이어서 이는 결과적으로 신분제의 근저에 충격을 가할 수 있는 행위였다. 상전의 권위가 훼손되면서 견고한 신분질서의 틀이 흐트러질 수밖에 없었다.

노비들은 예속 상태에서 벗어나기 위한 극단의 선택을 감행함으로써 신분

제 질서의 근간을 흔들기도 했다. 바로 노비의 도망이었다. 세종 11년인 1429년 초겨울, 경기도 광주에서 한 양반 집안의 노비로 살아오던 원만은 결국 탈주자의 삶을 선택한다. 정인情人뿐 아니라 이제는 자식까지 생겨 더는 마을에서 살기 힘든 상황이 닥치기도 했지만, 이참에 노비의 질곡을 끊고 숨어서라도 평민의 삶을 살고 싶기 때문이기도 했을 것이다. 원만의 정인은 주인집의 규수였으며, 자식까지 낳은 상태지만 결혼은 할 수 없는 처지였다. 신분의 장벽을 넘을 수 있는 길은 도망뿐이었다.

> 형조에서 임금에게 아뢰었다. "광주에 사는 사노 원만이 그 주인집 처녀 고음덕과 사통해 자식을 낳았는데, 결국 이들을 거느리고 도망쳤습니다. 순천까지 갔다가 원만은 목매어 자살했습니다. 고음덕은 형벌이 참형에 해당합니다." 임금이 그대로 따랐으며, 이어서 이렇게 일렀다. "간통해서 낳은 아기는 거두어 굶주리거나 추위에 얼어 죽지 않게 하라."
>
> ─『세종실록』 46권, 세종 11년(1429) 11월 4일

　노비 원만은 짧았지만 사랑하는 사람과 함께 한 도망자의 삶이 그래도 예속의 삶보다는 나았다고 여기며 거기에 만족하고 목숨을 끊었던 것일까? 사랑하는 여인과 자식을 두고서도 추쇄와 체포의 두려움을 끝내 이겨내지 못했던 것일까?

　사노비 추쇄는 기본적으로 주인이 담당해야 하지만 영향력을 가진 집안에서는 관아의 지원을 받아 노비를 추쇄했다. 관권에 혈연과 지연, 학맥 등으로 얽힌 양반층의 인맥이 더해지면서 노비 추쇄에는 조선 지배층의 통치 연계망이 거의 모두 동원되다시피 했다.

하지만 이러한 지배층의 통제력도 17세기 이후 계속 증가하는 도망노비 추세를 막지는 못했다. 조선 후기 양반가의 호적을 살펴보면 어느 집안이나 도망노비가 기재돼 있다. 노비의 도망이 특별한 현상이 아니라 일반적인 추세였던 것이다. 한 예로 1684년에서 1897년에 이르는 재령 이씨 집안의 호구단자를 보면 도망노비가 전체 노비의 약 53%에 이르는 것으로 나타난다. 이 도망노비에는 절반을 웃도는 사망노비가 포함돼 있어 실제 도망노비 비율은 최소한 25% 정도로 파악된다. 전라도 무장에 세거한 오광찬 집안에서 1762년에 제출한 호구단자에는 도망노비가 21명으로 나와 있는데, 이는 전체 노비의 거의 절반에 이르는 수치다. 대구부 호구장적을 분석한 자료에 의하면 1783년부터 1789년 사이에 노비의 원인별 감소 수는 사망 25명, 매매 33명, 도망 1126명으로 나온다. 도망이 압도적이다.

경기도 안산에 세거한 이목형 집안의 1774년 준호구에는 전체 노비 167명 중 도망노비가 8명으로 기재돼 있어 다른 지역보다 상당히 적게 나타난다.[13] 그런데 도망한 노비지만 이 중 일부는 관습상 솔거노비나 외거노비로 기재했을 가능성이 높아, 실제 도망노비 비율은 더 높아질 것으로 본다. 이목형 집안의 도망노비들은 형제나 자손들이 함께 도망한 경우가 많았다. 유복有福과 오화五化, 임화壬化는 부모와 자식 관계이며, 감발甘發과 무신戊申은 모녀지간이었다.

공노비도 갈수록 도망노비가 많아지는 추세였다. 이미 1655년에 중앙 관아에 배속된 노비 19만 명 중에 신공을 거둘 수 있는 노비는 2만7천 명에 불과했다. 18세기 전반 성균관은 3년 동안에 노비가 2,500여 명이나 줄었으며, 관립 교육기관인 사부학당 중 한 곳인 서학西學은 노비가 대거 도망해 학당 유지가 어려울 정도였다.

시독관侍讀官 조명리가 아뢰었다. "대체로 사부학당에서 선비를 기르는 경비는 호조에서 충당했으나 이는 역시 노비의 신공에서 나왔습니다. 그중에서도 서학의 노비는 본래 천千으로 헤아릴 수 있었으나 임진년(1712)의 도망노비 추쇄 이후로 지금껏 한 번도 추쇄하지 않았기 때문에 노비의 숫자가 지금은 백百에도 미치지 못합니다."

— 『비변사등록』 105책, 영조 15년(1739) 11월 11일

1798년 경상도 군위현에는 모두 162명의 노비가 등재돼 있었는데, 확인되는 실거주자는 14명에 지나지 않았다고 한다. 국가에서 파악한 공노비 규모를 보면 1484년에는 약 35만2500명이었는데 1801년에는 6만6800명 정도로 나타난다. 300여 년 동안 80퍼센트가 감소했는데, 이러한 공노비 급감은 노비 도망이 큰 요인이었다.

조선 후기의 도망노비 증가는 양반 지배질서의 기반과 통치력이 약해졌다는 뜻이기도 했다. 당쟁이 격해지면서 양반 중심의 통치 연계망이 느슨해져 노비 추쇄에 어려움을 겪을 수밖에 없었다.[14] 중인과 상민의 신분 상승, 대가를 바치거나 공을 세우면 노비 신분을 풀어주는 속량의 확대 등 신분질서 전반의 문란과 동요도 양반층의 지배력과 통치력을 떨어뜨렸다.

조선 후기에 바뀐 수취제도도 노비의 도망을 부추겼다. 대부분의 사노비는 상전에게 노동력이나 신공만 바치면 되었는데, 후기 들어 상당수의 사노비에게 군역을 부과하고 전세와 공물을 납부하도록 했다. 살기 위해서라도 도망쳐야 하는 생계형 도망노비가 늘어날 수밖에 없었다.

노비 계층의 의식 성장도 탈주의 한 요인이었다. 예속 상태를 당연하게 받아들이지 않는 노비가 갈수록 늘어났다. 양천교혼은 노비 수를 증가시켰지만,

한편으론 하층 양인과 노비의 신분 경계를 흐릿하게 했으며 가정을 꾸리는 노비를 확산했다. 이런 배경 아래 노비의 사회의식과 저항 의지가 조금씩 커졌으며, 이는 결국 노비 도망의 한 동인으로 작용했다.

신분을 감추고 생활해 나갈 수 있는 여건이 나아진 점도 도망노비 증가의 한 요인이었다. 노비들은 섬이나 변방, 국방 요충지로 많이 몰려들었는데, 이들 지역은 대체로 특별 구역으로 설정돼 노비 추쇄가 금지된 곳이어서 신분을 숨기고 살아가기가 비교적 쉬웠다. 광산업과 토목, 농업 등 산업 전반에 고용노동이 확대되면서 신분에 얽매이지 않고 얻을 수 있는 일자리도 늘어났다. 장시가 확산하면서 행상이나 상업에 종사할 수 있는 경로 또한 어느 정도 확대됐다.

이렇게 노비들은 목숨을 건 탈주를 통해 양반 중심의 지배질서에 조금씩 균열을 냈다. 신분제 동요를 가속했으며, 유교 지배이념의 권위에 흠집을 냈다. 양반 지주와 관료의 권세에 타격을 가하고 경제력 또한 약화시켰다. 노비의 도망은 양반 중심의 지배질서를 흔드는 일종의 체제저항 행위였다.

마침내 1801년 들어 일부 공노비에 대한 신분 해방이 이뤄진다. 위정자들은 내수사와 궁 소속의 내노비內奴婢, 중앙 관서에 속한 시노비寺奴婢를 양인으로 전환하는 신분제도 변화를 꾀했다. 하지만 이는 노비제도의 비인간화에 대한 자각에서 이뤄진 정책은 아니었다. 노비 도망이 증가하면서 신공이 점차 줄어들자, 노비를 양인으로 만들어 이들에게 국역을 부과하는 게 재정 확보에 유리하다는 판단에서였다. 공노비 해방은 지배체제를 유지하기 위한 한 방안이었던 것이다. 노비층의 저항이 계속되는 추세에서 1886년엔 노비세습제가 폐지된다. 농민과 하층민 다수가 들고 일어난 1894년 동학농민항쟁 때에는 항쟁 세력의 신분제 폐지 요건을 수용해 노비제도를 없앴다. 500년 조선 지배질서의 근간이었던 노비 차별과 배제가 법적으로 소멸한 것이다.

　노비제도 약화와 폐지를 이끈 핵심 동인動因은 지배층의 정책적 판단에 있지 않았다. 조선 후기에 일어난 산업과 경제, 신분제도, 인구 등 사회 여러 분야의 변화가 노비제의 틀을 흔들며 해체를 이끌었다. 농업생산력이 향상하면서 외거노비의 자립성이 높아졌으며, 오일장 체제로 자리를 잡아가는 장시와 상업 발달은 노비층이 생계소득을 확보할 기회를 넓혔다. 이를 바탕으로 노비층의 의식이 성장해나갔다. 양반 우위의 강고한 신분질서와 권위가 흔들리면서 노비 통제와 억압에 대한 당위성 또한 약해질 수밖에 없었다. 계약을 맺고 일정 기간 일을 하는 머슴이나 날품팔이가 증가해 노비 인력을 어렵지 않게 대체할 수 있게 된 노동 환경의 변화도 노비제의 틀을 와해시키는데 한몫했다. 이런 여러 요인이 겹쳐지는 와중에 도망하는 노비가 급격히 늘어나면서 조선의 노비제는 위기로 치달을 수밖에 없었다. 노비제도 폐지는 지배층의 시혜로 이루어진 조치가 아니라 도망 노비의 쉼 없는 행렬이 이뤄낸 저항의 결실이기도 했다.

　하지만 이후에도 적잖은 노비가 잔존했다. 세력가와 향촌 양반 지주의 집안에는 여전히 노비가 남아 있었고 노비 소유주들의 노비매매도 이뤄지고 있었다. 생계가 곤란해 자식이나 자신을 노비로 파는 자매自賣 관행도 없어지진 않았다. 19세기 말 경기도 여주의 가난한 한 집안에서는 부부가 돈을 받고 스스로 노비가 되기도 했다.

　여주군에 사는 윤성실 씨가 몹시 가난해 살 수가 없어 그 아들과 며느리가 서울 북송현에 사는 참판 김모씨 집에 당오전 500냥을 받고 잠시 스스로 팔렸다. 그 후 부친 윤씨가 돈을 마련해 환퇴하려 하자 김참판이 영영 샀다며 물러주지 않았다. 설령 영구히 매매하였을지라도 본전으로 환퇴해 달라고 하면

두 말이 없어야 하거늘, 갑오 이후에 공사公私 노비를 다 없앴는데 김씨 집에서 잠시 자매한 것도 환퇴하여 주지 않고 압제하려는 건 대단히 온당하지 못한 일이라고 한다더라.[15]

- 『독립신문』 1899년 4월 4일

법적 강제에서 벗어날 수 있었지만 자립할 수 있는 경제 수단이나 토대를 갖지 못한 노비들은 사실상 노비 소유주의 영향에서 완전히 벗어날 수 없는 상태였다. 지배층의 노비 소유에 대한 의지도 굳건해 노비 생활을 하는 최하층 백성은 조선의 마지막 날을 지나 일제강점기까지 남아 있었다. 가진 자들의 탐욕과 일상화된 구조적 빈곤이 노비를 존속시킨 가장 견고한 바탕이었다.

12장

비애 어린 가무歌舞
광대

경기 광대들, 나라 행사와 의례를 찬미하다

인종 1년인 1545년 4월 하순, 경복궁 서쪽에 위치한 모화관에서 명나라 황제의 칙서를 가지고 온 사신 일행을 맞이하는 의례가 끝나자 이들을 영접하는 연희와 놀이가 이어졌다. 중국 사신은 모화관에서 돈의문^(서대문)을 통해 입궐하지 않고 조선 도읍의 정문인 아래쪽 숭례문^(남대문)을 거쳐 입궐하는 게 전례였다. 이 노정을 따라 광대들이 놀이를 하며 사신 행렬을 이끌었다.[1] 광대들은 동물 가면을 쓰고 길거리 공연을 펼치고 갖가지 재주를 펼치며 사신 일행의 흥을 돋웠다.

이윽고 경복궁 앞 육조거리에 이르러 본격적인 연희를 펼쳤다.[2] 육조거리에는 공연무대인 산대山臺가 설치돼 있었다. 산대는 봉래산이나 곤륜산 등 신화에 나오는 신성한 산을 형상화한 모형 산으로 무대인 동시에 무대배경으로 사용됐다. 사계절을 나타내는 4개의 산봉우리를 거리 좌우에 각기 조성했다. 산천초목과 기암괴석, 누각이 실제 형상처럼 만들어져 있고, 진흙으로 빚어 색을 칠한 짐승과 사람 모양의 잡상을 곳곳에 배치해 고사故事에 등장하는 인물과 그 이야기를 연출했다. 산대는 웬만한 단층 건물보다 높았다. 산봉우리에 심어놓은 가장 큰 나무의 지상 높이만도 거의 60척^(약 18미터)에 이르렀다.

사자와 코끼리 잡상, 기암괴석과 기화요초琪花瑤草 사이에서 무동이 원숭이

흉내를 내고 광대가 춤을 추며 노래를 불렀다. 다른 산대에서는 인형극이 공연됐다. 산대 앞의 거리 무대에선 또 다른 광대가 땅재주를 벌이고 줄타기 묘기를 펼쳤다. 솟대타기와 무동타기가 이어지고 춤과 기예를 섞은 잡희를 선보였다. 가면을 쓰고 춤을 추며 놀이판의 흥을 돋우고, 익살과 재치를 부리며 즉흥적인 연극놀이를 벌여 구경꾼의 웃음을 자아냈다. 소리꾼의 노래와 기녀의 춤도 빠지지 않았다.

이날 광화문 앞에서 펼쳐진 대규모 영접 행사는 나례儺禮의 하나인 설나設儺 행사로 진행됐다. 나례는 원래 섣달그믐에 악귀를 쫓아내는 가면을 쓰고 주문을 외면서 묵은해의 잡귀를 몰아내는 의식이었다. 고려 초부터 행해진 이 나례는 광대의 노래와 춤, 기예, 가면극 등 가무와 잡희雜戲가 덧붙여져 점차 놀이 성격이 강화됐는데, 고려 말에 이르면 연희의 하나인 나희儺戲로 인식됐다. 조선시대 들어서는 나례의 놀이와 연희 경향이 더욱 심해져, 행차한 임금이 환궁할 때나 사신 영접 행사의 하나로 실행되기에 이른다. 이렇게 되면서 조선 전기 국가에서 주관하는 나례는 크게 세 가지로 구분됐다. 원래의 뜻과 관행에 맞게 궁궐 안 곳곳에서 악귀를 쫓아내는 주술행위가 행해졌는데, 이를 구나驅儺라 했다. 궁궐 편전이나 후원에서 광대를 동원해 가진 오락행사는 관나觀儺라 했으며, 궁궐 밖에서 임금의 환궁이나 사신 영접 행사의 하나로 치러진 연희와 놀이 중심의 나례는 설나라 했다. 설나는 사신 일행이 거쳐오는 평안도의 평양과 황해도의 황주, 경기도의 개성에서도 거행됐다. 광대들이 펼치는 대규모 연희는 성대한 축제 행사의 하나로 진행됐으며, 거기에는 태평성대를 칭송하며 노래한다는 속뜻이 담겨 있었다.

조정에서는 대체로 사신이 서울에 도착하기 두 달 전부터 나례를 준비했다. 행사를 주관할 기구인 도감을 신설하고, 목재를 비롯한 물자를 팔도 각지에서 거두었다. 무대와 소품을 만들 장인과 공연을 맡을 광대를 불러들였다. 시기에 따라 차이가 나지만 동원된 광대는 대체로 500~600명 선이었다. 서울에 거주하는 광대만으론 대규모 나례 행사를 치를 수 없어 지방에서 활동하는 놀이꾼과 소리꾼, 춤꾼을 동원해야 했다. 조선 전기에는 대체로 경기도에 거주하는 광대만으로 충당했으나 후기에는 팔도에 흩어져 있는 광대들을 모았다.

또한 산대를 만들 군병 수천 명을 뽑아 군기시와 의금부 등 나례 행사를 준비하는 기관에 배치했다. 1582년^(선조 15) 산대 조성에는 수군 2700명이 동원됐다고 한다. 산대의 규모가 크다 보니 안전사고가 종종 발생했다. 산대를 만들다 목조구조물에 깔려 죽은 군병이 있었으며,³⁾ 1545년 사신 영접 기간에는 산대가 무너져 수십 명이 압사하는 사고가 발생하기도 했다.

> 군기시^{軍器寺}에서 세운 산대의 한 모퉁이가 무너져 구경하던 백성 수십 명이 깔려 죽었다. 장마가 갓 개자 많은 사람이 산대에 올라가 구경했는데, 두세 살 쯤 돼 보이는 주인의 아이를 업은 민가의 노비도 구경하다가 깔려 죽었다.
> – 『인종실록』 2권, 인종 1년(1545) 5월 11일

경기도 광대들은 왕족과 고관대작이 관람하는 관나에 동원되기도 했다.⁴⁾ 연말연시에 궁궐 내에서 벌이는 관나는 대체로 서울에 거주하는 광대가 연희를 맡았는데, 때로는 경기지역 광대까지 불러들였다. 관나는 소규모 행사여서 산대를 설치하지 않고 누각 형태로 지은 가설무대인 채붕^{彩棚}을 활용했다. 15세기 후반에 대사헌과 예조판서 등의 고위 관직을 두루 거친 성현^{成俔}은 관나 현장을 이렇게 묘사했다.

궁궐 봄빛이 채붕 위에 일렁이고
붉은 옷 노란 바지 이리저리 오가네
방울받기는 신묘해 아름답기까지 하고
줄 타는 모습은 비연처럼 날렵하네
네 벽 두른 좁은 방에 인형을 놀리고
백 척 솟대 위에서 잔 잡고 춤추네
우리 임금님 광대놀이 즐기지 않지만
신하들과 태평성대 누리려 함이라네

– 성현, 「관나」 『허백당집虛白堂集』

　　관나에서는 한두 명의 배우가 민간에서 일어나는 일을 흉내와 재담으로
풀어가는 우희優戲를 공연하기도 했다. 일종의 연극인 우희는 주로 관료의 언행
과 세태를 풍자했는데, 위정자 입장에서 보면 정치의 잘잘못과 민심을 파악하
는 방편이기도 했다.

　　임금이 중궁中宮(왕비)과 더불어 사정전에 나아가 나례를 구경했다. 왕세자와
　　종친, 재추宰樞, 승지 등이 들어와 임금을 뵈었고, 곧 술자리가 마련되었다. 왕
　　세자가 술을 올리고, 이어 종친과 재추가 차례로 술을 올렸다. 이와 함께 잡희
　　가 시작됐다. 밤 2고鼓(밤 9~11시)에 역귀를 쫓는 배우들이 잡희(우희)를 펼쳤
　　다. 서로 문답하면서 관리의 탐오하고 청렴한 언행과 여염의 더럽고 소소한
　　일까지 들춰내었다.

– 『세조실록』 34권, 세조 10년(1464) 12월 28일

왕실에서 자손을 출산하면 그 태를 보관하는 태실을 조성하는데, 이 태실을 봉안하는 의례에도 광대들이 필요했다. 태를 이송하는 행렬이 지나는 고을에서는 의장대와 악공樂工을 동원해 교외까지 나가 맞이했으며, 태실이 들어선 고을에서는 채붕을 설치해 나례 연희를 벌였다. 그뿐만 아니라 실록實錄을 보관할 때도 지방관아에서 광대를 불러 나례 행사를 마련했다.

광대들은 관찰사가 부임할 때 환영행사의 하나로 실행되는 영접 연희에 나가 가무를 펼치고 탈춤을 추었으며, 줄타기와 구슬받기 등 곡예를 선보였다. 지방관아에서 행하는 구나 의식에도 광대들이 주축을 이뤘다. 연말에 마귀와 잡신을 몰아내기 위해 악공과 무동이 중심이 되어 징과 북, 바라 등의 악기를 난타하며 관아 곳곳에서 뛰고 앉으며 춤을 추었다. 궁궐과 중앙 관아에서는 18세기 이후 공식적인 구나 의식은 없어졌지만 지방관아에서는 19세기 말까지 제법 왕성하게 행해졌다.

광대 계층 중 악기를 연주하는 악공은 관아 조직에 편재돼 활동했다. 피리·해금·장구·북·젓대 등 삼현육각三絃六角으로 편성된 세악수細樂手가 중심이 되어 관아에서 주관하는 제례와 의례, 행사 등에 참가해 연주를 담당했다.[5] 경기도 안성읍의 경우 세악수 10명에 타악기와 관악기를 연주하는 취고수 4인을 기본으로 악대가 편제돼 있었으며, 죽산에는 세악수 6인에 관악기를 담당한 취수吹手 2인이 배정돼 있었다. 조선 후기 서울과 그 인근 경기지역을 방어하는 오군영에도 세악수와 취고수가 편제돼 군악을 담당했다.

광대, 차별과 배제의 조선 백성

한편으론 광대들은 장차 조정을 이끌 재목인 과거급제자를 축하하는 잔치 마당의 주역이었다. 과거합격자가 발표되면 궁궐에서 은영연恩榮宴이라는 잔치를 베풀었다. 악공이 곡을 연주하는 가운데 기생이 과거급제자에게 술을 권했고, 광대들은 마당에서 구슬받기와 접시돌리기, 땅재주 등 갖가지 기예를 펼쳤다. 은영연 뒤에는 과거급제자가 광대를 대동하고 서울 시가를 사흘 동안 도는 유가遊街 행사가 마련됐다. 18세기 유가 행렬에는 악공이 연주하는 삼현육각의 풍악에 맞추어 곡예 광대가 줄타기와 땅재주를 선보이고 소리꾼 광대가 판소리 마당을 벌였다.

> 진사 급제자 명단을 발표한 뒤 유가를 한다. 여기에는 삼현육각을 연주하는 세악수細樂手, 광대, 재인을 대동한다. 광대는 요즘의 창우다. 창우는 비단옷에 누런 초립을 쓴다. 비단 조각으로 만든 조화造花를 꽂고 공작이 그려진 부채를 든 채 어지러이 춤추며 익살을 부린다. 재인은 줄을 타고 땅재주를 하는 등 온갖 희롱을 다한다.
>
> — 유득공, 「유가」『경도잡지京都雜誌』

지방에 거주하는 급제자는 고을에 내려가 다시 유가 행사를 했다. 사당과 묘소에 합격 사실을 고하는 의식을 치르는데 여기에도 광대가 동원됐다. 고삿소리를 부르고 때로는 묘소에서 기예까지 펼쳤다. 이후엔 며칠 동안 축하잔치가 열렸는데, 세력 있는 집안에서는 공연무대까지 설치했다. 광대들은 노래와 춤, 검무, 줄타기, 솟대타기 등 다양한 기예를 선보이며 과거 급제자의 잔치마당을 이끌었다.

급제 행사에서도 우희 공연을 할 때가 있었다. 주로 유학 경전을 희롱하고 유학자를 풍자의 대상으로 삼았는데, 실학자인 이익은 이를 "유자儒子 놀이"라 했다.[6] 찢어진 옷에 망가진 갓을 쓴 선비 차림을 하고 황당한 말로 좌중을 웃게 하고, 온갖 추태를 보여 잔치의 흥을 돋우었다고 한다. 광대의 언어유희와 과장된 몸짓에는 앞으로 청렴결백한 관료가 되어 선정을 베풀라는 바람이 담겨 있었을 것이다. 푸대접받고 업신여김을 당하며 살아온 광대에게 양반이 마련한 이 놀이판은 그나마 마음속 응어리를 풀어놓을 수 있는 유일한 배출구였으리라.

광대에게 차별의 언행과 천시의 시선은 일상이었다.[7] 노래하고 춤추고 잡희를 하며 살아갈 수밖에 없는 사회 환경이 견고하게 조성돼 있었다. 신분제와 국역 동원 등의 제도적 차별에서 광대놀음에 대한 천시 풍조 조성에 이르기까지, 지배층은 이들이 연희와 놀이에만 종사할 수 있도록 사회적 제약을 만들고 거기에서 벗어날 수 없도록 끊임없이 감시하고 통제했다. 일반적으로 3년마다 개편하는 호적조사를 매년 봄과 가을에 할 때도 있었으며, 사흘 걸리는 곳에 보름 이상 출타하려면 일종의 여행증명서인 행장을 발급받도록 했다. 광대는 토지조차 가지기 힘들어 농부로 자립할 수 있는 길도 거의 막혀 있었다. 혼인은 대체로 같은 계층에서만 가능했으며, 평민과 같은 곳에 거주하지도 못했다. 광대촌이나 재인촌으로 불린 마을에서 집단을 이루어 생활했고, 그렇지 않으면 마을 외딴곳에 떨어져 살아야 했다. 나이가 많더라도 일반 평민들로부터 반말을 들었다. 그렇게 시간이 흐르면서 광대에 대한 차별과 배제는 당연한 것으로 치부되었고, 광대는 특정한 기능을 가진 직업인이기 이전에 사회적 지위와 자격을 결정하는 신분 개념이 되었다. 직업은 세습됐고, 광대 짓을 하지 않아도 여전히 광대일 수밖에 없었다.

광대 계층은 단체를 만들어 생존과 이익을 도모하기도 했다. 조선 전기에 이미 나름의 자치 조직이 있었을 것으로 추정하며, 후기 들어서는 이 자치 조직이 광대 계층에 대한 국가의 중앙집권적 관리정책에 호응해 나례 행사의 산대 연희를 주도적으로 이끌 정도로 성장한다. 18세기 후반엔 경기도와 충청도, 전라도 지역 광대들이 재인청才人廳을 설립하며 다시금 변모를 꾀한다.

> 자고이래 유유상종이라 했으니, 청廳(재인청)을 설치하고 계를 만들어 자리를 배열하고 안案을 만들었다. 대방大房께서 영솔하시니, 이를 위해 대방을 따르는 것을 우리 청의 규칙으로 삼았다. 아, 우리 계원 4만 명이 어찌 스스로 나서서 서로를 멸시하고 규약을 깨뜨릴 수 있겠는가. 대개 우리는 중국 사신이 올 때 연희를 열어 그들을 흡족하게 하는 일을 맡았다. 관리의 뜻에 따라 순번대로 관아의 공역公役에 응하고, 사적으로는 다른 사람을 기쁘게 해서 살아가니, 이는 대개 천한 장부가 하는 일이다. 갑진년(1784) 이전의 사신 영접 때는 맡은 바가 중했으나 그 후에는 연희의 규칙이 깨어져 우리 무리도 곧 한산해지게 되었다.
>
> — 『경기도창재도청안京畿道唱才都廳案』

스스로를 천하다고 밝힌 경기도 광대들의 선언에는 자조 섞인 비애감이 묻어난다. 한편으론 자신들이 하는 일에 대한 정체성을 확인하려는 자구의 몸부림이 엿보인다. 그것은 사회 혼란이 가중되고 갈수록 부패가 심해지는 19세기 조선에서 자신들의 역할을 재정립해 어떻게든 살아남으려는 생존 의지와도 같았다. 이 시기 경기도에 거주하는 광대만 해도 4만 명에 달했다는 기록은 이들이 왕조 말기까지 양반 중심의 지배질서에 억압된 신분 집단이었음을 증명한다.

이들 광대가 행하는 나례 연희의 무대 또한 조선의 지배질서 구도를 반영하고 있었다. 연희를 펼칠 때는 아래쪽 마당에서 시작해 위쪽 산대 꼭대기에 이르는 유기적이면서도 위계적인 무대 공간이 마련된다.[8] 땅바닥에서는 광대의 놀이와 잡희가 펼쳐지고, 그보다 높은 산대에서는 권력자에 대한 송축의 가무가 중심을 이룬다. 권력자의 굳건함과 신성함에 대한 찬미는 산봉우리에 꽂은 20미터 가까운 나무에 이르러 절정에 달한다. 위계에 따른 지배질서라는 사회 현실이 연희 놀이판에 구현된 것이다. 조선의 광대는 이러한 지배질서를 노래하고 찬양하는 계층으로 권력에 의해 틀 지워져 있었다.

누가 왜 산대놀이를 허용했나? – 양주 산대놀이

1929년 9월 중순(양력), 경복궁 내에서 조선총독부가 주최한 조선박람회가 개최됐다. 농수산품에서 공업생산품에 이르는 전국 각지의 산업 상품이 전시됐으며, 일본 기업에서 생산한 상품을 선보이는 특별 전시관도 마련됐다. 강제점령 19년 동안 이룬 조선 근대화의 성과를 보이고 식민통치의 정당성을 확보하려는 통치전략의 하나로 실시된 박람회였다.

조선총독부에서는 관람객 유치를 위해 연예 공연장을 설치해 조선의 악사와 무용가는 물론 외국 무용단과 기예단까지 초청해 대대적인 공연 행사를 펼쳤다. 경기도 양주에 전승돼오던 가면극인 산대놀이도 초청돼 관람객의 시선을 끌었다.[9] 이 박람회 공연은 그동안 양주와 그 인근 지역을 중심으로 알려져 온 산대놀이를 널리 알리는 계기가 됐다. 하지만 정작 산대놀이 연희자들은 이 박람회 무대가 마지막 공연이 될지도 모른다는 심정으로 놀이마당에 나선 처지였다. 이 무렵 양주의 산대놀이는 이전의 기세를 잃고 공연 횟수가 줄어들면서 급속히 쇠락해 폐지 위기에 처해 있었다. 결국 양주 산대놀이패는 박람회 기간에 동대문 밖에서 행한 공연과 그해 겨울 경복궁 자경전에서 선보인 공연을 끝으로 탈과 의상을 팔고 일시 해체되기에 이른다.

조선 민간극으로 유명한 "탈"(가면극)은 시세를 잃어 거의 전부가 멸종되다시피 해, 몇 해 가지 않아 아주 볼 수 없게 될 터이다.[10] 현재 이 "탈"에 쓰는 도구를 보존하고 있는 양주 읍내 "탈계"(산대놀이패)가 박람회 때 여러 번 흥행한 것을 마지막으로 그 도구 전부를 방매케 되었다는 소식을 전하자 총독부박물관에서 그 도구 전부를 매수하는 동시에 이를 활동사진으로 담아 영구히 보존하기로 작정했다고 한다. 오는 8일 오전 10시부터 오후 6시까지 경복궁 내 총독부박물관 사무소에서 "탈" 배우 30명을 초청해 촬영할 것이라는데, 이로써 조선 고유의 민간극인 "탈"은 활동사진으로 영구히 보존될 터이다.

- 『매일신보』 1929년 12월 8일

양주 산대놀이는 파계승과 몰락 양반, 무당, 하인, 노소 평민 등이 등장해 풍자와 해학으로 현실의 어두운 면을 폭로하고, 복을 비는 기원과 축귀적 주술을 통해 이상적인 삶을 구현하고자 하는 백성의 심정을 드러내는 가면극이다. 승려의 일탈과 파계를 희롱하고, 위선적인 양반의 언행을 능멸해 신분제에 기댄 일부 지배층을 비판하며, 가부장제 사회에서 행해지는 남성의 횡포를 보여준다.

조선시대 가면극은 대체로 네 가지 유형으로 분류된다. 산대도감극 계통으로는 서울과 경기지방의 산대놀이 외에도 황해도 지역의 탈춤, 영남지방의 오광대와 야류가 있으며, 농경의례와 관련된 놀이로는 제주도의 입춘굿과 농악대의 잡색놀이, 양주의 소놀이굿이 있다.[11] 제주도의 영감놀이와 진도의 다시래기 등은 무속 형태에 기반을 두며, 하회 별신굿놀이와 강릉의 관노가면극 등은 서낭제 탈놀이에 속한다.

양주의 산대놀이는 산대도감극 계통의 가면극으로, 조선 후기에 애오개와

사직골, 구파발 등 서울지역에서 행해지던 산대놀이를 받아들여 대략 19세기를 전후한 시기에 그 틀이 잡혔다고 본다. 이러한 성립 배경에 따라 서울지역 산대놀이를 본산대놀이, 양주의 산대놀이를 별산대놀이라 부르기도 한다. 양주 산대놀이는 서울 본산대놀이를 수용했지만 기교와 예술 면에서 나름의 창의성을 더해 여타 지역의 가면극과 일정한 차이를 보인다. 가면 형태가 완만한 타원형의 곡선을 취하고 색이 밝으며 회화적이라는 특징을 지녀 매우 인간적이고 아기자기하다는 평가를 받는다. 춤사위 또한 다른 가면극과 비교해 부드럽고 우아하며 섬세하다. 봉산탈춤과 달리 가무보다 일상적인 대사에 치중하고 있다는 점도 양주 산대놀이의 특징으로 꼽는다.

　　서울지역 광대들이 행한 본산대놀이는 대체로 17세기 중반에서 18세기 초에 걸쳐 성립된 것으로 잡는다.[12] 나라에서 주관한 나례 연희에 동원돼 산대 아래에서 탈춤을 추고, 익살을 부리며 풍자적인 즉흥 연극을 벌이던 광대들이 일반인을 대상으로 한 민간연행에 주력하면서 산대놀이의 틀이 정립돼간 것으로 본다. 이들은 나례 행사 때만이 아니라 평소에도 연행해오던 탈춤과 즉흥 연극에 점차 일관된 형식을 세우고 풍자와 해학을 강화해 놀이를 한층 풍부하고 흥미롭게 가다듬었다. 그러면서 자신들의 가면극과 탈춤이 산대를 조성해 설행하는 궁궐 행사에서 치러진, 국가의 공인을 받은 연희임을 일반 백성에게 널리 알리기 위해 '산대놀이'라는 명칭을 사용했다.

　　민간인을 대상으로 한 산대놀이는 나례 의식의 축소와 사회 여러 분야의 변화에 힘입어 성장할 수 있었다. 17세기 전반 인조(재위 1623~1649) 대에 들어 국왕 행차 시의 나례가 폐지되면서 이후 광대들은 민간공연에 한층 힘을 쏟게 된다. 나례를 준비하는 관청 관료의 묵인과 지원 아래 놀이에 필요한 도구를 빌리고 공연장을 확보했으며, 부호나 상인과 손을 잡고 자금을 확보해 지속적인 흥행을 도모하기도 했다.

조선 후기 농업생산력 향상과 상업의 성장으로 산업 전반이 발전하면서 유흥문화의 폭이 넓어지는데, 이 또한 산대놀이를 확산한 요인이었다. 양반 중심의 신분제가 흔들리고 평민들의 목소리가 커지는 사회 추세에서 일반 백성의 오락과 여흥에 대한 욕구가 증대하면서 민간의 산대놀이는 급속한 성장세를 이어갈 수 있었다. 그 과정에서 애오개 산대, 구파발 산대, 사직골 딱딱이패 등의 이름을 단 전문 산대놀이패들이 생겨났으며, 상업 공간이 경강 지역으로 확대되면서 놀이패가 분파돼 당시 경기지역에서도 노량진 산대와 송파 산대 등이 독자적인 공연을 선보였다. 18세기 후반에 이르면 국가 행사로서의 산대나례는 약화해갔지만 민간의 산대놀이는 서울 시정 유흥문화의 하나로 자리를 잡게 된다.

서울의 본산대놀이가 정립된 뒤에 양주에서는 이들 놀이패를 초청해 공연을 벌였는데, 이후 점차 지역 내 광대를 중심으로 놀이패를 조직해 자체 공연을 하기에 이른다. 양주 산대놀이의 연희자는 양주 관아에 소속된 하급 관속이 주류를 이루었다.[13] 수령의 심부름을 하고 행차를 수행하는 통인通引, 군관이나 포교 밑에서 잡무를 보는 사령使令, 관아나 군영에 소속돼 죄인을 다스리는 일을 맡았던 군뢰軍牢 등으로 대체로 천민 취급을 받던 자들이었다. 여기에 관아 공역에 종사하는 수공업 장인과 천역부賤役夫도 산대놀이에 참가했다.

연희자들은 관아의 잡역에 종사하던 하층민들로서 도중都中이라는 조합을 조직하고 있었다. 도중은 11명 정도의 인원으로 구성됐으며, 세 계층으로 나누어져 있었다. 기능이 가장 뛰어난 4인은 영위領位라 칭하며 노장·소무·신할

아비·샌님의 역을 맡았으며, 수석首席이라 부르는 그다음 2인은 연잎과 눈끔 적이 역을 담당했다. 나머지 5인은 오상五常이라 불렸으며 완포와 그 외의 역 을 맡았다.

– 추엽강秋葉隆, 『조선민족지』

양주 지역 무당과 그 집안의 인물들도 산대놀이 조성에 한몫했는데, 이들 무당 계층은 춤은 물론 탈 제작자와 악사로도 활동했다.

양주 산대놀이 형성 초기에 연희자들은 지역 향리층의 물적 후원과 제도 적 지원을 받아 공연을 펼쳤다. 향리층은 곡식 신에게 제례를 올리고 기우제를 지내는 사직단 앞에서 산대놀이를 펼치도록 했으며, 초파일과 단오, 추석 등 종 교기념일과 세시 행사를 맞아서는 읍치 소재지인 유양리에 큰 놀이판을 마련 했다. 때로는 관아 악사청에 소속된 전문 악사들에게 삼현육각의 음악을 맡겨 공연을 지원하며 양주 산대놀이 정립에도 상당한 기여를 했다. 직접 가면극을 펼친 연희자는 대체로 관아에 소속되거나 관아와 관련한 일을 하는 하층민이 었지만 양주 산대놀이의 주재자는 향리층이었다고 볼 수 있다.

향리들은 왜 신분제 사회를 풍자하는 산대놀이 공연을 지원했을까? 그것 은 놀이판이 사회의 모순과 비리를 일으킨 주된 계층이 향리층이 아니라 바로 양반층임을 드러내는 폭로의 현장이었기 때문이다.[14] 가면을 쓰고 춤추며 세상 사를 희롱하고 모순에 찬 인물을 비꼬고 모욕하는 광대들의 그 탈춤판은 조선 사회에 만연한 억압과 수탈을 일으킨 주역이 자신들이 아니라 양반층이라는 사실을 알려주고 있었다.

행정과 사법에서 조세 수취와 군역 부과에 이르기까지 국가의 거의 모든 공공업무를 현장에서 수행하고 백성을 면대하는 이들은 향리를 비롯한 하층

관료와 말단 관속이었다. 업무 처리와 세금을 거둬들이면서 이들은 백성을 수탈했지만, 이는 대개 국가의 행정체계라는 공적 영역에서 일어나는 일이었다. 조정에서는 지방관에게 군현별로 할당된 세금을 거두라고 명령하고, 지방관은 향리에게 백성들로부터 더 많은 세금을 거두어오라고 독촉한다. 수탈과 부정부패는 향리만의 문제가 아니라 행정체제와 수취제도에 이르는 나라의 제반 제도와 그 운용 방식에 맞닿아 있는 고질적인 병폐였다. 구조적이고 조직적인 수탈이자 부정부패였고, 그 원인 제공자와 책임자는 당연히 양반관료층이었다. 일에 대한 대가인 녹봉을 주지 않으면서 나라 운영에 필요한 온갖 실무와 잡무를 시키는 것은 부정부패를 저지르라는 것이나 다름없었다. 향리가 챙기는 뇌물은 일종의 생존 방책일 수 있었다. 그런데도 행정 현장에서 실무를 직접 수행하는 향리가 우선해서 백성의 원망을 살 수밖에 없었다.

향리를 내세워 억압과 착취를 저지르고 이득을 채우면서도 양반관료들은 근엄한 도덕 군자로 남아있고자 했다. 양반층은 자신들이 입안하고 실행한 제도의 모순으로 비롯된 부정부패의 책임을 향리를 비롯한 중간신분층에 떠넘기고자 했다.

> 조식이 상소했다. "군민軍民의 여러 행정업무와 국가정책의 기본적인 지침이 모두 도필리刀筆吏(서리와 향리)의 손에서 마무리되니 아무리 작은 일이라도 이들에게 뇌물을 주지 않으면 일이 진행되지 않습니다. 이들은 안으로는 재물을 모으고 밖으로는 백성을 흩어지게 합니다."
>
> - 『선조실록』 2권, 선조 1년(1568) 5월 26일

아전(서리와 향리)은 백성의 껍질을 벗기고 골수를 긁어내는 것을 농사짓는 일

로 여기고, 머릿수를 모으고 마구 거두어들이는 것으로써 수확하는 일로 삼는다. 이런 습성이 계속돼 당연한 일로 여기게 되었으니, 아전을 단속하지 않고서 백성을 다스릴 수 있는 자는 없을 것이다.

정약용, 「이전吏典」, 『목민심서牧民心書』

하지만 지배질서의 근본과 그 구조의 실상을 냉철하게 들여다보면, 향리를 비롯한 조선 사회의 중간신분층은 지배권력의 정책을 수행하는 현장대리인이자 최상층인 양반 계층을 보호하는 완충지대였다. 착취하는 양반관료와 착취당하는 백성의 중간에 위치해 양자의 직접 충돌을 막았다. 향리층은 지방관의 과도한 탐욕을 적절한 선에서 억제하는 한편 백성의 원성을 어루만져 양자의 갈등이 파국에 이르지 않도록 하는 중재자의 역할을 맡고 있었다. 향리 입장에서 보면, 풍자와 해학으로 사회현실을 비꼬는 산대놀이는 자칫 극단으로 치달을 수 있는 백성의 분노를 무마할 수 있는 효과적인 대민통제 수단이었다. 거기에다, 사회에 만연한 부정부패의 주동자가 실은 양반 계층이라는 사실까지 알릴 수 있는 면책의 도구이기도 했다.

양반관료 입장에서 보아도 가면극은 크게 해될 게 없는 놀이였다. 산대놀이를 비롯한 가면극은 민중의 불만을 해소해 계급 간 갈등을 가라앉히고 집단대항이나 무장 저항을 방지할 수 있는 안전판 기능을 수행했다. 양반지배층은 가면극의 이런 역할 때문에 산대놀이가 지배질서의 테두리 내에서 행해지고 나라의 제도와 통치체제 자체를 근본적으로 부정하지 않는 한, 묵인하거나 방조하는 태도를 취할 수 있었다.

양주 산대놀이는 1900년을 전후해 큰 변화를 보인다. 지역 상인들이 흥행에 관여하면서 상업 성격이 강화되고, 대신 관아의 영향력은 약화한다. 민간이

주도하는 행사로 바뀌면서 공개 공연이 늘어나고, 일회성에 그치지 않고 2~3일에 걸쳐 놀이판을 마련할 때도 있었다. 놀이판에 난장이 들어서고 인근 주민이 대거 몰려들면서 공연장은 장터를 겸한 일종의 지역 축제장으로 변모했다. 한편으론 양주 지역을 벗어난 외부공연을 시도하며 놀이패 활동의 외연 확장을 꾀했다.

하지만 민간상인이 이끈 산대놀이 성행은 얼마 가지 못했다. 공연을 판주나 공연기획자 개인이 좌우하면서 산대놀이 고유의 세시풍속에 맞춘 대동놀이 성격이 약화하고, 일제강점기의 읍치 이전과 경원선 철도 개통으로 놀이판 흥행을 뒷받침하던 지역 기반이 흔들리면서 산대놀이 공연은 위기에 처한다. 게다가 공동체 성격이 강한 민속놀이 연행을 금지하는 일제의 탄압이 갈수록 심해지면서 1930년대 들어서는 산대놀이가 지역의 세시놀이로 공연되지 못하는 암흑기를 맞게 된다.

장터를 흥하게 하라 – 송파 산대놀이

서울의 산대놀이를 계승한 경기지역의 가면극으로는 양주 외에 광주의 한 강변 송파에서 성행했던 산대놀이가 있다. 이 송파 산대놀이는 연원과 전개 양상에서 양주 산대놀이와 유사한 경로를 거쳐왔으며, 놀이 내용과 과장科場 구성은 물론 춤과 탈 등이 양주 산대놀이와 거의 비슷하다. 하지만 성장 토대와 발전 과정에서의 연희자와 주재자 신분에서는 차이를 보인다. 양주 산대놀이가 관아의 지원과 향리층의 주도로 정착하고 성장해나간 데 비해, 송파 산대놀이는 송파장이라는 상업과 유통 근거지를 배경으로 상인층의 적극적인 참여를 통해 발전을 이룬 대표적인 가면극이다.

송파장은 18세기 후반에 대규모 장시로 성장해 서울 시전과 경쟁하는 전국적인 상권으로 부상하는데, 이런 송파장의 번성에 힘입어 서울지역의 산대놀이가 수용돼 정착과 발전을 해나간 것으로 보고 있다. 현재 확인되는 가장 이른 시기의 연희자로 미루어 볼 때, 송파 산대놀이에는 상인층이 비교적 일찍이 놀이판의 광대로 활동했던 것으로 보인다. 19세기 초반에 송파 산대놀이의 광대로 활동한 연희자 22명 중 11명 정도가 되쟁이와 담배장사꾼, 운송점, 객주집 운영자 등 상인 계층에 속했다.[15] 그 외는 농부와 악사, 뱃사공이 있었다.

연희 시기는 대체로 초파일, 단오, 추석 등 세시풍속 일자에 맞추었는데,

특히 칠월 백중에는 노량진과 양주 퇴계원 지역의 광대까지 초청해 7~10일 동안 공연을 계속하기도 했다. 이런 대규모 놀이판은 송파장을 근거지로 둔 부유한 상인의 지원이 있어 가능했다. 이들 부상富商들은 장터에 주민과 행상을 모으고 상업 번창을 꾀하기 위해 특별한 날을 잡아 산대놀이를 개최하기도 했다.

상인들이 놀이판의 주재자이자 후원자로 나서면서 송파 산대놀이는 여타의 가면극과 차이를 보일 수밖에 없었다. 다른 지방에서 온 장꾼을 위해 연희 시간을 밤 시간대에서 낮 시간대로 당겼으며, 마을 공터나 산기슭에 마련했던 놀이판을 장터로 옮겼다. 그러면서 놀이판 규모가 커지고, 관람 질서를 유지하기 위해 탈판에 새끼줄을 치고 광대들의 등장과 퇴장을 위한 길을 따로 내었다. 외부의 전문 연희자를 초청해 놀이판을 성대히 만들고 공연의 질을 높였으며, 놀이판이 벌어졌다는 사실을 알리며 마을을 도는 길놀이는 크게 약화됐다. 대신 풍물놀이와 줄타기, 씨름, 가무 등 산대 놀이판에 앞서 선보이는 각종 기예와 놀이를 강화해 공연 분위기를 끌어올렸다. 이처럼, 송파 산대놀이는 본산대놀이의 전통을 이으면서도 상업적 공연 요소를 덧붙여 도시 가면극 성격이 부각된 탈놀이로 자리 잡았다.

산대놀이가 행해지던 당시의 조선 사회는 일반 백성의 자기주장을 담은 목소리가 점차 커지고, 분출하는 저항 에너지가 갈수록 거세지던 때였다. 이러한 민중 역량의 성장에 힘입어 송파와 양주 지역 한가운데서 지배층을 조롱하는 산대놀이가 공공연히 펼쳐질 수 있었다. 성장기에서 쇠퇴기에 이르는 내내, 산대놀이는 원망을 풀고 흥을 발산하는 해원解寃과 신명의 마당이었다. 사회 부조리의 주동자를 드러내는 고발의 마당이었으며 어떤 백성에겐 억압과 수탈의 현실을 확인하는 학습의 장이기도 했다. 산대놀이는 사회 부조리에 대한 민중의 분노이자 지배층의 실정失政을 바로 잡으라는 경고의 목소리이기도 했다. 하지만 이러한 분노와 목소리는 지배질서의 테두리 내에서 행해지는, 일정한 한계를 가진 저항이었다. 현실 인식과 사회 비판은 일관된 의도를 가진 사고체계로 정립되지 못했으며 저항의 양상도 해학과 풍자를 크게 넘어서지 못했다. 지배층에 대한 희롱과 모욕도 주류 세력을 곧바로 겨냥하지 못하고 사회적 영향력이 크지 않은 양반에 머물렀다.

효과와 영향력 측면에서 보면 산대놀이는 민중의 연희로만 한정되지 않았다. 다스리는 자에겐, 울분을 토하고 비난을 퍼부어 갈등과 반목이 무마되는 통치의 공간이자 대민통제의 매개체로 다가왔다. 그래서 향리와 수령은 지배질서 유지를 위해 감시의 시선을 거두지 않은 채 백성의 산대놀이판을 선심 쓰듯 허용했다. 물건을 사고팔아 이득을 취하는 자에게는 산대놀이가 상업 이윤을 창출하기 위한 그럴듯한 문화적 기제였다. 그들 또한 놀이판을 자신들의 욕구 충족을 위한 난장으로 기꺼이 활용했다. 그렇게 사회 여러 계층의 이해와 욕망이 맞물리고 조정되는 복잡다단한 삶터이기도 한 그 놀이판의 한복판에서 광대들은 한과 흥을 발산하며 세대를 거쳐 산대놀이를 이어왔다.

떠도는 광대들 – 안성 사당패

고종 2년인 1865년, 마침내 임진전쟁 때 불탄 경복궁 중건에 들어갔다. 공사를 주도한 흥선대원군은 기부금을 모으고 당백전을 발행해 재정을 마련하고 전국에서 일꾼을 뽑아 올렸다. 270여 년 동안 미뤄오던 조선의 법궁인 경복궁 중건을 통해 세도정치 아래 실추된 왕실의 존엄과 권위를 회복하고 왕조 중흥의 기세를 올리려는 재건 사업이었다. 이 대역사大役事에는 지방의 뛰어난 풍물패는 물론 이름난 공연놀이패까지 동원됐다. 이들은 공사장에서 일노래를 부르며 노동 효율을 높였으며, 하루 작업이 끝나면 일꾼과 함께 어울려 광화문 밖으로 나가며 가무와 잡희를 펼쳤다.

> (…)
> 사방팔방 광대노름   천태만상 요지구경
> 무당패 들어오니   제금 징 무수하고
> 광대패 들어오니   장구 북 무수하다
> 거사패 들어오니   소고도 무수하고
> 초막산민 들어오니   꽹과리도 무수하고
> 각처 악공 들어오니   피리 생황 무수하다
> (…)
>
> – 「경복궁영건가景福宮營建歌」

흥선대원군은 놀이패 공연을 통해 일꾼들의 노고를 위무하는 동시에 궁궐 재건의 공사장을 흥과 신명이 넘치는 작업마당으로 만들고자 했다. 전국의 백성이 모여들어 함께 일하고 어울려 즐기는 놀이마당을 통해 다수 신하의 반대를 무릅쓰고 시작한 경복궁 중건의 정당성을 널리 알리고자 했다.

무당패와 광대패, 거사패 등 당시 경복궁 중건에 참가한 놀이패는 흔히 유랑예인이라 부르는 떠돌이 광대집단이었다. 조선 후기 유랑예인은 이들 외에도 솟대쟁이패 · 초라니패 · 대광대패 · 걸립패 · 각설이패 등이 있었는데, 이들은 전국의 장터와 마을을 떠돌며 가무와 곡예를 펼쳤다. 풍물과 법고춤, 판소리와 민요창은 공연의 기본이었고, 때로는 탈춤을 추었고, 줄타기와 땅재주, 대접돌리기 같은 곡예와 얼른이라 부르는 요술도 펼쳤다.

이들 유랑예인 집단은 주요 공연 종목과 놀이방식에서 약간의 차이를 보였다. 예를 들면, 솟대쟁이패는 놀이판 한가운데 솟대와 같은 긴 장대를 세워놓고 공연시설을 마련해 줄타기와 솟대타기, 얼른 등의 재주를 부렸다. 초라니패는 주로 초라니굿이라 부르는 가면극을 하며 흉내내기와 얼른, 죽방울받기를 곁들였다. 대광대패는 오광대가면극을 특기로 선보이며 무동타기와 죽방울받기 기예를 펼쳤다.

경복궁 중건 현장에 참가한 거사패는 흔히 사당패라 불렀는데, 떠돌이 예인 가운데 가장 오래된 집단이었다.[16] 이들은 사당벅구춤과 소리판, 줄타기 등을 주요 공연 종목으로 삼았다. 사당이라 칭하는 여자 광대들이 전면에 나서 가무를 행하고 거사라 부르는 남자 광대들이 소고 장단을 두드리며 놀이판의 흥을 돋우었다. 전국에 걸쳐 분포했던 사당패는 특히 삼남 지방에 많이 몰려 있었다. 여러 사당패가 각기 지역별로 근거지를 마련해 활동 영역을 나누어 서로 간의 경쟁을 피했다. 경기도의 안성, 경상도의 남해와 하동, 전라도의 강진과 함평, 정읍 등이 사당패의 주요 근거지였는데, 공연이 없는 겨울철에는 대체로 사찰에 머물며 이듬해 놀이판을 준비했다. 말하자면 사찰이 이들의 본거지에 해당하는 셈이었다. 안성의 사당패는 서운면에 있는 청룡사와 인접한 마을에 적을 두고 여러 지역을 돌아다니며 공연을 펼쳤다. 이곳 청룡사는 놀이꾼을 길러내 전국에 보급해온 대표적인 본거지로, 사당패의 총본산 대접을 받아온 사찰이었다.

사당패는 그 시작부터 사찰과는 떼려야 뗄 수 없는 인연을 맺고 있었다. 사당패의 뿌리는 조선 전기의 숭유억불 정책 시기로 거슬러 올라간다. 조선 초 조정에서 사찰과 승려를 감축하고 사찰에 속한 노비와 토지를 빼앗는 등 불교계를 억압하자 절을 떠난 일부 승려가 가까운 곳에 거주하며 걸식을 하거나 점술과 사주 관상을 봐주며 생계를 이어갔다. 특히 재齋와 다비 등 사찰 의식儀式에 필요한 가무를 익혔던 재승才僧들은 이 의식용 춤과 노래를 선보이며 생계의 한 방편으로 삼았다. 정식 승려가 아니면서 불사佛事를 위해 모여 살던 비승비속非僧非俗의 불자佛者까지 이들 무리에 합류했다. 이들은 출가하지 않으면서 불교에 귀의한 남자를 뜻하는 거사나, 속가에 있으면서 불교를 믿는 여자를 지칭하는 사당으로 불렸으며, 이들 무리를 통칭해 거사패라 일렀다.

시간이 지나면서 생계가 어려운 빈민들이 거사패에 몸을 의탁했으며, 임진전쟁 뒤에는 그 수가 부쩍 늘어난다. 이후 농촌에서 밀려난 유랑민까지 섞여들면서 거사패는 하나의 계층을 이룰 정도로 그 수가 증가했다. 한편으론 사회적 처지가 비슷한 무당과 재인, 광대와 어울리게 되면서 거사패는 아예 가무와 기예를 주된 생계 수단으로 삼아 본격적인 유랑예인의 길로 접어든다. 체계적인 조직을 갖추고 전국을 누비며 가무와 기예를 펼쳐 보였으며, 이 과정에서 명칭이 거사패에서 사당패로 바뀐다.

사당패는 성립 초기의 불교 색채를 어느 정도 버리고 광대집단이자 유랑예인으로 탈바꿈했지만 사찰과의 인연을 계속 이어갔다. 대개 사찰 부근에 터를 잡아 집단촌을 이루었으며, 지방 공연을 돌 때는 사찰에서 받은 신표를 보이며 공연 허락을 받거나 불사를 돕는다는 취지를 내세우며 부적을 판매해 수입을 올렸다. 대신 사당패는 이익 일부를 시주 명목으로 사찰에 바쳐 관계를 계속 이어나갔다. 거사패 성립에서 '신표와 시주'라는 공생관계에 이르는 이런 내력 때문에 사찰이 사당패의 본거지 역할을 할 수 있었던 것이다. 19세기 중반, 가는 곳마다 수많은 관중을 끌어모으며 사당패의 명성을 높였다는 바우덕이도 안성의 청룡사와 인연을 맺은 여성 광대였다. 바우덕이는 청룡사 옆 불당골이란 마을에서 자랐는데, 염불과 소고, 춤, 노래는 물론 줄타기에도 능해 "바우덕이가 온다"는 말이 들리면 너나없이 뛰어나와 안성 사당패를 맞이했다고 한다.

조선 후기 유랑예인 증가는 상업 발달에 힘입은 바 컸다. 18세기 이후 전국에 장시가 성립되고 유통망이 확대되면서 장터가 유랑예인의 주된 놀이판이 되었다. 시장의 확대는 마을 행사나 세시풍속 때의 초청만으로는 부족했던 일터를 보충해주어 유랑예인이 전문 직업인으로 자활할 수 있는 길을 터놓았다. 상인들은 유랑예인의 공연을 반기며 이들을 장터로 끌어들였다. 사람이 많이 모이면 장시가 활성화되고 그만큼 이윤이 많아진다. 볼거리를 제공하는 광대의 가무와 곡예는 인근 주민을 불러모을 수 있는 가장 큰 유인책이었다. 안성의 사당패가 이 지역을 오랫동안 근거지로 삼게 된 것은 안성장이라는 큰 장시가 있기 때문이기도 했다.

하지만 유랑예인이 누구에게나 환영받은 건 아니었다. 다수의 유학자가 이들을 우려의 시선으로 바라보았으며, 일부 문인들은 유랑예인의 존재 자체에 대해 심한 비난을 퍼붓기도 했다. 조선 후기의 문인 이옥(1760~1815)은 사당패를 "생명을 가진 무리 가운데 가장 추잡하고 더러워 천륜과 도리를 크게 상하게 하는 자"라고 신랄하게 공격했다.[17] 실학자 정약용(1762~1836)은 사당·광대·악사·초란이를 잡류雜流로 규정하고, 세금으로 거둔 곡식을 보관하는 창촌倉村에서는 특히 이들의 활동을 엄금해야 한다고 주장했다.

> 창촌에서 금해야 할 대상에는 사당이라 부르는 우파優婆와 창기娼妓가 있다. 늙은 퇴기도 금해야 한다. 소주나 약주를 파는 주파酒婆도 그러하다. 무당의 서방으로 광대라 칭하는 화랑花郎과 악기를 켜며 노래하는 악사도 그 대상이다. 초라니라 하는 뇌자儡子도 마찬가지다. 투전과 도살도 금지해야 한다. 이들 잡류는 노래와 여색과 주육酒肉으로 온갖 유혹을 하니 창촌 관리와 뱃사람이 이 유혹에 넘어가 창고의 세곡에 손을 대고 씀씀이가 헤프게 된다. 그 비용을 감당할 수 없고 탐욕마저 깊어지면 백성의 재물을 함부로 거두어들여 축난 창고를 채우게 되니, 이 여덟 부류인 팔반잡류八般雜流는 마땅히 엄금해야 한다.
>
> — 정약용, 「호전戶典 - 세법稅法」『목민심서』

정약용은 유흥으로 인한 관리의 횡령과 수탈 측면에 중점을 두어 유랑예인의 활동을 제약하고자 했는데, 다른 유학자들은 주로 풍습교화 차원에서 광대를 비난했다. 이들의 가무와 연희가 유학 가치에 어긋난다고 보고 특히 부녀자의 관람을 강하게 반대했다. 지방관은 법과 사회질서 유지 차원에서 유랑예인의 활동을 단속해, 종종 떠돌이 광대패를 구금하고 매를 때리거나 악기를 몰

수하기도 했다.[18]

양반관료의 억압과 유학자의 멸시를 받으면서도 유랑예인들은 끈질긴 생존력을 보였다. 놀이마당을 펼치고 수탈당하는 농민이 되어 함께 눈물을 흘렸으며, 때로는 매 맞는 천민이 되어 가슴에 찬 울분을 토해냈다. 그런 광대와 함께 노래하고 춤추며 원을 풀고 흥을 발산하기 위해 힘없는 백성은 너나없이 놀이판으로 모여들었다. 억압받고 수탈당하는 백성이 없어지지 않는 한 광대의 놀이 난장도 쉬 사라지지 않을 터였다.

안성지역의 사당패는 19세기 말 무렵 대대적인 변모를 꾀한다. 남자 거사와 여자 사당으로 이루어진 수백 년 동안의 관행을 깨고 남자로만 구성된 남사당패로 변신을 시도했다. 가무 중심의 공연에서 벗어나 살판, 무동놀이, 얼른 등의 기예와 인형극인 꼭두각시놀음을 주축으로 한 놀이판을 구성했다. 재능을 가진 사당 구하기가 힘들어지고, 게다가 곡예와 마술 등을 앞세운 일본과 중국의 곡마단이 조선에 들어오면서 좀 더 다채로운 볼거리를 제공하지 않으면 도태될 수밖에 없는 실정이었다. 광대들도 조선 사회가 맞아야 했던 외세의 침범이라는 그 험난한 파고를 맞으며 힘든 생존 경쟁을 벌여야 했다.

광대와 권력자

　　조선 지배층에게 사당패를 비롯한 광대들은 언제 사회윤리를 해칠지 모르는 불순한 세층으로 보일 수 있었다. 유학 이념으로 치장한 양반 중심의 지배체제를 위협하는 잠재적인 불온 세력일 수도 있었다. 이런 측면에서 보면, 문인 이옥과 실학자 정약용의 유랑예인에 대한 우려와 비난의 발언은 기존 지배질서의 건강성을 복원하려는 그들 나름의 의미 있는 작업이었다. 그렇다고 해도 유랑예인의 활동은 도덕이라는 잣대를 들이대 비난하거나 폐해만을 들어 통제하는 데서 그칠 사안은 아니었다.

　　유랑예인 발생과 증가에는 양반관료가 중심이 돼 밀어붙인 불교통제라는 종교 운용의 문제가 얽혀 있었다. 지배층의 수탈과 억압으로 인한 농민의 유민화와 상업 활성화라는 산업 전반의 사안이 관련돼 있었다. 지배자든 권력자든 그들 중심의 사회체제를 오래도록 견고하게 유지하기 위해서는 물질을 생산하고 문화를 형성하는 갖가지 요소를 엮어내는 피지배층에 대한 최소한의 배려가 있어야 한다. 그게 기존 지배질서 유지와 존속의 가장 큰 토대를 이루기 때문이다. 사회 외곽으로 밀려난 힘없는 계층일지라도, 미천하다며 무시하고 지배가치에 영합하지 않는다고 억압하고 배제하는 것만이 능사가 아니라는 것이다. 1894년 동학농민전쟁 시기에 농민군에 기꺼이 합류한 광대들이 이를 증명한다.

동학농민군 대장 김개남은 도내의 창우와 재인 등 광대 1,000여 명으로 부대를 조직해 이들을 두터이 예우했다. 이로써 광대패 부대가 사력을 다해 싸울 수 있도록 사기를 북돋웠다. (…) 동학농민군 대장 손화중은 도내의 광대를 뽑아 1포布를 조직하고 고창의 광대 출신인 홍낙관으로 하여금 지휘하도록 했다. 그 부하 수천 명이 민첩한 정예병이었으므로 손화중이 비록 전봉준, 김개남과 세력이 균형이 이루고 있었다 할지라도 실제로는 손화중의 무리가 최강이었다.

- 황현, 『오하기문梧下紀聞』

광대들은 탈을 벗어 던지고 저잣거리의 놀이판을 박차고 나섰다. 죽창과 총을 들고 투쟁의 산야로 진군했다. 탈마당 춤사위에 실었던 양반층에 대한 조롱과 해학을 넘어 이제는 당당한 목소리와 분명한 몸짓으로 양반들에게 억압과 수탈을 멈추라고 했다. 일부 광대들이 관군이 주도하는 진압군에 들어갔지만, 그보다 더 많은 다수의 광대는 조선 사회에 의로움을 세우고 시대의 도道를 높이자는 갑오년(1894) 항쟁의 기치에 흔쾌히 동의했다. 그 저항의 대열은 조선의 위정자와 양반이 그토록 오랫동안 설파한 유학의 의義와 도를 말만이 아니라 이제는 이 땅 백성의 삶터에서 직접 행하라고 에두르지 않고 직설의 목소리로 요구했다. 그렇지 않으면 이제 자신들이 그 의와 도를 이루겠다고 했다.

갑오년의 싸움은 특권을 지키려는 지배층과 생존권을 확보하려는 피지배층 간에 일어난 일종의 내전이었다. 500년 동안 지속한 사회 부조리와 차별을 없애려는 혁명 성격의 전쟁이었다. 하지만 지배층은 오랜 사대주의의 관성인 양 청나라와 일본이라는 외세를 끌어들여 항쟁을 진압했다. 전쟁은 국제전으로 변했고 조선 백성은 무참히 살육됐다. 그렇지만 백성 다수를 적으로 돌린 왕조와 지배세력의 운명 또한 그리 오래가지 못했다. "이끌고 교화해 보살펴야 할 백성"이라고 외쳤던 말의 성찬과 달리 그 백성을 힘으로 누르기 위해 조급하게 끌어들인 외세에 무력하게 나라를 내주고 만다.

조선의 지배층은 광대를 천대하면서도 이들이 하는 가무와 곡예에 열광했다. 놀이판을 벌이면, 절도와 강도에 대비하라며 광대를 무뢰배나 다름없이 취급했지만 지배질서를 유지하고 권위를 높일 의례 행사가 열리면 이들 광대를 기꺼이 불러들였다. 이처럼 놀이판의 이면에는 모순에 찬 지배층의 이중적 태도와 언행이 그늘처럼 드리워져 있었다. 조선의 위정자와 양반관료들은 광대를 비롯한 천민층까지 가담한 동학농민군 진압에서도 외세를 업고 무력을 휘두르며 이런 모순과 이중성을 여지없이 드러냈다. 결국 그 끝은 자신들의 나라 조선의 몰락이었지만 말이다.

주석註釋

1장 농토의 주인은 누구인가? | 농부

1) 강희맹의 농사짓기와 농서 집필에 대해서는 다음 자료를 토대로 구성했다. 김영진 역·해제, 「금양잡록」 『조선시대 전기 농서』, 한국농촌경제연구원, 1984; 박경안, 「강희맹(1424~1483)의 농장에 관하여」 『역사와 현실』 46, 2002; 이종봉, 《금양잡록》의 농업기술과 농학』 『한국민족문화』 36, 2010. 강희맹은 1474년에서 1476년 사이에 관직에서 물러나 있었는데, 이 기간에 경기도 금양에 거주하며 직접 농장을 경영하고 농사를 지은 것으로 파악된다. 본서에서는 강희맹이 직접 농사를 지은 첫 시기를 1475년으로 잡았다. 『금양잡록』에서 말하는 당시의 경기도 금양은 지금의 서울시 강서구·양천구·금천구와 경기도 광명시 일대를 포괄하는 지역으로 보고 있다.

2) 『금양잡록』의 번역 인용문은 위 김영진의 자료를 바탕으로 기술했다. 구성 정황과 내용 이해를 위해 원전의 의미 내에서 일부 단어와 문장을 수정했다.

3) 『조선왕조실록』의 인용문은 국사편찬위원회에서 제공하는 번역본을 기준으로 삼았으며, 내용 이해를 위해 원전의 의미 내에서 일부 단어와 문장을 수정했다. 일자는 원서에 표기된 음력을 따랐다. 양력 일자를 쓸 때는 양력이라 따로 표기했다. 본서에 나오는 『금양잡록』을 포함한 고서의 인용문도 이와 동일하다.

4) 이 절에서 다루는 농민의 역할, 농민−백성에 대한 위정자의 태도와 시각은 다음 자료를 참고해 정리했다. 조윤민, 『모멸의 조선사』, 글항아리, 2017, 27쪽, 38쪽, 86~87쪽.

5) 민유방본의 의미와 그 실행 실상에 대해서는 다음 자료를 참고해 정리했다. 조윤민, 『모멸의 조선사』, 글항아리, 2017, 81~92쪽.

6) 이종하, 『우리 민중의 노동사』, 주류성, 2001, 414쪽.

7) 한상권, 「19세기 민소民訴의 양상과 추이」 『한일공동연구총서 3』, 2002, 86쪽.

8) 이하의 경기제의 성립과 변천, 경기지역의 특징에 대해서는 주로 다음 자료를 참고해 정리했다. 류주희, 「조선 건국과 한양 천도」 『한 권으로 읽는 경기도의 역사』, 경기도사편찬위원회, 2008; 이지훈, 「왜 600

년인가?」「경기는 명당이다」, 가갸소랑, 2014; 홍영희, 「고려의 수도 개성, 조선왕조의 수도 한양」『경기도의 어제와 오늘』, 경기도, 2001.

2장 가진 자의 농토, 신음하는 경기 농민 | 농부

1) 강희맹 집안이 보유한 농장의 위치와 유래, 규모 등에 대해서는 다음 자료를 참고했다. 박경안 「강희맹 (1424~1483)의 농장에 관하여」『역사와 현실』46, 2002, 105~126쪽.

2) 강희맹의 농장 운영 방식, 과노, 고용 농사꾼에 대해서는 다음 자료를 참고했다. 박경안 「강희맹 (1424~1483)의 농장에 관하여」『역사와 현실』46, 2002, 126~132쪽.

3) 과전법 체제의 성격과 특징, 변천, 폐단에 대해서는 주로 다음 자료를 참고해 정리했다. 김태영, 「과전법 체제와 경기지역의 사회경제 형편」『경기도의 역사와 문화』, 경기도, 1997; 문용식, 「조선 전기 경기도의 재정」『경기도사 4: 조선 전기』, 경기도사편찬위원회, 2003; 이근수, 「경기도의 산업」『경기도사 4: 조선 전기』, 경기도사편찬위원회, 2003.

4) 경기지역에서의 고위관료층의 조세 전가와 그 폐해에 대해서는 다음 자료를 참고했다. 김태영, 「과전법 체제와 경기지역의 사회경제 형편」『경기도의 역사와 문화』, 경기도, 1997, 174쪽.

5) 세곡 징수 과정에서의 폐단은 다음 자료를 참고했다. 문용식, 「조선 전기 경기도의 재정」『경기도사 4: 조선 전기』, 경기도사편찬위원회, 2003, 209~210쪽.

6) 고려와 조선의 토지소유관계 성격, 토지 매매에 대해서는 다음 자료를 참고해 정리했다. 조윤민, 『두 얼굴의 조선사』, 글항아리, 2017, 142~143쪽.

7) 진황 농지의 소유권 변화는 다음 자료를 참고해 정리했다. 김태영, 「과전법 체제와 경기지역의 사회경제 형편」『경기도의 역사와 문화』, 경기도, 1997, 158쪽.

8) 이하의 양반 가문의 토지 증식 방안, 토지 소유 양극화에 따른 농민의 고통, 경기 백성의 빈곤 실상에 대해서는 다음 자료를 바탕으로 정리했다. 이근수, 「경기도의 산업」『경기도사 4: 조선 전기』, 경기도사편찬위원회, 2003; 조윤민, 「6장 생산과 부를 통제하고 아량을 베풀어라」, 『두 얼굴의 조선사』, 글항아리, 2016; 조윤민, 「2장 일하고 생산하는 백성」「3장 사치와 향락의 그늘 아래 – 농민의 생활」『모멸의 조선사』, 글항아리, 2017.

9) 처음 이 사건은 규수가 곡기를 끊고 죽었다기보다 마침 이 시기에 질병이 들어 죽은 것으로 보았으나 이후 재조사가 실시됐다. 결국 정조가 나서서 사건을 처리했는데, 정조는 이 사건을 상민이 위협과 핍박을 가하고 규수가 두려움을 느껴 목숨을 끊은 위핍치사의 경우로 보았다. 정조의 판단은 이러했다. "죽음의

근본 원인은 혼인을 강요할 때의 악담에서 비롯된 것이니, 위협한 게 아니라도 해도 실상은 위협한 것이다. 대개 미처 생각하지 못한 경우에도 모두 위핍률로 단죄하니, 어찌 죄를 벗어날 수 있겠는가"(『일성록』 정조 19년 6월 2일). 이 외 다음의 자료를 참고해다. 『일성록』 정조 19년 5월 25일, 5월 29일, 6월 3일; 『심리록』 26권, 1795년 1, 경기, 「가평 김가인백의 옥사」

10) 『기양문첩(연기군 편)』, 1802년 11월 4일. 이는 다음 자료에서 재인용했다. 전국역사교사모임 엮음, 『사료로 보는 우리 역사 2』, 돌베개, 1994, 82쪽.

11) 천오장의 생애와 죽음에 대해서는 다음 사료를 참고. 『순조실록』 15권, 순조 12년(1812) 2월 21일, 3월 4일 기사.

3장 경기지역 농사법을 개발하고 습득하라 | 농부

1) 이하의 강희맹의 농사법 습득에 관한 내용은 다음 자료를 참고해 구성했다. 김영진 역·해제, 「금양잡록」 『조선시대 전기 농서』, 한국농촌경제연구원, 1984; 이근수, 「경기도의 산업」 『경기도사 – 제4권 조선 전기』, 경기도사편찬위원회, 2003; 이종봉, 「《금양잡록》의 농업기술과 농학」 『한국민족문화』 36, 2010.

2) 염정섭, 「15세기 농법의 양상과 성격」 『조선시대 농업발달 연구』, 태학사, 2002, 58~59쪽; 이근수, 「경기도의 산업」 『경기도사 4: 조선 전기』, 경기도사편찬위원회, 2003, 246쪽.

3) 이종봉, 「《금양잡록》의 농업기술과 농학」 『한국민족문화』 36, 2010, 59~60쪽.

4) 15세기 전반 민호民戶에서의 농우 보유 실상에 대해서는 다음 사료를 참고. 『세종실록』 54권, 세종 13년(1431) 12월 13일 기사.

5) 『금양잡록』의 이 기록은 강희맹이 나이든 농부에게서 전해 듣는 방식으로 구성했다.

6) 지역별 우경 방식 차이와 그 요인에 대해서는 다음 자료를 참고해 정리했다. 이영학, 「조선 후기 경제제도의 개편」 『경기도사 5: 조선 후기』, 경기도사편찬위원회, 2004, 180~182쪽; 정치영, 「《천일록》을 통해 본 조선 후기 농업의 지역적 특성」 『한국지역지리학회지』 9–2, 2003, 125~127쪽.

7) 지역별 이앙법 보급 현황을 정리한 이 인용문은 『천일록千一錄』의 「산천풍토관액山川風土關阨」 부분을 발췌했다. 정리에는 다음 자료의 도움을 받았다. 주강현, 「경기도의 민속」 『경기도의 문화와 예술』, 경기도, 1997, 259~260쪽.

8) 경기지역 내의 이앙법과 직파법 실상은 주로 다음 자료를 참고해 정리했다. 우하영(김혁 外 옮김), 「산천풍토관액」 『천일록 1』, 화성시청, 2015; 정치영, 「《천일록》을 통해 본 조선 후기 농업의 지역적 특성」 『한국지역지리학회지』 9–2, 2003; 주강현, 「경기도의 민속」 『경기도의 문화와 예술』, 경기도, 1997.

9) 정치영, 「《천일록》을 통해 본 조선 후기 농업의 지역적 특성」 『한국지역지리학회지』 9-2, 2003, 130쪽.

10) 농부의 이앙법 선택 동기와 이앙법이 조선 사회에 미친 역할에 대해서는 다음 자료를 참고해 정리했다. 조윤민, 『모멸의 조선사』, 글항아리, 2007, 109~114쪽.

11) 이영배, 「두레의 기억과 공동체적 신명의 정치성과 문화적 의미」 『민속학연구』 27, 2010, 72쪽.

4장 말과 소를 기르고 번식시켜라 | 목자牧子

1) 이하의 조선시대 마정과 목장 운영 실상, 경기도 지역 목장 운영에 관한 전반적인 사항은 주로 다음 자료를 참고했다. 김대길, 「목축업」 『경기도사 5: 조선 후기』, 경기도사편찬위원회, 2004; 남도영, 「교통·운수·통신 – 마정」 『신편 한국사 24: 조선 초기의 경제구조』, 우리역사넷; 이홍두, 「조선 초기 마목장 설치 연구」 『동북아 역사논총』 55, 2017; 조병로 외, 「조선시대 사복시의 설치와 목장 운영」 『경기사학』 8, 2004.

2) 15세기 전반기 전국 목장 수 추산은 연구자에 따라 약간의 차이가 난다. "세종 대에 (제주도를 제외한) 전국 49곳에 목장이 설치돼 15970필의 말을 사육했다"는 주장(조병로 외, 「조선시대 사복시의 설치와 목장 운영」 『경기사학』 8, 2004, 218쪽), "건국 직후부터 세종 대까지 제주도를 제외한 전국에 마목장이 54개"라는 연구 결과(이홍두, 「조선 초기 마목장 설치 연구」 『동북아 역사논총』 55, 2017, 230쪽) 등이 있다. 이러한 차이는 제주도 포함 여부와 추산 기준으로 삼는 시기상의 차이, 마목장과 우목장 구분 등에 따른 것으로 여겨진다. 본서에서는 다음 자료를 따랐다. 남도영, 「교통·운수·통신 – 마정」 『신편 한국사 24: 조선 초기의 경제구조』, 우리역사넷.

3) 조선 전기 전국 목장에서 기르는 말의 규모는 다음 자료를 참고해 정리했다. 남도영, 「교통·운수·통신 – 마정」 『신편 한국사 24: 조선 초기의 경제구조』, 우리역사넷; 이도남, 「조선시대 운송수단, 말을 키우던 곳」 『공공정책』 156, 2018, 105쪽; 조병로 외, 「조선시대 사복시의 설치와 목장 운영」 『경기사학』 8, 2004, 218~219쪽.

4) 『성종실록』 2권, 성종 1년(1470) 1월 4일 기사 참고.

5) 임진현은 세조 대에 장단현에 부속됐다. 따라서 성종 대인 1470년에는 호곶 목장이 임진현 소속이었다.

6) 남도영, 「교통·운수·통신 – 마정」 『신편 한국사 24: 조선 초기의 경제구조』, 우리역사넷.

7) 이 절에서 다루는 목자의 임무와 처우, 상벌, 수탈, 직업 세습, 주민과의 마찰 등에 대해서는 주로 다음 자료를 참고했다. 남도영, 「교통·운수·통신 – 마정」 『신편 한국사 24: 조선 초기의 경제구조』, 우리역사넷.

8) 『문종실록』 5권, 문종 1년(1451) 1월 13일 기사 참고.

9) 『중종실록』 14권, 중종 6년(1511) 12월 8일 기사 참고.

10) 임진전쟁 이후의 국영 목장 수는 연구자에 따라 조금씩 차이가 난다. 본서에서는 다음 주로 자료를 참고해 개략적인 선에서 정리했다. 김대길, 「목축업」 『경기도사 5: 조선 후기』, 경기도사편찬위원회, 2004; 남도영, 「교통·운수·통신 – 마정」 『신편 한국사 24: 조선 초기의 경제구조』, 우리역사넷; 이도남, 「조선시대 운송수단, 말을 키우던 곳」 『공공정책』 156. 2018.

11) 『선조실록』 59권, 선조 28년(1595) 1월 17일 기사 참고.

12) 『승정원일기』 인조 7년(1629) 3월 8일 기사 참고.

5장 강과 바다의 생산자들 | 어부

1) 윤선도의 『어부사시사』에 대한 해석은 다음을 참고해 정리했다. 조윤민, 『모멸의 조선사』, 글항아리, 2016, 129~130쪽.

2) 조선 전기의 어획량, 어종, 어로방식 등 어업 전반에 관한 내용은 주로 다음 자료를 참고해 정리했다. 박구병, 「수산업」 『신편 한국사 24: 조선 초기의 경제구조』, 우리역사넷; 주강현, 「어업」 『경기민속지 1: 개관편』, 경기도박물관, 1998; 최영진, 「조선시대 경기지방의 어획물에 관하여」 『기전문화연구』 4, 1974.

3) 조선시대 부평도호부는 지금의 인천광역시 일부와 부천 지역에 걸쳐 있었으며, 부평 영역의 일부가 인천과 김포 사이에 있는 해안지대에 면해 있었다. 수원도호부 또한 그 일부 지역이 서해안과 면해 있었다. 『세종실록』에는 수원의 경계 영역을 다음과 같이 표시한다. "수원의 사방 경계는 동쪽으로 용인에 이르기 17리, 서쪽으로 쌍부 바라곶이八羅串에 이르기 55리, 남쪽으로 충청도 평택현의 유지두에 이르기 65리, 북쪽으로 과천에 이르기 21리이다"(『세종실록』 148권, 지리지 – 경기 수원도호부)

4) 『세종실록』에는 "어전魚箭"이 "어량魚梁"으로 표기돼 있다. 이 어량은 성종 1년(1470) 이후의 『왕조실록』에는 "어전魚箭"으로 표기된다. 개칭 이유는 분명히 밝혀져 있지 않은데, 당시 어민이 부르던 이름은 어량이나 어전이 아닌 어살이었을 것으로 본다. 본서에서는 명칭 혼란을 피하고자 시기와 관계없이 "어전"이란 명칭을 사용했다.

5) 염분 운영방식과 그 실상에 대해서는 주로 다음 자료를 참고해 정리했다. 김준, 「소금과 국가 그리고 어민」 『도서문화』 20, 2002; 박평식, 「15세기 전기의 어염정책과 어전경영」 『역사교육』 101, 2007; 신지현 「염업」 『신편 한국사 24: 조선 초기의 경제구조』, 우리역사넷.

6) 『세종실록』 52권, 세종 13년(1431) 4월 21일 기사 참고.

7) 『중종실록』 67권, 중종 25년(1530) 2월 19일 기사 참고.

8) 『문종실록』 5권, 문종 즉위년(1450) 12월 2일 기사 참고.

9) 『세종실록』 44권, 세종 11년(1429) 6월 18일 기사 참고.

10) 『세종실록』 49권, 세종 12년(1430) 8월 18일 기사 참고.

11) 어로작업 방식, 어업기술의 발전 등 조선 후기 어업의 변화에 대해서는 다음 자료를 참고해 정리했다. 조윤민, 『모멸의 조선사』, 글항아리, 2007, 132~136쪽.

12) 다음 사료를 참고. 「해세海稅 9」 『균역청사목』, 1752.

13) 다음 사료를 참고. 『인조실록』 14권, 인조 4년(1626년) 8월 1일; 『숙종실록』 58권, 숙종 42년(1716년) 10월 29일.

14) 다음 두 사료를 통해 이 사실을 알 수 있다. 『비변사등록』 영조 4년(1728년) 1월 25일; 『비변사등록』 영조 4년(1728년) 2월 2일.

15) 『정조실록』 10권, 정조 4년(1780) 12월 21일 기사 참고.

6장 만들고 제조하는 경기 백성 | 수공업 장인

1) 웅황판은 웅황으로 만든 얇은 조각을 이른다. 웅황은 삼류화비소를 주성분으로 하는 광석으로 약으로도 쓰였다. 법랑잠은 법랑으로 만든 비녀이며, 진주수는 진주로 만든 머리꾸미개를 이른다.

2) 다리 사치 경향에 대해서는 다음 사료를 참고. 이덕무, 「사소절 6士小節六 – 부의婦儀」 『청장관전서』; 『영조실록』 87권, 영조 32년(1756) 1월 16일 기사; 『정조실록』 26권, 정조 12년(1788) 10월 3일 기사.

3) 분원은 경기도 광주군 일대에 설치한 사옹원의 관영 사기제조장으로, 직접 현지에서 작업을 관할하는 관청을 뜻한다. 분원의 관리 아래 그릇을 만드는 수공업장을 번조소燔造所라 했다. 흔히 왕실에서 사용하는 그릇을 굽는 수공업장을 "분원"이라 칭하기도 하는데, 엄밀히 말하면 "사옹원 분원 백자 번조소"라 해야 할 것이다. 본서에서는 관청 개념과 수공업장 개념을 구분해 관청을 뜻할 때는 "분원"이라 하고, 이 관청의 지휘 아래 자기(사기)를 만드는 제조장을 이를 때는 현재 통용되는 명칭이 자기인 점을 고려해 "분원 자기소"라 했다. 이와 함께 "분원 사기제조장"이란 명칭을 병용했다.

4) 분원 자기소 도공의 열악한 처우와 빈곤에 대해서는 다음 사료를 참고. 『중종실록』 93권, 중종 35년(1540) 5월 11일 기사; 『승정원일기』 370책, 숙종 23년(1697) 윤3월 2일 기사·498책, 숙종 42년(1716) 9월 4일 기사; 『비변사등록』 51책, 숙종 26년(1700) 11월 10일 기사; 『일성록』 정조 19년(1795) 8월 1일 기사.

5) 흔히 자기와 사기를 구별해, 사기는 자기보다 순도가 낮고 굽는 온도도 낮은 것으로 설명하는데 이는 현대에 들어와 생긴 개념으로 본다.(윤용이, 『아름다운 우리 도자기』, 학고재, 1996). 조선시대에는 사기가 자기의 별칭이었다. 그래서 백자를 백사기, 백자를 만드는 장인을 사기장, 백자를 만드는 곳을 사기소라 했다.

6) 죽산현의 공철貢鐵에 대해서는 다음 사료와 자료를 참고. 『단종실록』 4권, 단종 즉위년(1452) 12월 22일; 이근수, 「조선 전기 경기지역의 수공업과 상업」 『경기도사 4: 조선 전기』, 경기도사편찬위원회, 2003, 257쪽.

7) 15세기 관공장에 대한 대가 지급에 대해서는 전문가마다 약간의 차이가 있다. 관공장의 작업은 "공역公役에 응하는 것이므로 무상"이라는 의견이 있고(국사편찬위원회 엮음, 「조선초기의 경제구조─개요」 『신편 한국사 24』), 일부 수공업자에게 급보제도와 급식제도, 봉족제를 실시했다는 주장이 있다(이종하, 『우리 민중의 노동사』, 주류성, 2001). "번차제로 입역을 하는 장인들은 입역 기간 동안 일정한 대가를 받았다"고 하면서 급식과 급보, 봉족제를 실시했다는 사실을 전하기도 한다.(이혜옥, 「조선전기 수공업체제의 정비」 『역사와 현실』 33, 1999). 『신편 한국사』의 경우는 관공장 작업의 기본 성격과 대가 지급 여부의 큰 흐름에서 보아 '무상'이라는 표현을 사용한 것으로 보인다. 혹은 이 '무상'을 공식적인 정규 임금이 지급되지 않았다는 뜻으로 볼 수도 있다.

8) 관장제의 성격과, 이하의 민간수공업자에 대해서는 다음 자료를 참고해 정리했다. 조윤민, 『모멸의 조선사』, 글항아리, 2007, 156~157쪽.

9) 경기도의 민간수공업 경향과 특징에 대해서는 주로 다음 자료를 참고해 정리했다. 이근수, 「조선 전기 경기지역의 수공업과 상업」 『경기도사 4: 조선 전기』, 경기도사편찬위원회, 2003; 주영하, 「수공업」 『경기민속지 6: 생업기술·공예』, 경기도박물관, 2003. 15세기 자기소 현황 중, 광주목에 설치된 4곳의 자기소를 사용원에서 관할하는 관영 자기소로 추측하는 시각이 있어(이욱, 「광주분원과 여주·이천의 도자기 수공업」 『경기도의 어제와 오늘』, 경기도, 2001), 이를 받아들이면 조선 전기 경기도의 민간 자기소는 10곳이 된다.

10) 피장 이상좌의 자살은 수공업 장인에 대한 경시서의 가혹한 처벌 경향과, 현실과 맞지 않는 당시의 화폐정책이 겹쳐지면서 발생한 비극적인 사건이었다. 당시 세종은 화폐 보급을 위해 물품거래에 돈을 사용하지 않으면 법으로 처벌을 내리는 화폐정책을 밀어붙이고 있었다.

11) 이하의 수공업 장인의 신분, 처우, 작업 규제, 착취 등에 대해서는 다음 자료를 참고해 정리했다. 조윤민, 『모멸의 조선사』, 글항아리, 2017, 158~165쪽.

12) 『태종실록』 12권, 태종 6년(1406) 윤7월 3일 기사 참고.

13) 『세종실록』 49권, 세종 12년(1430) 8월 25일 기사 참고.

14) 이하의 조선 후기 관영수공업과 민간수공업 실상, 민간수공업의 발전 양상에 대해서는 주로 다음 자료를 참고해 정리했다. 조윤민, 『모멸의 조선사』, 글항아리, 2017, 171~177쪽.

15) 조선 후기 경기지방 수공업 현황과 특징에 대해서는 다음 자료를 참고했다. 김대길, 「수공업」『경기도사
　　5: 조선 후기』, 경기도사편찬위원회, 2004; 주영하, 「수공업」『경기민속지 6: 생업기술·공예』, 경기도박
　　물관, 2003.

7장 경기 장인의 삶과 애환 − 도공과 유기장鍮器匠 | 수공업 장인

1) 분원 설치 시기는 연구자에 따라 조금씩 차이가 난다. 1432년 이후에서 1467년 이전의 어느 시기로 보
　　기도 하고(이욱, 「광주 분원과 여주·이천의 도자기 수공업」『경기도의 어제와 오늘』 경기도, 2001, 71~73쪽), 1467년에서
　　1469년 사이(김경란, 「조선시대 사옹원 분원의 설치와 운영」『광주 분원리 도요지 복원·보존을 위한 장기 종합 마스터 플랜
　　학술연구결과 자료집』, 경기문화재단, 2005, 77~78쪽), 1466년에서 1468년 사이(전승창, 「조선 전기의 도전과 위엄, 분청
　　사기와 백자」『한국문화사 32: 한반도의 흙, 도자기로 태어나다』, 우리역사넷)로 보는 연구자가 있다.

2) 조선 초기 왕실과 국가기관 용도의 도자기 생산과 수취 방식의 변화, 분원 설치의 배경과 요인, 분원 관
　　리 관료와 사기장 규모에 대해서는 주로 다음 자료를 참고했다. 김경란, 「조선시대 사옹원 분원의 설치
　　와 운영」『광주 분원리 도요지 복원·보존을 위한 장기 종합 마스터 플랜 학술연구결과 자료집』, 경기문
　　화재단, 2005; 박주영, 「17·18세기 조선 사옹원 분원 운영과 그 변화 양상」, 중앙대학교대학원 역사학과
　　석사학위논문, 2019; 이욱, 「광주 분원과 여주·이천의 도자기 수공업」『경기도의 어제와 오늘』 경기도,
　　2001; 전승창, 「조선 전기의 도전과 위엄, 분청사기와 백자」『한국문화사 32: 한반도의 흙, 도자기로 태
　　어나다』, 우리역사넷.

3) 시기별로 분원 자기소에서 자기를 만드는 공정에 참여한 실제 인력 규모는 정확하게 산출되지 않는다.
　　19세기 후반의 관요 규모와 규정을 기록한 「분주원보등分廚院報謄」에 따르면 사기제조 기술자와 잡역을
　　합해 모두 527명으로 나온다.(위 김경란의 논문 84~85쪽) 이 수치를 상한 인원으로 추정했다. 연구자에 따
　　라서는 「분주원보등分廚院報謄」에 기록된 인원 중 사기제조 기술자와 잡역 인원을 525명으로 보기도 한
　　다.(위 박주영의 논문 33~34쪽)

4) 이하의, 분번입역제와 전속 사기장 제도, 분업 체계와 작업 규제, 작업량 등에 대해서는 위 김경란·박주
　　영·이욱·전승창의 논문을 참고해 정리했다.

5) 원료 공급지에 설치된 조선시대 수공업 제조장과 그 영향에 대해서는 다음 자료를 참고했다. 김경란, 「조
　　선시대 사옹원 분원의 설치와 운영」『광주 분원리 도요지 복원·보존을 위한 장기 종합 마스터 플랜 학술
　　연구결과 자료집』, 경기문화재단, 2005, 81쪽.

6) 『승정원일기』 인조 10년(1632) 2월 8일 기사 참고.

7) 『승정원일기』 인조 11년(1633) 6월 11일 기사 참고.

8) 분원 자기소 사번 허용, 이후의 상인 물주 출현과 성장에 대해서는 주로 다음 자료를 참고했다. 이욱, 「광주 분원과 여주·이천의 도자기 수공업」『경기도의 어제와 오늘』, 경기도, 2001, 82~84쪽.

9) 매매문서에 나오는 구산리를 안성의 구산리로 보았다. 조선시대 유기 수공업 지역으로 알려진 구산리는 안성의 구산리와 구례의 구산리인데, 안성 유기업자들 중 도정규 집안이 선조 대대로 유기수공업을 경영해온 사실을 근거로 삼았다.(전병무, 「안성의 유기수공업」『경기도의 어제와 오늘』, 경기도, 2001, 102쪽 참고). 건륭 42년에 해당하는 연도는 정유년(1777)인데 매매문서에는 정미(1787)로 표기돼 있다. 문서작성 시의 오류로 보인다. 본서에서는 선행 연구서를 따라 건륭 42년을 실제 연도로 잡았다.

10) 안성의 유기수공업 발전과 그 배경, 요인에 대해서는 주로 다음 자료를 참고했다. 김지현, 「조선시대 유기제작기술과 유기」, 한국전통문화대학교대학원 문화유산융합학과 석사학위논문, 2018; 임근혜, 「안성 맞춤유기 생산전통의 구성과 지속」, 서울대학교대학원 인류학과 박사학위논문, 2016; 전병무, 「안성의 유기수공업」『경기도의 어제와 오늘』, 경기도, 2001.

11) 다음을 참조. 이식, 「계산지啓山志 – 천장잡록遷葬襍錄」『택당집』 별집 11권.

12) 유기수공업의 작업 공정과 분업화, 유기장의 성격에 대해서는 주로 다음 자료를 참고해 정리했다. 김영호, 「수공업의 발달」『신편 한국사 33: 조선 후기의 경제』, 우리역사넷; 전병무, 「안성의 유기수공업」『경기도의 어제와 오늘』, 경기도, 2001.

13) 이에 대해서는 다음 자료를 참고해 주장을 덧붙였다. 전병무, 「안성의 유기수공업」『경기도의 어제와 오늘』, 경기도, 2001, 101~102쪽.

8장 경기 상업을 진작하라 | 상인

1) 이 절에서 다루는 사상도고 손도강과 어물전을 중심으로 한 시전 상인과의 다툼은 다음 사료에 기반을 두고 구성했다. 『각전기사各廛記事』 인권人卷, 1805년 2월, 1804년 8월 기사; 『각전기사各廛記事』 천권天卷, 1805년 8월 기사.

2) 손도강을 대표로 하는 사상도고의 성장과 유통체계의 변화에 대해서는 다음 자료의 도움을 받았다. 고동환, 「18세기 서울에서의 어물유통구조」『한국사론』 28, 1992; 조재곤, 「조선 후기 경기도의 상업발전과 경강상인·개성상인」『경기도의 어제와 오늘』, 경기도, 2001.

3) 『각전기사各廛記事』 천권天卷, 1805년 8월 기사 참고.

4) 시전과 국가권력의 관계 및 그 성격에 관해서는 다음 자료를 참고해 정리했다. 조윤민, 『모멸의 조선사』, 글항아리, 2017, 213~214쪽.

5) 상업 통제의 궁극적 목적에 대해서는 다음 자료를 참고해 정리했다. 노혜경, 「조선 후기 사상의 활동과 유통구조의 변화」 『역사와 실학』 54, 2014, 77쪽; 조윤민 『두 얼굴의 조선사』, 글항아리, 2016, 169〜171쪽.

6) 『태종실록』 23권, 태종 12년(1412) 6월 1일 기사 참고.

7) 행상은 조선에 장시 체제가 성립되기 전까지 향촌 사회에서 매매를 담당한 주요 상인이었다고 본다. 이러한 사실은 "소금 선박이 왔다는 소식을 들으면 쌀과 베를 가지고 달려가 서로 빨리 구매하려 했다"는 조선 초의 기록[『세종실록』 77권, 세종 19년(1437) 5월 1일 기사]을 통해 알 수 있다. 이에 대해서는 다음을 참고. 김종혁, 「경기 북부의 상업」 『경기민속지 6: 생업기술·공예』, 경기도박물관, 2003, 353〜354쪽.

8) 향촌 장시의 발전과 이에 대한 조정의 금압 및 규제 정책에 대해서는 주로 다음 자료를 참고했다. 김종혁, 「경기 북부의 상업」 『경기민속지 6: 생업기술·공예』, 경기도박물관, 2003; 이근수, 「조선 전기 경기지역의 상업과 유통체계」 『경기도사 4: 조선 전기』, 경기도사편찬위원회, 2003; 조윤민 『모멸의 조선사』, 글항아리, 2017, 228〜235쪽.

9) 『성종실록』 204권, 성종 18년(1487) 6월 20일 기사 참고.

10) 다음 사료를 참고. 『승정원일기』 29책, 인조8년(1630년) 1월 18일; 『승정원일기』 410책, 숙종 29년(1703년) 3월 15일; 『승정원일기』 1723책, 정조 18년(1794년) 7월 22일.

11) 경기지역 장시 금압과 규제, 그 배경과 이유에 대해서는 다음 자료를 참고했다. 고동환, 「상공업 발전과 장시의 확대」 『경기도 역사와 문화』, 경기도, 1997; 이근수, 「조선 전기 경기지역의 상업과 유통체계」 『경기도사 4: 조선 전기』, 경기도사편찬위원회, 2003.

12) 18세기 이후 경기지역 장시 현황과 발전 양상, 그 배경과 요인에 대해서는 다음 자료를 참고해 정리했다. 고동환, 「상공업 발전과 장시의 확대」 『경기도 역사와 문화』, 경기도, 1997; 김대길, 「상업」 『경기도사 5: 조선 후기』, 경기도사편찬위원회, 2004; 김종혁, 「경기 북부의 상업」 『경기민속지 6: 생업기술·공예』, 경기도박물관, 2003; 정승모, 「장시 유통」 『경기민속지 1: 개관』, 경기도박물관, 1998; 조재곤, 「조선 후기 경기도의 상업발전과 경강상인·개성상인」 『경기도의 어제와 오늘』, 경기도, 2001.

13) 1830년대에 지은 『임원경제지』 「예규지」에 실린 장시를 주요 유역별로 나누어 그 분포도를 살폈다. 이는 다음 자료에서 인용했다. 정승모, 「장시 유통」 『경기민속지 1: 개관』, 경기도박물관, 1998, 372〜373쪽.

14) 주요 대로 지역에 설치된 경기도 내 장시에 대해서는 다음 자료를 요약 정리하고 일부 정보를 덧붙였다. 조재곤, 「조선 후기 경기도의 상업발전과 경강상인·개성상인」 『경기도의 어제와 오늘』, 경기도, 2001, 112〜114쪽.

15) 『부역실총賦役實總』 1책(경기도조), 장세場稅 (1794)

16) 조선 후기 경기도의 상업적 농업 실상에 대해서는 주로 다음 자료를 참고했다. 김대길, 「상업」 『경기도사 5: 조선 후기』, 경기도사편찬위원회, 2004, 187~188쪽; 최홍규, 「서설」 『경기도사 5: 조선 후기』, 경기도사편찬위원회, 2004, 2~3쪽.

9장 경기도의 상인세력과 정치권력 | 상인

1) 이하의 김중재가 이끄는 상단 활동에 대해서는 다음 사료를 바탕으로 구성했다. 『전객사일기典客司日記』 11권, 1753년 6월 21일. 내용 전개에는 다음 자료의 도움을 받았다. 고동환, 「조선 후기 상선의 항행조건」 『해양사관으로 본 한국사의 재조명』, 해상왕장보고기념사업회, 2004; 노혜경·노대현, 「조선 후기 개성상인의 경쟁과 상생」 『경영사학』 27-2, 2012.

2) 『전객사일기典客司日記』에는 박수돌을 "식주인"이라 지칭한다. 그런데 김중재가 다량의 상품(명태)을 맡겨 두고 다른 지역으로 항해를 떠난 정황으로 미루어 보아, 단순한 숙박소 주인이 아니라 개성상인이 고용한 차인差人 성격의 인물일 가능성이 높다. 본서에서는 박수돌을 개성상인의 상방(송방(松房))을 관리하는 고용인으로 보았다. 이에 대해서는 다음을 참고. 고동환, 「조선 후기 상선의 항행조건」 『해양사관으로 본 한국사의 재조명』, 해상왕장보고기념사업회, 2004, 187쪽.

3) 이하의, 김중재의 선상 활동 행적으로 알 수 있는 조선 후기 상업의 실상과 개성상인의 활동 영역에 대해서는 다음 자료를 참고해 정리했다. 고동환, 「조선 후기 상선의 항행조건」 『해양사관으로 본 한국사의 재조명』, 해상왕장보고기념사업회, 2004, 187~188쪽.

4) 개성이 무본억말의 정책 기조에서 벗어나 상업이 발달할 수 있었던 배경과 요인에 대해서는 주로 다음 자료를 참고해 정리하고 의견을 덧붙였다. 고동환, 「조선 후기 개성의 도시구조와 상업」 『지방사와 지방문화』 12-1, 2009; 정성일, 「개성상인과 동래상인」 『한국문화사 3: 거상, 전국 상권을 장악하다』, 우리역사넷; 조재곤, 「조선 후기 경기도의 상업 발전과 경강상인·개성상인」 『경기도의 어제와 오늘』, 경기도, 2001.

5) 개성의 재정 운용 정책과 개성의 상업 기조 관련성에 대한 개념 파악 및 내용 전개는 다음 자료의 도움을 받았다. 고동환, 「조선시대 개성과 개성상인」 『역사비평』 54, 2001, 210~212쪽; 고동환, 「조선 후기 개성의 도시구조와 상업」 『지방사와 지방문화』 12-1, 2009, 346~352쪽.

6) 김계현의 삼베 매점과 도고 행위는 다음 사료에 근거해 구성했다. 『비변사등록』 201책, 순조 11년(1811) 3월 19일 기사.

7) 『비변사등록』 200책, 순조 10년(1810) 1월 10일 기사 참고.

8) 시전과 사상도고의 독점 상행위 차이에 대해서는 다음 자료의 도움을 받아 정리했다. 고동환, 「조선시대 개성과 개성상인」 『역사비평』 54, 2001, 214~215쪽.

9) 이하에 나오는 송방을 거점으로 한 매점, 선대제, 밀무역과 공무역 진출과정, 중개무역 등 개성상인의 상술과 주요 상업 활동에 대해서는 다음 자료를 참고해 정리했다. 고동환, 「조선시대 개성과 개성상인」 『역사비평』 54, 2001; 고동환, 「조선 후기 개성의 도시구조와 상업」 『지방사와 지방문화』 12-1, 2009; 노혜경·노태엽, 「조선 후기 개성상인의 경쟁과 상생」 『경영사학』 27-2, 2012; 정성일, 「개성상인과 동래상인」 『한국문화사 3: 거상, 전국 상권을 장악하다』, 우리역사넷; 조재곤, 「조선 후기 경기도의 상업 발전과 경강상인·개성상인」 『경기도의 어제와 오늘』, 경기도, 2001.

10) 『선조실록』 210권, 선조 40년(1607) 4월 19일 기사 참고.

11) 다음을 참고. 「호구총수戶口總數」, 경기도 광주부(1789)

12) 송파장시 존치 논쟁에 대해서는 주로 다음의 자료를 참고했다. 김정자, 「조선 후기 정조대의 정국과 시전정책 – 공시인순막을 중심으로」 『한국학논총』 39, 2013, 151~156쪽; 김홍성, 「송파장에 대한 연구」, 한신대학교교육대학원 역사교육학과 석사학위논문, 2003, 32~36쪽.

13) 사상도고와 정치권력의 결합 양상, 결탁에 따른 부정적 결과에 대해서는 다음 자료를 참고해 정리했다. 조윤민 『모멸의 조선사』, 글항아리, 2017, 257~258쪽.

10장 우리도 조선의 백성이다 | 노비

1) 17세기에서 19세기에 걸친 이목형 집안의 거주지와 생활상, 시대에 따른 그 추이에 대해서는 다음 사료를 기반으로 구성했다. 「이상기 일가 준호구準戶口」(1762~1891). 내용 전개에는 다음 자료의 도움을 받았다. 시흥시 향토사료실, 「이상기 일가의 18~19세기 준호구」 『고서·고문서로 보는 조선시대 시흥』, 시흥시, 2006; 신인선, 「조선 후기 사노비의 존재 양상: 경기지방 준호구 사례 검토」, 인하대학교교육대학원 교육학과 석사학위논문, 2010. 사료(「이상기 일가 준호구準戶口」)에는 이상기 가문의 토지 보유에 대해서는 나와 있지 않은데, 일반적으로 조선시대 양반층의 토지가 주로 세거지와 그 인근에 집중적으로 분포한다는 점을 고려해 이상기 일가의 세거지인 안산을 중심으로 토지를 보유한 것으로 잡았다.

2) 이목형 집안의 시대별 노비 규모는 다음 사료를 참고. 「이상기 일가 준호구準戶口」(1762~1891).

3) 해주 오씨 추탄공파 집안의 경기지역 노비 규모에 대해서는 다음 자료를 참고했다. 장현희, 「고문서를 통해 본 조선 후기 경기지역 양반 가문 연구: 용인 해주 오씨 추탄공파를 중심으로」, 한양대학교대학원 사학과 박사학위논문, 2013, 88~92쪽. 이 논문은 전거를 삼은 고문서에 노비의 거주지가 나와 있지 않아 해주 오씨 추탄공파 집안의 외거노비 거주지를 세거지이자 전답이 소재한 용인과 광주 등으로 조심스럽

게 추정했다. 이를 받아들여 본서에서는 노비 거주지를 용인과 광주로 잡았다.

4) 다음 사료를 참고. 성현, 『용재총화慵齋叢話』

5) 태종 대에 경기도에서 실시된 양잠시범사업과 이후의 양잠진흥정책에 대해서는 다음 자료를 참고했다. 남미혜, 「조선 전기 양잠업 연구」, 이화여자대학교대학원 사학과 박사학위논문, 2002, 34〜49쪽.

6) 정약용, 「예전禮典 – 변등辨等」『목민심서』

7) 양천제에서 반상제로의 변화, 조선 신분제도의 특성, 양반의 특권 등에 대해서는 다음 자료를 참고해 정리했다. 조윤민, 『두 얼굴의 조선사』, 글항아리, 1016, 108〜112쪽.

8) 다음 사료를 참고. 『경국대전』, 형전刑典 – 개인노비私賤.

9) 조선 후기의 노비 거래가격 실상과 그 추이에 대해서는 다음 자료를 재인용해 정리했다. 김종성, 『조선 노비들, 천하지만 특별한』, 역사의 아침, 2013, 126〜127쪽. 17세기 후반에서 19세기 후반에 거래된 노비 151명의 매매가에 대해서는 다음을 참고. 김용만, 『조선시대 사노비 연구』, 집문당, 1997, 277〜281쪽.

10) 이맹균 부인의 여종 폭행치사에 대해서는 다음 사료를 참고. 『세종실록』 89권, 세종 22년(1440) 5월 10일 기사.

11장 복종과 저항 사이에서 | 노비

1) 정약용의 노비종모법 비판과 노비 감소에 대한 우려에 대해서는 다음 사료를 참고. 정약용, 「예전禮典 – 변등辨等」『목민심서』

2) 1762년 이목형 집안 노비의 어머니 신분에 대해서는 다음 사료를 참고. 「이상기 일가 준호구準戶口」 (1762〜1891). 어머니 신분에 대한 현황을 파악하는 데는 다음 자료의 도움을 받았다. 신인선, 「조선 후기 사노비의 존재 양상: 경기지방 준호구 사례 검토」, 인하대학교교육대학원 교육학과 석사학위논문, 2010, 52〜53쪽.

3) 1762년 이목형 집안 노비 부모의 신분에 따른 혼인 형태에 대해서는 다음 사료를 참고. 「이상기 일가 준호구準戶口」(1762〜1891). 혼인 형태에 대한 내용은 다음 자료의 도움을 받아 정리했다. 신인선, 「조선 후기 사노비의 존재 양상: 경기지방 준호구 사례 검토」, 인하대학교교육대학원 교육학과 석사학위논문, 2010, 54〜57쪽.

4) 15세기 노비 인구 규모와 그 추이에 대해서는 다음 자료를 참고했다. 이영훈, 「제임스 팔래의 노예제 사회설 검토」, 『한국문화』 52, 2010, 345쪽.

5) 조선시대 노비세전법의 성격과 특성, 노비세전법의 가혹한 적용 사례에 대해서는 다음 자료를 참고해 정리했다. 조윤민, 『두 얼굴의 조선사』, 글항아리, 2016, 115~116쪽; 조윤민, 『모멸의 조선사』, 글항아리, 2017, 379~381쪽.

6) 이하에 나오는 조선시대 노비세습제와 양천교혼 실상은 다음 자료를 참고해 정리했다. 조윤민, 『모멸의 조선사』, 글항아리, 2017, 379~383쪽.

7) 『묵재일기』 1551년 9월 8일, 11월 18일.

8) 범죄와 빈곤으로 인한 노비화, 양인 증가정책에 대해서는 다음 자료를 참고해 정리했다. 조윤민, 『두 얼굴의 조선사』, 글항아리, 2016, 116~117쪽; 조윤민, 『모멸의 조선사』, 글항아리, 2017, 383~384쪽.

9) 이하에 나오는 은위병행에 입각한 노비 통제와 다스림에 대해서는 다음 자료를 참고해 정리하고, 경기지역 노비의 사례를 추가했다. 조윤빈, 『두 얼굴의 조신사』, 글항아리, 2016, 118~123쪽; 조윤민, 『모멸이 조선사』, 글항아리, 2017, 374~377쪽.

10) 노비 유공의 삶과 장례, 제문 등에 관해서는 다음 사료를 참고. 이인상, 「제노복유공문祭老僕有功文」 『뇌상관고雷象觀藁』. 내용 전개에는 다음 자료의 도움을 받았다. 김수진, 「노비를 보는 몇 개의 시각」 『민족문학사 연구』 53, 2013, 241~245쪽.

11) 강상 차원에서 본 노주관계의 성격에 대해서는 다음 자료를 참고해 정리했다. 조윤민, 『두 얼굴의 조선사』, 글항아리, 2016, 122~124쪽; 조윤민, 『모멸의 조선사』, 글항아리, 2017, 385쪽.

12) 이하에 나오는 노비의 투속과 도망 실상에 대해서는 다음 자료를 참고해 정리했다. 조윤민, 『모멸의 조선사』, 글항아리, 2017, 386~392쪽; 조윤민, 『조선에 반기하다』, 글항아리, 2018, 92~94쪽.

13) 이목형 집안의 도망노비 실상에 대해서는 다음 사료를 참고. 「이상기 일가 준호구準戶口」(1762~1891). 내용은 다음 자료를 참고해 정리했다. 신인선, 「조선 후기 사노비의 존재 양상: 경기지방 준호구 사례 검토」, 인하대학교교육대학원 교육학과 석사학위논문, 2010, 33~40쪽.

14) 도망노비 증가의 배경과 요인, 도망노비 증가의 영향, 노비제 폐지 과정 등에 대해서는 다음 자료를 참고해 정리했다. 조윤민, 『모멸의 조선사』, 글항아리, 2017, 390~393쪽.

15) 기사 내용을 쉽게 이해할 수 있도록, 의미를 흩트리지 않는 범위에서 일부 단어와 조사, 서술어를 현대어로 수정했다.

12장 비애 어린 가무歌舞 | 광대

1) 18세기 이후 판소리 창자唱者를 '광대'로, 곡예 담당자를 '재인'으로 나누어 불렀다고 하는데, 본서에서는 일반인에게 익숙한 '광대'라는 말을 조선시대에 춤, 노래, 연주, 가면극, 재담, 곡예, 잡기 등 전통 연희와 곡예 전반을 행한 놀이꾼을 통칭하는 용어로 사용했다. 개별 분야를 담당하는 계층이나 인물을 지칭할 때는 '소리꾼', '춤꾼', '무동' '악공' 등과 같이 그에 적합한 명칭을 사용했다. '연희'의 경우 지금은 연극이나 연기라는 뜻으로 많이 사용하는데, 여기서는 '말과 동작으로 여러 사람 앞에서 재주를 부린다'는 넓은 개념으로 받아들였다. 본서에서의 '연희'는 가무, 가면극, 우희 등을 포괄하는 용어다. 연희와 곡예 전반을 행한 놀이꾼을 지칭할 때는 '광대' 외에 '연희자', '예인'이란 명칭을 병행해 사용했다.

2) 1545년 4월에 명나라 사신을 맞아 행한 나례 의식과 연희, 산대에 대한 구체적인 묘사는 당시의 『인종실록』 기사에는 발견되지 않는다. 하지만 사신 영접을 위한 축하행사의 하나로 경복궁 앞 거리에서 산대를 설치하고 잡희를 펼쳤다는 사실은 『인종실록』의 다음 기사로 충분히 알 수 있다. "오늘 광화문 밖에 조성한 좌우 산대에서 크게 잡희를 바쳐 보였는데, 내(인종) 마음이 편치 않다. 산대에서 행하는 잡희는 중국 사신을 위한 것이지 나를 위한 것이 아닌데도 구태여 잡희를 보였다. 이후에는 내가 출입할 때는 행하지 말도록 하라."(『인종실록』 2권, 인종 1년 4월 27일 기사). 중국 사신 영접을 위한 잡희와 산대에 대한 구체적인 묘사는 주로 다음 사료에 나오는 사실을 바탕으로 구성했다. 『광해군일기』 156권, 광해 12년(1620) 9월 3일 기사; 동월董越, 『조선부朝鮮賦』(1488). 내용 전개에는 다음 자료의 도움을 받았다. 사진실, 「산대의 무대 양식적 특성과 공연방식」, 『구비문학연구』 7, 1998; 사진실, 「인조 이후 나례의 사습과 산대도감패의 흥행 활동」, 『공연문화연구』 28, 2014.

3) 『광해군일기』 150권, 광해 12년(1620) 3월 9일 기사 참고.

4) 관나, 태실 조성, 관찰사 부임, 지방관아의 구나 등 공공기관 행사와 의례에 동원된 광대의 연희 활동에 대해서는 다음 자료를 참고해 정리했다. 조윤민, 『모멸의 조선사』, 글항아리, 2017, 293~299쪽.

5) 관아에 편재된 악공 실상에 대해서는 다음 자료를 바탕으로 정리했다. 노동은, 「음악」, 『경기도사 5: 조선후기』, 경기도사편찬위원회, 2004, 513~516쪽.

6) 다음을 참고. 이익, 「이유위희以儒爲戱」, 『성호사설』

7) 조선시대 광대에 대한 차별과 배제의 성격 및 양상에 대해서는 다음 자료를 참고해 정리하고 의견을 덧붙였다. 조윤민, 『모멸의 조선사』, 글항아리, 2017, 299~300쪽.

8) 연희 공간의 구조와 그에 따른 연희 양식의 상징성에 대해서는 다음의 자료에서 착안했다. 사진실, 「산대의 무대 양식적 특성과 공연방식」, 『구비문학연구』 7, 1998, 372~373쪽.

9) 1929년 조선박람회 때의 양주 산대놀이 공연 실상에 대해서는 다음 자료를 참고했다. 『매일신보』 1929년 12월 8일 기사; 『조선일보』 1929년 9월 13일 기사. 양주 지역에서 행해진 산대놀이는 흔히 "양주 별

산대놀이"라 부르는데, 본서에서는 "양주 산대놀이"라 통칭했다.

10) 기사 내용에 대한 이해를 돕기 위해 뜻을 훼손하지 않는 선에서 기사 원문의 조사와 일부 단어를 수정하고 문장을 나누었다. 괄호 안의 글은 지은이가 추가했다.

11) 가면극 분류와 여타 가면극과 구별되는 양주 산대놀이의 특징에 대해서는 다음 자료를 참고해 정리했다. 고승길, 「연극」 『경기도사 5: 조선 후기』 경기도사편찬위원회, 2004, 533~536쪽.

12) 서울 본산대놀이의 성립 배경과 요인에 대해서는 주로 다음 자료를 참고했다. 사진실, 「산대의 무대 양식적 특성과 공연방식」 『구비문학연구』 7, 1998, 366~371쪽; 정필섭, 「양주 별산대 성립 요소들에 대한 일고찰: 본산대놀이패에 대한 시각을 중심으로」 한국예술종합학교 예술전문사 학위논문, 2017, 45~53쪽.

13) 양주 산대놀이의 연희자 계층에 대한 분석은 주로 다음 자료를 참고해 정리했다. 정형호, 「양주 별산대놀이의 전승 집단과 지역공동체 문화와의 관련성」 『구비문학연구』 21, 2005, 135~141쪽.

14) 산대놀이를 비롯한 가면극의 역할에 대해서는 다음 자료를 바탕으로 정리했다. 조윤민, 『두 얼굴의 조선사』, 글항아리, 2016, 127~131쪽.

15) 송파 산대놀이 연희자의 직업에 대해서는 다음 자료를 참고해 정리했다. 이병옥 「송파 산대놀이의 옛 놀이판과 배경」 『한국민속학』 14, 1981, 150~151쪽.

16) 사당패의 성립과 성장 과정, 사당패 활동의 성격에 대해서는 주로 다음 자료를 참고했다. 박전열, 「조선시대 유랑예인의 계통과 연희」 『한국사 시민강좌』 45, 2009, 160~164쪽; 전경욱, 「재승 계통의 연희자」 『민속학연구』 11, 2002, 242~252쪽; 홍원의, 「사당패의 역사적 성격과 남사당패로의 전환 – 안성 청룡리 사당패를 중심으로」, 안동대학교대학원 민속학과 석사학위논문, 2016.

17) 이옥, 「사당」 『봉성문여鳳城文餘』

18) 이옥, 「걸공乞供」 『봉성문여鳳城文餘』

| 참고문헌 |

1장 농토의 주인은 누구인가? | 농부

경기도사편찬위원회, 『경기도의 문화와 예술』, 경기도, 1997.

경기도사편찬위원회, 『경기도의 어제와 오늘』, 경기도, 2001.

경기도사편찬위원회, 『경기도의 역사와 문화』, 경기도, 1997.

경기도사편찬위원회, 『경기도사 4: 조선 전기』, 경기도사편찬위원회, 2003.

경기도사편찬위원회, 『한 권으로 읽는 경기도의 역사』, 경기도사편찬위원회, 2008.

김영진 역·해제, 「금양잡록」 『조선시대 전기 농서』, 한국농촌경제연구원, 1984.

박경안, 「강희맹(1424~1483)의 농장에 관하여」 『역사와 현실』 46, 2002.

이동화, 『경기는 명당이다』, 가가소랑, 2014.

이승언, 『시흥의 문화재와 유적』, 시흥시 문화공보실, 1995.

이종봉, 「〈금양잡록〉의 농업기술과 농학」 『한국민족문화』 36, 2010.

이종하, 『우리 민중의 노동사』, 주류성, 2001.

조윤민, 『두 얼굴의 조선사』, 글항아리, 2016.

조윤민, 『모멸의 조선사』, 글항아리, 2017.

한상권, 「19세기 민소民訴의 양상과 추이」 『한일공동연구총서 3』, 2002.

2장 가진 자의 농토, 신음하는 경기 농민 | 농부

경기도사편찬위원회, 『경기도사 4: 조선 전기』, 경기도사편찬위원회, 2003.

경기도사편찬위원회, 『경기도의 역사와 문화』, 경기도, 1997.

박경안, 「강희맹(1424~1483)의 농장에 관하여」 『역사와 현실』 46, 2002.

배항섭, 「조선 후기 토지 소유구조 및 매매관습에 대한 비교사적 검토」 『한국사연구』 149, 2010.

이승언, 『시흥의 문화재와 유적』, 시흥시 문화공보실, 1995.

이영훈, 「한국사에 있어서 토지제도의 발전 과정: 토지제도사 연구의 전진을 위하여」, 『고문서연구』 15, 1999.

조윤민, 『두 얼굴의 조선사』, 글항아리, 2016.

조윤민, 『모멸의 조선사』, 글항아리, 2017.

3장 경기지역 농사법을 개발하고 습득하라 | 농부

경기도사편찬위원회, 『경기도의 문화와 예술』, 경기도, 1997.

경기도사편찬위원회, 『경기도의 어제와 오늘』, 경기도, 2001.

경기도사편찬위원회, 『경기도사 4: 조선 전기』, 경기도사편찬위원회, 2003.

경기도사편찬위원회, 『경기도사 5: 조선 후기』, 경기도사편찬위원회, 2004.

구자옥 · 김영진, 「우리나라 농사일(農務, 農耕) 문화의 성립 변천 및 사례 2: 농사일의 전개」, 『농업사연구』 7-1, 2008.

국사편찬위원회 엮음, 『신편 한국사 33: 조선 후기의 경제』, 우리역사넷.

김영진 역 · 해제, 「금양잡록」, 『조선시대 전기 농서』, 한국농촌경제연구원, 1984.

김용섭, 「천일록의 농업론」, 『동방학지』 50, 1986.

염정섭, 「18세기 말 우하영의 《천일록》 편찬과 농법 정리」, 『한국민족문화』 36, 2010.

염정섭, 『조선시대 농업발달 연구』, 태학사, 2002.

우하영(김혁 外 옮김), 『천일록 1』, 화성시청, 2015.

이승언, 『시흥의 문화재와 유적』, 시흥시 문화공보실, 1995.

이영배, 「두레의 기억과 공동체적 신명의 정치성과 문화적 의미」, 『민속학연구』 27, 2010.

이종봉, 「《금양잡록》의 농업기술과 농학」, 『한국민족문화』 36, 2010.

정치영, 「《천일록》을 통해 본 조선 후기 농업의 지역적 특성」, 『한국지역지리학회지』 9-2, 2003.

조윤민, 『모멸의 조선사』, 글항아리, 2007.

한국고문서학회, 『조선시대 생활사 3 - 의식주, 살아있는 조선의 풍경』, 역사비평사, 2006.

4장 말과 소를 기르고 번식시켜라 | 목자牧子

경기도사편찬위원회, 『경기도사 5: 조선 후기』, 경기도사편찬위원회, 2004.

국사편찬위원회 엮음, 『신편 한국사 24: 조선 초기의 경제구조』, 우리역사넷.

김인호, 『조선의 9급 관원들』, 너머북스, 2011.

이도남, 「조선시대 운송수단, 말을 키우던 곳」 『공공정책』 156, 2018.
이종길, 「조선 후기의 목장토 소유분쟁 일고」 『고문서연구』 9·10, 1996.
이홍두, 「조선 전기 기전의 마목장 설치」 『서울과 역사』 93, 2016.
이홍두, 「조선 초기 마목장 설치 연구」 『동북아 역사논총』 55, 2017.
이홍두, 「조선 초기 수원도호부의 마목장 설치 연구」 『군사』 106, 2018.
조병로·김찬수·이왕무, 「조선시대 사복시의 설치와 목장 운영」 『경기사학』 8, 2004.
최영진, 「조선시대 경기지방 목장고」 『기전문화연구』 1, 1972.

5장 강과 바다의 생산자들 | 어부

경기도박물관 엮음, 『경기민속지 1: 개관』, 경기도박물관, 1998.
국사편찬위원회 엮음, 『신편 한국사 24: 조선 초기의 경제구조』, 우리역사넷.
국사편찬위원회 엮음, 『신편 한국사 33: 조선 후기의 경제』, 우리역사넷.
김인호, 『조선의 9급 관원들』, 너머북스, 2011.
김주연, 「조선시대 어부도에 대한 연구」 『미술사학연구』 230, 2001.
김준, 「소금과 국가 그리고 어민」 『도서문화』 20, 2002.
박평식, 「15세기 전기의 어염정책과 어전 경영」 『역사교육』 101, 2007.
이영학 「조선 후기 어업에 대한 연구」 『역사와 현실』 35 2000.
조윤민, 『모멸의 조선사』, 글항아리, 2016.
최영진, 「조선시대 경기지방의 어획물에 관하여」 『기전문화연구』 4, 1974.

6장 만들고 제조하는 경기 백성 | 수공업 장인

경기도사편찬위원회, 『경기도사 4: 조선 전기』, 경기도사편찬위원회, 2003.
경기도사편찬위원회, 『경기도사 5: 조선 후기』, 경기도사편찬위원회, 2004.
경기도박물관 엮음, 『경기민속지 6: 생업기술·공예』, 경기도박물관, 2003.
국사편찬위원회 엮음, 『신편 한국사 24: 조선 초기의 경제구조』, 우리역사넷.
국사편찬위원회 엮음, 『신편 한국사 30: 조선 중기의 정치와 경제』, 우리역사넷.
국사편찬위원회 엮음, 『신편 한국사 33: 조선 후기의 경제』, 우리역사넷.
김영호, 「조선 후기 수공업의 발전과 새로운 경영형태」 『대동문화연구』 9, 1972.
박종민, 「조선시대 국장도감 소속 공장의 활동 연구」 『문화재』 40, 2007.

송찬식 「이조 후기 상업자본에 의한 수공업지배 – 상인 물주의 출현을 중심으로」, 『창작과 비평』 27, 1973.

이정수, 「《묵재일기》를 통해 본 지방 장인들의 삶」, 『지역과 역사』 18, 2006.

이종하, 『우리 민중의 노동사』, 주류성, 2001.

이혜옥, 「조선 전기 수공업체제의 정비」, 『역사와 현실』 33, 1999.

조윤민, 『모멸의 조선사』, 글항아리, 2007.

7장 경기 장인의 삶과 애환 – 도공과 유기장鍮器匠 | 수공업 장인

경기도박물관 엮음, 『경기민속지 6: 생업기술 · 공예』, 경기도박물관, 2003.

경기도사편찬위원회, 『경기도사 4: 조선 전기』, 경기도사편찬위원회, 2003.

경기도사편찬위원회, 『경기도사 5: 조선 후기』, 경기도사편찬위원회, 2004.

경기도사편찬위원회, 『경기도의 어제와 오늘』, 경기도, 2001.

국사편찬위원회 엮음, 『사료로 본 한국사』, 우리역사넷.

국사편찬위원회 엮음, 『신편 한국사 24: 조선 초기의 경제구조』, 우리역사넷.

국사편찬위원회 엮음, 『신편 한국사 30: 조선 중기의 정치와 경제』, 우리역사넷.

국사편찬위원회 엮음, 『신편 한국사 33: 조선 후기의 경제』, 우리역사넷.

국사편찬위원회 엮음, 『한국문화사 32: 한반도의 흙, 도자기로 태어나다』, 우리역사넷.

김경란, 「조선시대 사옹원 분원의 설치와 운영」, 『광주 분원리 도요지 복원 · 보존을 위한 장기 종합 마스터 플랜 학술연구결과 자료집』, 경기문화재단, 2005.

김영호, 「조선 후기 수공업의 발전과 새로운 경영 형태」, 『대동문화연구』 9, 1972.

김지현, 「조선시대 유기제작기술과 유기」, 한국전통문화대학교대학원 문화유산융합학과 석사학위논문, 2018.

박주영, 「17 · 18세기 조선 사옹원 분원 운영과 그 변화 양상」, 중앙대학교대학원 역사학과 석사학위논문, 2019.

이종하, 『우리 민중의 노동사』, 주류성, 2001.

임근혜, 「안성 맞춤유기 생산전통의 구성과 지속」, 서울대학교대학원 인류학과 박사학위논문, 2016.

조윤민, 『모멸의 조선사』, 글항아리, 2017.

8장 경기 상업을 진작하라 | 상인

경기도박물관 엮음, 『경기민속지 1: 개관』, 경기도박물관, 1998.

경기도박물관 엮음, 『경기민속지 6: 생업기술 · 공예』, 경기도박물관, 2003.

경기도사편찬위원회, 『경기도사 4: 조선 전기』, 경기도사편찬위원회, 2003.

경기도사편찬위원회, 『경기도사 5: 조선 후기』, 경기도사편찬위원회, 2004.

경기도사편찬위원회, 『경기도의 어제와 오늘』, 경기도, 2001.

경기도사편찬위원회, 『경기도의 역사와 문화』, 경기도, 1997.

고동환, 「18세기 서울에서의 어물유통구조」, 『한국사론』 28, 1992

김홍성, 「송파장에 대한 연구」, 한신대학교교육대학원 역사교육학과 석사학위논문, 2003.

노혜경, 「조선 후기 사상의 활동과 유통구조의 변화」, 『역사와 실학』 54, 2014.

박은숙, 『시장의 역사』, 역사비평사, 2008.

이성주, 「수원지역의 조선 후기 상업 동향에 관한 연구」, 경기대학교대학원 경영학과 박사학위논문, 2004.

이정일, 「조선 후기 수원지역의 장시 연구」, 『경기사학』 6, 2002.

정승모, 『시장의 사회사』, 웅진출판, 1992.

조영좌, 「조선시대 안성장에 대한 역사지리적 고찰」, 이화여자대학교대학원 사회생활학과 석사학위논문, 1987.

조윤민, 『두 얼굴의 조선사』, 글항아리, 2016.

조윤민, 『모멸의 조선사』, 글항아리, 2017.

9장 경기도의 상인세력과 정치권력 | 상인

경기도사편찬위원회, 『경기도사 5: 조선 후기』, 경기도사편찬위원회, 2004.

경기도사편집위원회, 『경기도의 어제와 오늘』, 경기도, 2001.

경기도사편찬위원회, 『경기도의 역사와 문화』, 경기도, 1997.

고동환, 「18세기 서울에서의 어물유통구조」, 『한국사론』 28, 1992.

고동환, 「조선시대 개성과 개성상인」, 『역사비평』 54, 2001.

고동환, 「조선 후기 개성의 도시구조와 상업」, 『지방사와 지방문화』 12-1, 2009.

고동환 외, 『해양사관으로 본 한국사의 재조명』, 해상왕장보고기념사업회, 2004.

국가편찬위원회, 『한국문화사 3: 거상, 전국 상권을 장악하다』, 우리역사넷.

김동철, 「1829년 '칠의전문서'를 통해 본 칠의전의 구성과 활동」, 『역사와 경계』 108, 2018.

김정자, 「조선 후기 정조대의 정국과 시전정책 – 공시인순막을 중심으로」, 『한국학논총』 39, 2013.

김홍성, 「송파장에 대한 연구」, 한신대학교교육대학원 역사교육학과 석사학위논문, 2003.

노혜경 · 노대현, 「조선 후기 개성상인의 경쟁과 상생」, 『경영사학』 27-2, 2012.

노혜경, 「조선 후기 사상의 활동과 유통구조의 변화」, 『역사와 실학』 54, 2014.

손정목, 『조선시대 도시사회연구』, 일지사, 1978.

조윤민, 『모멸의 조선사』, 글항아리, 2017.

10장 우리도 조선의 백성이다 | 노비

고경석, 「노예와 노비」, 『역사비평』 36, 1996.

김수진, 「노비를 보는 몇 개의 시각」, 『민족문학사 연구』 53, 2013.

김필동, 『차별과 연대 - 조선 사회의 신분과 조직』, 문학과 지성사, 1999.

김종성, 『조선 노비들, 천하지만 특별한』, 역사의 아침, 2013.

남미혜, 「조선 전기 양잠업 연구」, 이화여자대학교대학원 사학과 박사학위논문, 2002.

랑치차오(최형욱 옮김), 『랑치차오, 조선의 망국을 기록하다』, 글항아리, 2014.

시흥시 향토사료실, 『고서 · 고문서로 보는 조선시대 시흥』, 시흥시, 2006.

신인선, 「조선 후기 사노비의 존재 양상: 경기지방 준호구 사례 검토」, 인하대학교교육대학원 교육학과 석사학위
        논문, 2010.

안길정, 『관아를 통해서 본 조선시대 생활사 하下』, 사계절, 2000.

역사학회 편, 『노비 · 농노 · 노예 - 예속민의 비교사』, 일조각, 1998.

이영화, 『조선시대 조선사람들』, 가람기획, 1998.

이영훈, 「11~16세기 한국의 노비와 일본의 게닌下人」, 『경제사학』 36, 2004.

이영훈, 「한국사 연구에서 노비제가 던지는 몇 가지 문제」, 『한국사 시민강좌』 40, 2007.

장현희, 「고문서를 통해 본 조선 후기 경기지역 양반 가문 연구: 용인 해주 오씨 추탄공파를 중심으로」, 한양대학
        교대학원 사학과 박사학위논문, 2013.

지승종, 「노비와 양반」, 『역사비평』 36, 1996.

조윤민, 『두 얼굴의 조선사』, 글항아리, 1016.

조윤민, 『모멸의 조선사』, 글항아리, 1017.

11장 복종과 저항 사이에서 | 노비

김수진, 「노비를 보는 몇 개의 시각」, 『민족문학사 연구』 53, 2013.

김용만, 「조선시대 17 · 18세기 민중의 동향 - 노비층을 중심으로」, 『국사관논총』 37, 1992.

시흥시 향토사료실, 『고서 · 고문서로 보는 조선시대 시흥』, 시흥시, 2006.

신인선, 「조선 후기 사노비의 존재 양상: 경기지방 준호구 사례 검토」, 인하대학교교육대학원 교육학과 석사학위
        논문, 2010.

이영훈, 「제임스 팔래의 노예제 사회설 검토」, 『한국문화』 52, 2012.

이영훈, 「한국사 연구에서 노비제가 던지는 몇 가지 문제」, 『한국사 시민강좌』 40, 2007.

전형택, 「노비의 저항과 해방」, 『역사비평』 36, 1999.

조윤민, 『두 얼굴의 조선사』, 글항아리, 2016.

조윤민, 『모멸의 조선사』, 글항아리, 2017.

조윤민, 『조선에 반反하다』, 글항아리, 2018.

지승종, 「노비와 양반」, 『역사비평』 36, 1996.

12장 비애 어린 가무歌舞 | 광대

경기도사편찬위원회, 『경기도사 5: 조선 후기』, 경기도사편찬위원회, 2004.

경기도사편찬위원회, 『경기도의 문화와 예술』, 경기도, 1997.

고순희, 「경복궁영건가 연구」, 『고전문학연구』 34, 2008.

남기용, 「1929년 조선박람회와 '식민지 근대성'」, 『한국학논집』 43, 2008.

노동은, 「신청·재인청과 예인집단」, 『여성지도자 예술인 '바우덕이' 학술심포지움 논문집』, 안성문화원, 2003.

박전열, 「조선시대 유랑예인의 계통과 연희」, 『한국사 시민강좌』 45, 2009.

사진실, 「산대의 무대 양식적 특성과 공연방식」, 『구비문학연구』 7, 1998.

사진실, 「인조 이후 나례의 사습과 산대도감패의 흥행 활동」, 『공연문화연구』 28, 2014.

신경숙, 「양주 별산대의 민중의식 성장론에 대하여」, 『한성어문학』 10, 1991.

은혜진, 「조선 후기 탈춤의 문화사적 특성에 관한 연구: 양주 별산대놀이를 중심으로」, 이화여자대학교대학원 무용학과 석사학위논문, 1995.

이병옥, 「송파 산대놀이의 옛 놀이판과 배경」, 『한국민속학』 14, 1981.

이병옥·엄청화, 「송파 산대놀이 공연의 원형 분석」, 『대한무용학회 논문집』 45, 2005.

이재광, 「송파 산대놀이의 현장론적 연구」, 경기대학교교육대학원 국어교육전공 석사학위논문, 1995.

장휘주, 「사당패의 집단성격과 공연내용에 대한 사적 고찰」, 『한국음악연구』 35, 2004.

전경욱, 「재승 계통의 연희자」, 『민속학연구』 11, 2002.

정필섭, 「양주 별산대 성립 요소들에 대한 일고찰: 본산대놀이패에 대한 시각을 중심으로」, 한국예술종합학교 예술전문사 학위논문, 2017.

정형호, 「양주 별산대놀이의 전승 집단과 지역공동체 문화와의 관련성」, 『구비문학연구』 21, 2005.

조윤민, 『두 얼굴의 조선사』, 글항아리, 2016.

조윤민, 『모멸의 조선사』, 글항아리, 2017.

홍원의, 「사당패의 역사적 성격과 남사당패로의 전환 – 안성 청룡리 사당패를 중심으로」, 안동대학교대학원 민속학과 석사학위논문, 2016.

경기그레이트북스 ⑰

경기백성실록 – 일하고 생산하고 노래하다

초판 1쇄 발행 2019년 12월 23일

발 행 처 경기문화재단
  (16614 경기도 수원시 권선구 서둔로 166 생생 1990)

기   획 경기문화재단 경기학연구센터

집   필 조윤민

편   집 진디자인 (전화 031-256-3614)

인   쇄 우리들행복나눔 인쇄사업단 (전화 031-442-0470)

ISBN 979-11-958557-2-8 04900
ISBN 979-11-958557-1-1 (세트)